JN090696

はじめて学ぶ

ドイツの歴史と文化

南　直人
谷口健治
北村昌史
進藤修一
［編著］

ミネルヴァ書房

はじめに

日本に住むふつうの人々にとって、ドイツという国はどのような存在であろうか。サッカー、ビール、自動車、いろいろなモノが連想されることであろう。ヨーロッパの他の国と比較すると一つ興味深いことがある。たとえば、フランスのイメージはお洒落なファッションや美食ということになろうし、イタリアは陽気さ、そしてやはりパスタやピザに代表される料理がすぐに連想される。イギリスといえば紳士の国（過去の話かもしれないが）、スペインは情熱の国といったイメージが強いと思われる。おそらくこうした国別のイメージは比較的安定した持続的なものではないだろうか。

これにくらべると、ドイツのイメージは過去大きく変化したように思われる。つまり、明治から昭和前期までの日本では、ドイツといえば医学、音楽、哲学、そして憲法や陸軍といった面でお手本となるべき先進国というイメージでとらえられていた。ところが一転して、第二次世界大戦から昭和の終わりごろまでは、圧倒的なナチス・ドイツのイメージと東西分裂国家という現実が支配的であったように記憶している。その後、再統一されてから現在までのドイツに対しては、環境保護や脱原発といった先進的な政策が推進されている国（日本とは大違い）、あるいはEUの中核としてヨーロッパの安定を体現する国（イギリスとは大違い）といったイメージが拡大しているといってよかろう。単純な言い方をすれば、ドイツに対するイメージはプラスとマイナスの間を乱高下してきたといえるのではなかろうか。

日本とドイツとの関わりは江戸時代にさかのぼる。この時期にオランダ東インド会社を通じて来日し、ヨーロッパに貴重な日本の情報をもたらした二人の重要人物として、ケンペルとシーボルトの名前が挙げられるが、じつはどちらもドイツ人であった。近代以降は、前述のように学問や政治など多くの面でドイツは日本に大きな影響を与えたし、片思い気味であるとはいえ、日本という国はドイツに対しある種の憧憬の念を抱いてきたといえる。ナチ期を経て戦後になると、全体主義、侵略戦争、敗戦という克服すべき過去を共通して持つ国として、とくに歴史家の間では両国の類似性が問題として意識されてきた。この類似性の意識は、民主化や経済成長といった戦後の歴史的経過を考える際にも継続し、種々の点で両国を比較の視座でとらえることが、一般的な思考方法として定着しているように思われる。日本にとってドイツは、よい意味でも悪い意味でもモデルとなるべき存在であったし、今もそれは続いているのである。

このように日本にとってドイツという国は、イギリスやフランスなど他のヨーロッパ諸国と同様に重要な存在として意識されている。しかしそれにもかかわらず、一般的にドイツの歴史に関する知識は日本ではあまり普及しているとはいいがたく、しかも表層的なものにとどまっている。たとえば、ドイツ史に名を残す人物として誰が挙げられるかを考えると、せいぜいルター、フリードリヒ大王、ビスマルク、ヒトラーくらいにとどまるし、その中ではヒトラーのみが圧倒的に知名度が高いのではないだろうか。かつて必須の教養であったマルクスやゲーテの名前は残念ながらかすんでしまっている。

おそらく日本列島に住む人々にとって、ドイツという国の歴史はなんとなくイメージしにくいところがあるように思われる。それはなぜであろうか。一つは、この国のなりたちが複雑で、時代によってドイツを意味する国や地域が異なっていることであろう。たとえば、先ほどケンペルとシーボルトの名前を挙げたが、ケンペルの出身はドイツ北西部に位置するレムゴーという都市であった。現在はノルトライン＝ヴェストファーレン州に属しているが、彼が生まれた一六五一年にはリッペ伯爵領に属していた。まだ国家としてのドイツは存在しておらず、厳密にいえば彼はドイツ人とはいえないことになってしまう。シーボルトも事情は同じで、彼は一七九六年に南ドイツのヴュルツブルクで生まれている。現在はバイエルン州に属しているが、当時この地はヴュルツブルク司教領であった。詳しくは本書前半の概説部分をお読みいただければわかっていただけるであろうが、一八七一年に国民国家としてのドイツ帝国が成立するまでは、厳密な意味でのドイツという名称を冠した主権国家はなかったのである。

もう一つ考えられるのは、この国の空間的位置がわかりにくいことである。再統一後の現在であれば、ドイツと隣接する他の国々との国境は定まっており、ドイツという国の領域は明確である。しかしヨーロッパ大陸の中心的な位置にありながら、ドイツとして考えられる領域は歴史的に変動してきており、少し時代をさかのぼると、どこからどこまでをドイツと呼ぶべきなのかが曖昧になってしまうのである。

たとえば、中世から一九世紀初頭まで神聖ローマ帝国という国家があり、おおまかにいえばこれがドイツの領域としだいに重なってくるということになるのだが、その境界は時代によって大きく異なり、今日の国境線とはまったく一致しない。前記のように、一八七一年にプロイセンを中心としてオーストリアを除いたドイツ帝国が成立し、それ以降はこの国がドイツを代表することになるとしても、それ以前は当然オーストリアを含めた地域がドイツの歴史の対象となる。そのドイツ帝国の領域も、今日の国境線より大きく東へ張り出しており、第一次世界大戦前のドイツの地理的空間は今日のものとはかなり食い違ってくる。ドイツ哲学を代表するカントが生きたのはケーニヒスベルクであるが、この都市はいまはカリーニングラードと名前を変え、ロシア領となっている。他方、ドイツ系の住民が多数を占めるスイスは、通常はドイツ史の範疇の外とされることが多いが、一四九九年のバーゼル条約で事実上独立を達成する以前の歴史をドイツ史の範疇に入れるべきかどうかは微妙である。さらにいえば、ドイツ系とされる人々は、一二世紀以降エルベ川以東への植民活動を活発に展開し、今日のドイツよりはるかに東の地域にドイツ人の居住空間を形成していた。その地域をどう扱うかという問題も難しい。

このようにドイツは、主権国家としての成立が遅く、さらに時代をさかのぼるほどその空間的位置が今日の感覚とずれてしまうため、ドイツの歴史を一元的に理解することが難しくなる。国家レベルで考えるか、ドイツ語を話す住民の居住地域として考えるかによっても、その歴史の理解は異なってくる。こうしたことは、日本列島という比較的わかりやすい境界の内に住むわれわれからみると、何かすんなり把握することが難しく、このことがドイツ史のわかりにくさの一因となっているように思われる。

このように考えると、こんにち一般向けのわかりやすいドイツ史の概説書を新たに刊行する意味は大きいと言えよう。これまで、一般向けのものもあればかなり専門的なものもあるが、何冊も概説書が刊行されてきた。本書はそれらの成果を継承しつつも、現代という時代にふさわしい新しい独創的な視点を提示しようとしていることが大きな特色といえる。これは本書の構成にもあらわれており、それについて少し解説してみたい。

まず本書は大きく前半部分（第Ⅰ部）と後半部分（第Ⅱ部）に分かれる。第1章から第6章までが概説部分であり、ドイツ史の出発点といえるフランク王国の時代から二一世紀の現代までが扱われる。第1章が中世で、フランク王国から一五世紀末までを扱い、第2章の近世では一六世紀初頭から神聖ローマ帝国の終焉までが範囲となる。第3章は基本的に一九世紀の前半、ナポレオン期の改革から一八四八年革命までが扱われる。第4章は一九世紀後半から一九一四年まで、主として第二帝政期が対象となる。第5章は第一次世界大戦からヴァイマル期を経て、ナチ時代までを扱う。前半最後の第6章は第二次世界大戦直後の占領期から、東西分裂を経て再統一、二一世紀の現在までが対象となる。ドイツ史の知識をあまり持たず概要をまず知りたいという読者は、この前半部分を最初にお読みいただきたい。

ここまでは従来の概説書をほぼ踏襲しているが、本書の大きな特色となるのが後半部分である。従来のドイツ史の概説書では、ほとんど、あるいは部分的にしか扱われてこなかったテーマを取り上げて、新しい視点からドイツ史を眺めてみようとする試みが行われている。まず第7章から第9章までは、従来のドイツ史研究ではあまり研究されてこなかった衣・食・住という生活文化からの視点を取り入れた概説を展開している。次に第10章は、近代ドイツの歴史を理解するうえできわめて重要な教育という視点からの概説である。第11章は、「旅行の世界王者」と自任するドイツ人を念頭におき、旅や観光の文化という視点からドイツ史を考えようとする試みである。第12章は、陸のイメージの強いドイツを海から眺めた概説となっている。イギリスを除き陸からの視点が優越しているヨーロッパの歴史研究の中で、新しい視点からの試みといえる。第13章は、大統領制からみたドイツの政治文化の概説となる。帝政崩壊後のドイツにおいて、皇帝に代わる政治的存在として大統領制が導入されたわけだが、戦前と戦後においてその役割は大きな違いがあり、他の欧米諸国とは異なるユニークな制度となっている。ここでも新しい視点からのドイツ史が試みられている。最後に、日本のヨーロッパ史研究において全般的にあまり深く扱われてこなかった、貴族という視点からドイツ史を概説しようという試みが第14章で行われる。全体として第Ⅱ部は文化史的視点からドイツの歴史を概観するということになる。

ドイツ史に関しておおよその知識がある読者は、この後半の各章の中で関心をお持ちのテーマから読み進まれてもよいかもしれない。いずれにせよ、本書が読者の皆様の新しい視点からのドイツ史理解にいささかなりとも貢献できれば、編者としてこれほどうれしいことはない。

二〇二〇年九月

編者代表　南　直人

はじめて学ぶドイツの歴史と文化　目次

第Ⅱ部　テーマから探るドイツの歴史と文化

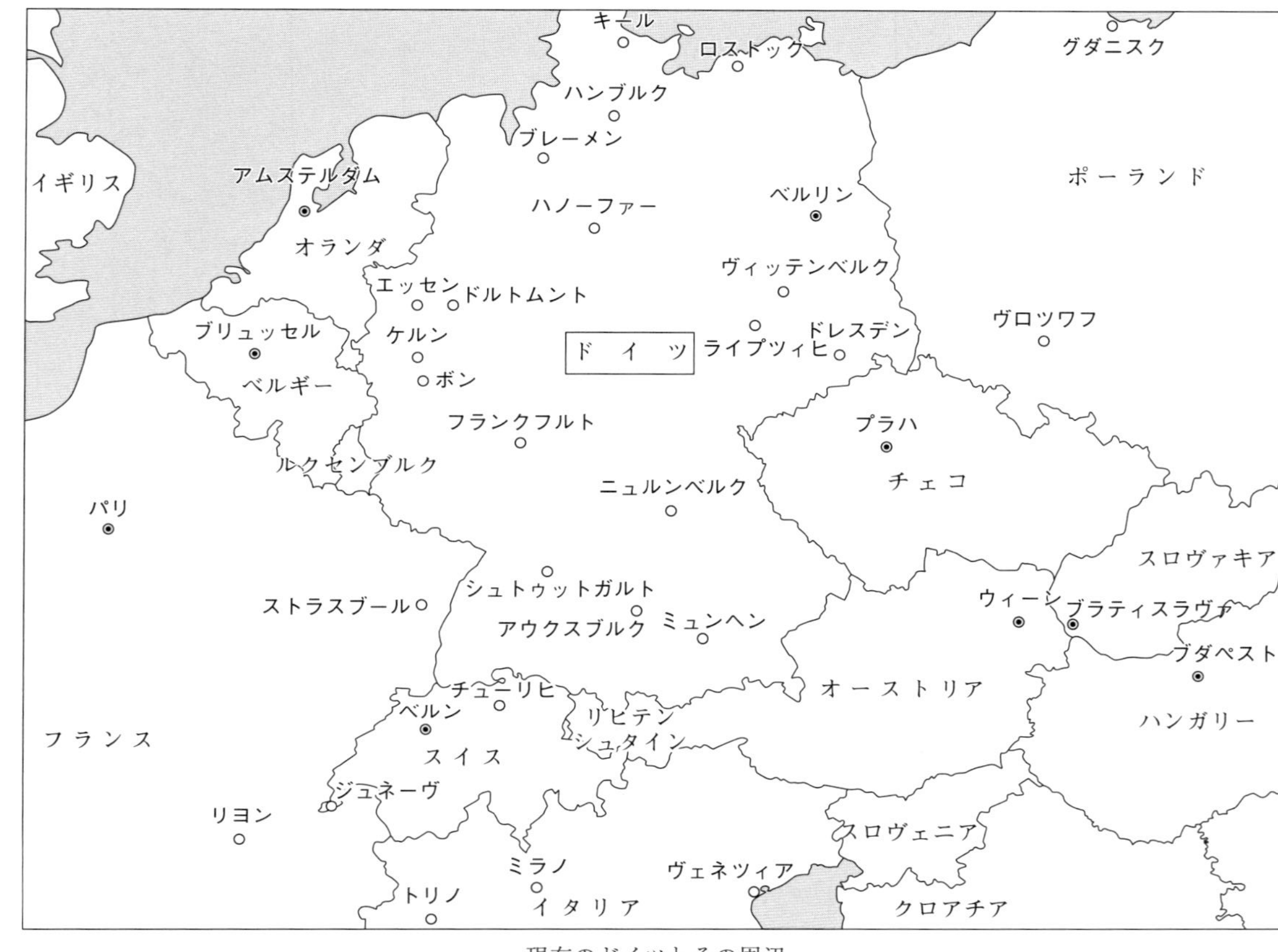

現在のドイツとその周辺

第I部

ドイツの歴史をたどる

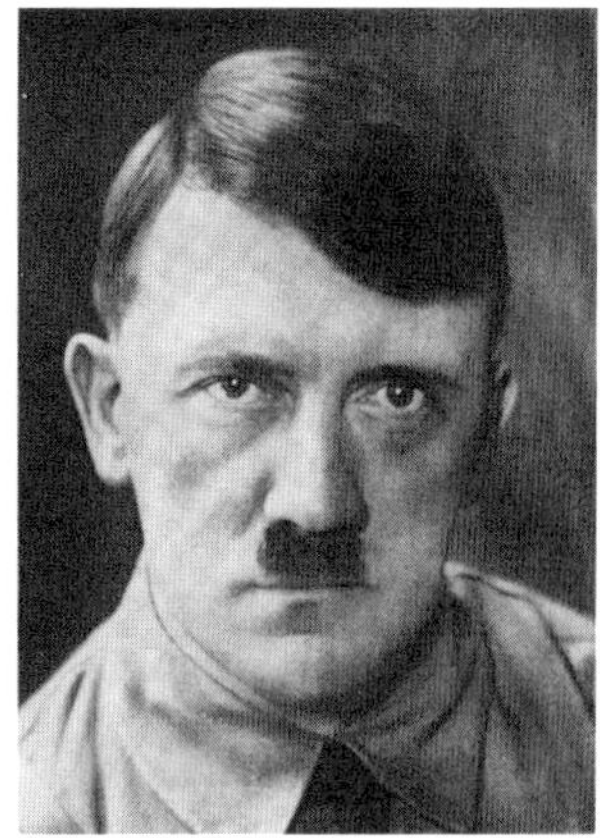

（上）ルター，（左下から）ビスマルク，ヒトラー

ドイツの歴史上の人物で最もよく知られているのはこの３人であろう。良くも悪くも日本でのドイツ・イメージを形づくっている人物たちともいえる。

第1章

民族大移動からハプスブルク家復活まで——中世

1　中世初期——ドイツの生成

フランク王国の成立

ドイツ史はいつから始まるのか。一〇世紀のオットー大帝の時代に始点を求めるのが一般的である。しかしここではフランク王国の時代にドイツとフランスの基礎が作られたという観点から、ゲルマン人の移動とフランク王国の建国を記述の出発点とした。ただしゲルマン人を「最初のドイツ人」とするような古い考えを復活させようという意図はない。

ローマ帝国の時代には、ライン川の東側とドナウ川の北側の地域には、ローマ人が「ゲルマン人」と総称する人々が住んでいた。四世紀後半にローマ帝国の軍事力が弱まると、ゲルマン人の様々な集団が軍事指導者に率いられて帝国内に移住し、各地に王国を建てるようになった（「民族大移動」）。これらのゲルマン人の王国の多くは短命であったが、フランク人と呼ばれる集団が作った王国だけは長く存続し、ヨーロッパの歴史に大きな影響を及ぼすことになった。

フランク人には古い歴史はない。三世紀後半にライン川下流域に住んでいたゲルマン人の複数の小規模集団が略奪を目的として一つにまとまり始めた。ローマ人はこの緩やかな集合体を「フランク人」と呼ぶようになった。フランク人の小規模集団にはそれぞれ王がいたが、五世紀後半にメロヴィング家のクロートヴィヒ（クロヴィス）（四八一～五一一）がそれらの王を倒してフランク人を統一した。

四八六年にクロートヴィヒはソワソンの戦いでローマの将軍シャグリウスを破って北ガリアを支配するようになった。四九六年にライン川の中流域から上流域にいたアレマン人を破ったあと、クロートヴィヒはランスの司教レミギウスから洗礼を受けた（四九八）。これによってフランク人はカトリック教会と結びつくことになった。五〇七年にクロートヴィヒは西ゴート王国をイベリア半島に追いやり、アキタニアに領土を拡大した。

フランク王国の創始者クロートヴィヒが五一一年に死亡すると、四人の息子が王国を分割してそれぞれ王位についた。クロートヴィヒの息子や孫の代にもフランク王国の領土の拡大は続き、ドイツ中部のテューリンゲン人（五三一）やローヌ川流域に移住したブルグント人（五三四）が王国内に取り込まれた。その一方で王位を継いだ息子や孫のあいだで早くも勢力争いが始まった。王家の内紛が続く中、王国内にはしだいに三つの部分王国（アウストラシア、ネウストリア、ブルグント）が形成された。

それぞれの部分王国では王の宮廷の管理者であり、また王の従士団の長でもあった宮宰が力をもつようになった。七世紀後半になるとフランク王は部分王国の宮宰が擁立する操り人形にすぎなくなった。それぞれの部分王国の宮宰のあいだにも勢力争いがあったが、六八七年にアウストラシア宮宰の中ピピンの軍勢がネウストリア宮宰の軍勢を破り、アウストラシア宮宰の優位が確立された。

カロリング王朝の興隆

カロリング家の二人の祖先が歴史の表舞台に登場するのは七世紀前半である。王が対立する他の王族を倒すのに協力した二人はそれぞれメッツ司教とアウストラシア宮宰の地位を手に入れた。アウストラシア宮宰の中ピピンは二人の孫に当たる。七一四年に中ピピンが死亡したあと、息子のカール・マルテルが父親の死後の混乱を収めて跡を継いだ。

七世紀にアラビア半島から起こったイスラム教は急速に西アジアや北アフリカに勢力を拡大した。七一一年になるとイスラム勢力は北アフリカからイベリア半島に上陸し、西ゴート王国を滅ぼした。その後イスラム軍はガリアへの攻撃を始めたが、七三二年にカール・マルテルはトゥール・ポワティエの戦いでイスラム軍を打ち破った。これによってカール・マルテルはフランク王国の実質的な支配者としての地位を確かなものにした。

カール・マルテルから宮宰の地位を受け継いだ息子の小ピピン（七五一〜七六八）は七五一年にメロヴィング家の王を廃位し、自らフランク王の地位についた。王位を簒奪する前に、ピピンは使節をローマに派遣して、ローマ教皇の同意を取りつけていた。さらにピピンは古代ユダヤの塗油の儀式を復活させて自らの王位を神聖なものに見せようとした。

北イタリアのランゴバルト人に圧迫されていたローマ教皇ステファヌス二世が七五三年にフランク人の援助を求めてガリアにやって来た。翌年パリ近郊のサン・ドニ修道院でピピンは教皇から改めて塗油を受けた。その後ピピンは七五四年と七五六年の二度にわたってイタリアに遠征し、ランゴバルト人を破った。ピピンはランゴバルト人から手に入れたイタリア中部の土地を教皇に寄進し、これがのちに教皇国家の領土の一部になった。

七六八年にピピンが死亡すると、二人の息子が王位についた。そのうちの一人はまもなく死亡し、残った一人がフランク王国の単独の支配者になった。これがカール大帝（七六八〜八一四）である。カールが王位につくとフランク王国は再び外部へ向かって大規模な征服戦争を始めた。最初に標的となったのがドイツ北西部のザクセン人である。このザクセン戦争（七七二〜八〇四）は征服とキリスト教の布教が絡み合ったもので、非常に血なまぐさい三〇年以上にわたる長期の戦いになった。

続いてカールは七七三年から七七四年にかけてローマ教皇の救援要請に応えてイタリアに遠征し、ランゴバルト王国を併合した。七七八年にはイベリア半島への遠征が行われ、七八八年にはそれまで半独立状態を保っていた南ドイツのバイエルン人がフランク王国内に取り込まれた。バイエルンの東方のハンガリー平原には六世紀後半以降アジアから来たアヴァール人が定住し、周囲を攻撃していたが、七九一年から七九六年にかけてこのアヴァール人に対する遠征が行われた。

こうした征服戦争の結果、フランク王国は七九〇年代の終わりにはスペイン北東部からエルベ川流域やハンガリー西部に及ぶ広大な領域を占めるようになり、王国内の住民も多様化した。このため西ローマ帝国の滅亡（四

図１－１　カール大帝（アルブレヒト・デューラーによる肖像画）
神聖ローマ皇帝の帝冠や衣装をつけた姿で描かれている。

七六）以後使われなくなっていた皇帝という称号を復活させて、君主の権威を高めることが必要と考えられるようになった。

ちょうどそのときローマ教皇レオ三世がローマ市内の敵対勢力に襲撃されて、北方に逃れて来た。カールは教皇と面会し、護衛をつけてローマに送り返した（七九九）。翌八〇〇年にカールはローマに出かけてクリスマスにサン・ピエトロ大聖堂で教皇から帝冠を受けた。カールの帝位は東ローマ帝国との対立を引き起こしたが、八一二年にようやく東ローマ皇帝によって容認されることになった。

フランク王国の崩壊

八一四年にカールは死亡し、遺体はアーヘンの宮廷礼拝堂に葬られた。前年にカールは息子のルートヴィヒ敬虔帝（八一四～八四〇）を共同皇帝に任命していた。それにもかかわらずルートヴィヒは八一六年にランスで改めてローマ教皇による皇帝戴冠式を行った。さらに八二三年には、共同皇帝に任命した長男のロータルをローマに行かせ、教皇による皇帝戴冠式を行わせた。これによってローマでの教皇による皇帝戴冠という伝統が生まれた。

分割相続はゲルマン人社会の強固な慣習であり、ルートヴィヒが帝国の単独の支配者になれたのは兄弟の早死という偶然によるものであった。ルートヴィヒはこのような偶然によらず帝国の統一を維持しようとした。八一七年にルートヴィヒは長男のロータルを共同皇帝とし、残りの二人の息子には皇帝の統制に服する王国としてアキタニアとバイエルンを与えて、それ以上の帝国の分割を禁止した（「帝国計画令」）。

しかしその後ルートヴィヒは息子たちと対立し、この計画は実現できなくなった。八三三年にルートヴィヒと息子たちは軍勢を率いてコルマルの近くで対峙したが、ルートヴィヒは自らの軍勢に裏切られて、息子たちの捕虜になり、帝位を追われた。しかし翌年息子たちの不和を利用して皇帝に返り咲き、八四〇年に死亡するまで統治した。

ルートヴィヒの死後、息子たちのあいだで内戦が始まった。八四二年に皇帝ロータル一世（八四〇～八五五）に対抗するため弟のルートヴィヒ二世（ドイツ人王）（八四三～八七六）とカール二世（禿頭王）（八四三～八七七）はストラスブールで同盟を結んだ。彼らがそれぞれ相手の軍勢に対して行った誓約は最も古いフランス語とドイツ語の記録とされる。

劣勢になったロータルは八四三年のヴェルダン条約によってフランク王国を三つに分割することに同意した。この条約でロータルは北海沿岸からイタリアに至る王国の中央部、ルートヴィヒ二世は王国の東部、カール二世は王国の西部を手に入れた。ルートヴィヒ二世の領土はのちのドイツに、カール二世の領土はのちのフランスにつながる。

八五五年にロータルは死亡し、三人の息子が中部フランク王国を分割相続した。しかし八七〇年にルートヴィヒ二世とカール二世が中部フランク王国の北の部分（ロートリンゲン）に手を伸ばし、メールセン条約によってここを東西に分割した。さらにカール二世は八七五年にイタリアに遠征してローマで皇帝戴冠式を行い、翌年ルートヴィヒ二世が死亡すると、その領土も併合してフランク王国を再統一しようとしたが、失敗に終わった。

カール二世の死後、事故や病気が重なってカロリング家の構成員が次々に死亡した。このためルートヴィヒ二世の息子のカール三世（肥満王）（八七六～八八七）が父親から相続した領土以外の領土も獲得して、八八五年にフランク王国全体を支配することになった。しかし八四〇年代以降激化していた北方からのノルマン人（ヴァイキング）の攻撃に対応できなかったため、八八七年に東フランク王国の有力者の会議はカール三世を廃位して、甥のケルンテン辺境伯アルヌルフ（八八七～八九九）を後継者に選んだ。

翌年カール三世が死亡すると、フランク王国の各地でカロリング家以外の者が王位を狙うようになった。しかしアルヌルフは東フランク王国以外にはほとんど領土を拡大できなかった。フランク王国はこの時点で崩壊したと言える。八九六年にアルヌルフはイタリアに遠征してローマで皇帝戴冠式を行ったが、病気になって引き上げ、八九九年に死亡した。東フランク王国の有力者はアルヌルフの六歳の息子ルートヴィヒ子供王（九〇〇～九一一）を後継者に選んだ。しかし子供では有力者を抑えることはむずかしかった。

2　中世盛期――イタリアへの進出

神聖ローマ帝国の誕生

九一一年にルートヴィヒ子供王は死亡し、東フランク王国のカロリング家は断絶した。西フランク王国ではまだカロリング家の支配が続いていたが、東フランク王国の有力者は別の家系から王を迎えることにし、コンラディーン家のフランケン公コンラート一世（九一一～九一八）を王に選んだ。ロートリンゲン人は彼らと別れて西フランク王国に戻った。

九一八年にコンラートが死亡すると、後継者をめぐって対立が起きたが、ザクセン人とフランク人が選んだオットー家（リウドルフィング家とも）のザクセン公ハインリヒ一世（九一九～九三六）が王位を確保した。王位をめぐる対立が収まったあと、ハインリヒは対外的に王国を安定させることに努めた。九二一年にハインリヒはカロリング家の西フランク王とボンで会談し、東フランク王国と西フランク王国が対等であることを認めさせた。また九二五年にはロートリンゲンを東フランク王国に引き戻した。さらにブルグント王と友好関係を結び、王から聖遺物の「聖槍」を譲り受けた。九三三年には、アヴァール人が衰退したあとハンガリー平原に現れたマジャ

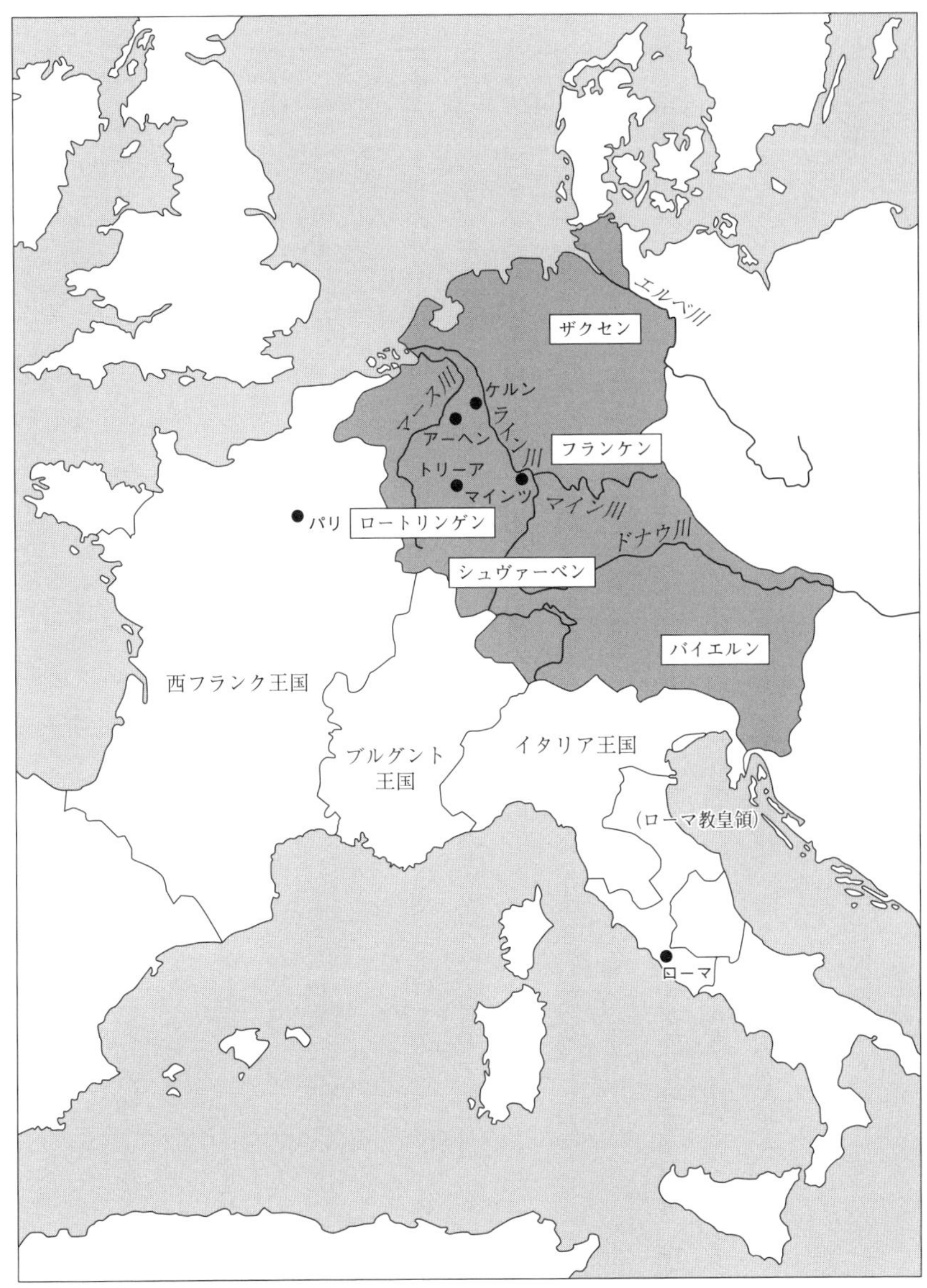

図1－2　10世紀の東フランク王国

ール人を破って、東方からの脅威を減らした。

ハインリヒは王として成果を挙げたので、死後息子のオットー大帝（九三六〜九七三）が王位を受け継ぐことになった。オットーはカール大帝ゆかりのアーヘンで戴冠式を行い、カロリング家の伝統に連なる意向を示した。しかしオットーの兄弟や有力者はオットーの権威が高まることを歓迎せず、九三八年にはオットーの異母兄とフランケン公、翌年にはオットーの弟、フランケン公、ロートリンゲン公が反乱を起こした。反乱が収まったあと、オットーは公の権限を削減し、近縁の者に公の地位を与えたが、九五三年にはシュヴァーベン公（息子）とロートリンゲン公（娘婿）の反乱が起きた。公の統制に手を焼いたオットーは教会組織への依存を強めるようになった（帝国教会制）。

北イタリアではカール三世の死後、様々な家系から王が現れて抗争を繰り広げていた。九五〇年にそれまでの王が死亡して争いが再燃すると、翌年オットーはイタリアに遠征して、先王の未亡人アーデルハイトと結婚し、イタリア王国を支配下に置いた。しかしオットーの再婚は息子のシュヴァーベン公の立場を不安定にし、九五三年の反乱を誘発することになった。反乱のさなかにマジャール人がバイエルンに侵攻したが、オットーはアウクスブルク南方のレヒフェルトでこれを撃破し（九五五）、東方から脅威を取り除いた。

九六一年オットーはローマ教皇ヨハネス一二世の救援要請に応えて二度目のイタリア遠征を行い、翌年ローマで教皇から帝冠を受けた。これによってオットーのカロリング家の伝統への回帰がさらに進んだ。のちにこの皇帝戴冠が神聖ローマ帝国の始まりとされることになった。戴冠直後にオットーの強大化を恐れた教皇が反旗を翻したので、イタリアではしばらく不安定な状態が続いた。

九六六年にオットーは新しい教皇の救援要請に応えて三度目のイタリア遠征を行った。今回は六年に及ぶ滞在になった。翌年オットーは教皇と協力して以前から計画していた、東方への布教を担うマクデブルク大司教座の設立を実現した。今回のイタリア滞在は南イタリアを領有する東ローマ帝国との摩擦を引き起こした。紛争を収めるため、九七二年にオットーとアーデルハイトの息子オットー二世と東ローマ皇帝の姪テオファヌが結婚した。

オットー王朝からザーリアー王朝へ

九七三年にオットーが死亡すると、すでに前年に皇帝戴冠を済ませていたオットー二世（九七三～九八三）が跡を継いだ。オットー二世は南イタリアでイスラム勢力に大敗したり、エルベ川流域のスラブ人に反乱を起こされたりと、様々な逆風に見舞われた。オットー二世は九八三年にローマでマラリアにかかって急死した。死の直前に三歳の息子オットー三世（九八三～一〇〇二）が後継者に選ばれていたが、統治能力はなく、成人に達するまで母親のテオファヌ、その死後は祖母のアーデルハイトが政務を代行した。

成人したオットー三世は九九六年にローマに出かけて教皇から帝冠を受けた。オットー三世はローマを首都にしてローマ帝国を本格的に復活させることを考えていた。翌年二度目のイタリア遠征を行ったオットー三世はローマに宮殿を建て、そこに東ローマ風の宮廷を作った。ただしオットー三世の帝国はキリスト教的ローマ帝国であり、周辺への布教を重視して、オットー三世自らポーランドやハンガリーへの布教に関与した。

一〇〇一年ローマでオットー三世に対する反乱が起こり、ローマ帝国復活の構想は怪しくなった。オットー三世はいったんローマを離れて、反撃に出ようとしたが、マラリアで急死した。オットー三世はまだ結婚しておらず、子供はいなかった。又従兄のバイエルン公ハインリヒ二世（一〇〇二～二四）がオットー三世の遺体をアーヘンのカール大帝の墓の側に葬る仕事を取り仕切って、後継者に選ばれた。

ハインリヒ二世は一〇〇四年にイタリア王位を確保し、一〇一四年にはローマに赴いて帝冠を受けたが、イタリアへの関心はそれほど大きくなかった。ハインリヒ二世は帝国の重心を北方に置き、東方への勢力拡大を目ざすもとのオットー王朝の政策に立ち戻った。このためオットー三世とは友好関係にあったポーランド公との紛争が続いた。

一〇二四年にハインリヒ二世は子供を残さず死亡し、オットー王朝は断絶した。王国の有力者はオットー大帝の娘の曽孫に当たるザーリアー家のコンラート二世（一〇二四〜三九）を後継者に選んだ。ザーリアー家の領地はライン川中流域にあり、オットー王朝の発祥の地ザクセンとの結びつきは弱かった。

一〇二六年から二七年にかけてコンラート二世は早々とイタリアに遠征して、イタリア王位を確保し、ローマで帝冠を受けた。これによってオットー王朝の遺産をすべて受け継ぐ意向を示した。さらに一〇三二年にブルグント王（妻のおじ）が子供を残さず死亡すると、翌年ブルグント王国の有力者を集めて自らを後継のブルグント王に選出させた。これ以降、帝国は東フランク、イタリア、ブルグントの三つの王国から構成されることになった。

コンラート二世は前任者のハインリヒ二世と同じように有力者には強硬に対応し、教会組織を支配の支柱にした。それに加えて「ミニステリアーレ」と呼ばれる不自由身分の者を統治の手足として使うようになった。また王朝の継続性も強く意識し、一〇二八年には一〇歳の息子ハインリヒ三世を東フランク王として戴冠させた。一〇三九年にコンラート二世が死亡すると、すでに統治の準備を整えていた息子のハインリヒ三世（一〇三九〜五六）が跡を継いだ。一〇四六年にハインリヒ三世は皇帝戴冠式を行うためイタリアに赴いたが、当時ローマでは三人の教皇が並び立って混乱が起きていた。ハインリヒ三世は公会議を招集して三人の教皇全員を廃位し、遠征についてきたバンベルク司教を教皇クレメンス二世として即位させて、この教皇から帝冠を受けた。

クレメンス二世が翌年死亡したあと、ハインリヒ三世は次々に三人の北方出身の教皇を即位させた。ハインリヒ三世は非常に敬虔な人物で、これらの教皇の手で教会改革を実行させせようとしていた。これらの教皇は改革派の聖職者をローマに呼び集めて、教皇庁の新しい態勢を作った。これがのちに皇帝に災いをもたらすことになる。

叙任権闘争

ハインリヒ三世は王朝の連続性を確実にするため、一〇五三年に三歳の息子ハインリヒ四世（一〇五六～一一〇六）を後継の王に選ばせた。しかし三年後に急死し、母親のアグネスが統治を代行することになった。アグネスは有力者を抑えられず、彼らの跳梁を許した。ハインリヒ四世は一〇六五年に成人に達し、しばらくして実権を握った。

一〇七三年になるとハインリヒ四世のザクセンへの勢力拡大に反発してザクセン人が反乱を起こした。反乱は一〇七五年に鎮圧されたが、すぐに「叙任権闘争」が始まった。教会の改革派は以前から聖職売買や俗人による聖職授与を指弾していた。しかしオットー大帝以来教会組織は統治の支柱であり、ハインリヒ四世としては聖職者の任命権を手放すわけにはいかなかった。ザクセン人の反乱が終わったあと、ハインリヒ四世は新しいミラノ大司教を任命した。これを狂信的な改革派の教皇グレゴリウス七世が激しく非難し、これ以降急速に対立が深まった。

翌一〇七六年ドイツの司教たちは教皇への服従を拒否し、ハインリヒ四世は教皇に退位を迫った。これに対して教皇はハインリヒ四世を破門した。これを機にザクセン人の反乱が再発し、バイエルン公やシュヴァーベン公も反乱に加担する事態になった。一〇七七年はじめハインリヒ四世は、反乱側に呼ばれてドイツに向かう途中北イタリアのカノッサ城に滞在していた教皇のもとを訪れて謝罪し、破門を解かれた（カノッサの屈辱）。教皇との連携に失敗して反乱は勢いを失った。

一〇八〇年に反乱側の対立王の処遇をめぐって再び対立が激化し、教皇が再びハインリヒ四世を破門すると、ドイツと北イタリアの司教は教皇の退位を要求し、新しい教皇クレメンス三世を選出した。翌年ハインリヒ四世は軍勢を率いてイタリアに入った。一〇八四年にローマを占領したハインリヒ四世はクレメンス三世から帝冠を受けた。グレゴリウス七世は南イタリアのノルマン人に救出されてローマを脱出し、翌年サレルノで死亡した。

ハインリヒ四世はその後身内の造反に見舞われた。一〇九三年に後継者のコンラートが改革派の教皇ウルバヌス二世と手を結んで反旗を翻し、北イタリアを支配下に置いた。一〇九八年にハインリヒ四世はコンラートの代わりに弟のハインリヒ五世を後継者に指名し、ほどなくコンラートは勢力を失った。一一〇四年に今度はハインリヒ五世が反乱を起こした。ハインリヒ四世は拘束され、退位を迫られたが、脱出し、反撃を準備中に死亡した。

ハインリヒ五世（一一〇六〜二五）のもとでも叙任権闘争は続いた。一一一〇年ハインリヒ五世は教皇パスカリス二世と交渉を行いながら、軍勢を率いてイタリアに入った。翌年聖俗の権限を分離するという教皇側の提案に基づいて合意が成立したが、周囲の理解が得られず土壇場で反故になり、ハインリヒ五世は教皇を拘束して皇帝戴冠を行わせた。

皇帝戴冠以後ハインリヒ五世は有力者と争うようになった。有力者は平和の維持と教皇との対立の解消をハインリヒ五世に迫り、一一一九年以降断続的に和解が試みられた。ようやく一一二二年にヴォルムスの近くで行われた交渉で合意（ヴォルムス協約）が成立し、五〇年近く続いた紛争は終わった。これ以後、皇帝は宗教的シンボル（指輪と杖）による聖職者の任命を断念し、人選への関与と世俗的な利権の授与のみを行うことになった。

この叙任権闘争の時期に「ドイツ人の王国」、「ドイツ人の王」という呼称が使用されるようになった。最初はローマ教皇の側が皇帝側を見下してこれらの言葉を使っていたが、やがてアルプス以北の王国を指す名前として一般化した。ただし皇帝側は「ドイツ人の王」という名前がイタリアの支配権を否定する意味を含んでいることを嫌い、これに対抗して「ローマ人の王」と名乗った。その後これが皇帝戴冠以前の皇帝の正式名称になった。

シュタウフェン王朝の興亡

一一二五年にハインリヒ五世は子供を残さず死亡し、ザーリアー王朝は断絶した。王国の有力者はザーリアー王朝に反抗していたジュップリンゲンブルク家のザクセン公ロータル三世（一一二五〜三七）を後継者に選んだ。ロータル三世は以前からエルベ川の東に勢力を拡大することに熱心で、王になると新たに辺境伯などを任命して、「東方植民」に弾みをつけた。一二世紀から一四世紀にかけての東方植民の結果、ドイツ人の居住地はドイツ北東部に広がった。その一方でロータル三世はイタリアにも介入し、一一三二年から三三年にかけてイタリアに遠征して教皇から帝冠を受けた。その教皇がシチリア王に脅かされると、一一三六年から三七年にかけて二度目のイタリア遠征を行った。

息子のいないロータル三世は娘をヴェルフェン家のバイエルン公ハインリヒ一〇世と結婚させて、後継者にしようとしていた。しかし一一三七年にロータル三世がイタリア遠征からの帰途死亡すると、有力者の一部はハインリヒ五世の甥に当たるシュタウフェン家のコンラート三世（一一三八〜五二）を後継者に選んだ。コンラート三世はハインリヒ一〇世に義父から譲られたザクセン公の地位を放棄するよう求めたが、応じなかったので、追放刑を宣告し、バイエルン公とザクセン公の地位を取り上げた。ハインリヒ一〇世の死後、息子のハインリヒ獅子にザクセン公の地位が与えられた（一一四二）。

十字軍国家のエデッサ伯領をイスラム勢力から奪還するため、一一四七年にコンラート三世はフランス王とともに第二回十字軍を組織して陸路シリアに向かった。しかし途中で兵力が激減したので、コンスタンティノープルに戻り、船でエルサレムに渡ったあと、一一四九年に帰国した。一一五二年にコンラート三世はローマで皇帝戴冠を行う予定であったが、実現する前に死亡した。後継のローマ王には若年の息子ではなく、甥のシュヴァーベン公フリードリヒ・バルバロッサ（赤髯）（一一五二〜九〇）が選ばれた。

バルバロッサは一一五五年に最初のイタリア遠征を行い、教皇から帝冠を受けた。ドイツに戻ったバルバロッサは和解のためハインリヒ獅子をバイエルン公に復帰させた。それまでのバイエルン公には補償としてバイエルンの東部を切り離し、新たにオーストリア公領を作って与えた（一一五六）。ここからオーストリアの歴史が始まる。

一一五七年にバルバロッサは教皇の風下に立つことを避けるため、自らの帝国を教皇の仲介なく神に直結するという意味で「神聖帝国」と呼び始めた。一三世紀には「神聖ローマ帝国」という呼称が一般的になった。一一五八年以降バルバロッサは四回イタリア遠征を行い、北イタリアの支配体制の再建を試みた。しかし北イタリアの都市はロンバルディア同盟（一一六七）を結んで抵抗し、一一七六年のレニャーノの戦いでバルバロッサの軍勢が同盟の歩兵部隊に敗れたため、イタリア都市の支配を断念せざるをえなくなった。

一方ドイツではザクセン公とバイエルン公の地位を手に入れたハインリヒ獅子が勢力を拡大し、まわりの有力者と対立を深めていた。ハインリヒ獅子はバルバロッサの法廷に訴えられたが、裁判への出席を拒否し続け、一一八〇年に追放刑を宣告されて、ザクセン公とバイエルン公の地位を剝奪された。

一一八四年から八六年にかけてバルバロッサは最後のイタリア遠征を行った。この遠征中に、すでに一一六九年にローマ王に選ばれていた息子のハインリヒ六世がシチリア王の娘コンスタンツェと結婚した。一一八九年にバルバロッサは十字軍（第三回）に出かけたが、翌年トルコ南部の川で溺死した。

ハインリヒ六世（一一九〇～九七）は父親が十字軍に出発したあと帝国の統治を始めていた。一一九一年にハインリヒ六世はイタリア遠征を行い、教皇から帝冠を受けた。その後ハインリヒ六世は妻コンスタンツェの相続権を主張してシチリア征服に向かったが、軍隊に疫病が広がり、撤退を余儀なくされた。一一九四年にハインリヒ六世は改めてシチリア王国へ侵攻し、パレルモでシチリアの王冠を受けた。

一一九六年にハインリヒ六世は二歳の息子フリードリヒ二世をローマ王に選出させたあとシチリアに戻り、十字軍に出ようとしたが、マラリアで急死した。シチリアではコンスタンツェがフリードリヒ二世を王座につけ、教皇インノケンティウス三世を後見人にした。一方ドイツではバルバロッサの息子フィリップ（一一九八〜一二〇八）とハインリヒ獅子の息子オットー四世（一一九八〜一二一八）の二人がローマ王に選ばれて争いを続けた。

一二〇八年にフィリップが暗殺されると、オットー四世が単独支配者になり、翌年イタリアに遠征して、インノケンティウス三世から帝冠を受けた。しかしまもなく両者の対立が始まり、一二一〇年にインノケンティウス三世はオットー四世を破門した。これを受けてドイツでは有力者の一部がフリードリヒ二世（一二一二〜五〇）を改めてローマ王に選んだ。

一二一二年から二〇年にかけてフリードリヒ二世は最初のドイツ訪問を行った。オットー四世はおじのイギリス王ジョンとともにブービーヌの戦いでフランス王に敗れ（一二一四）、勢力を失った。一二二〇年にフリードリヒ二世は息子のハインリヒをローマ王に選出させたあとドイツを離れた。その後ローマで皇帝戴冠式を行い、シチリアに戻った。これ以後フリードリヒ二世はシチリア王国の統治に携わり、長いあいだドイツには現れなかった。

一二二八年から二九年にかけてフリードリヒ二世は十字軍（第五回）に出かけ、エジプトの支配者と協定を結んで戻ってきた。一二三五年に息子のハインリヒが反抗したため、フリードリヒ二世は一五年ぶりにドイツに入って息子を拘束し、一二三七年にハインリヒの代わりに弟のコンラート四世をローマ王に選出させた。イタリアに戻ったフリードリヒ二世はロンバルディア同盟の軍隊を撃破し、北イタリアを支配下に置いた。

北と南から挟撃されて怯えたローマ教皇は一二三九年にフリードリヒ二世を破門し、フリードリヒ二世と教皇の終わりの見えない戦いが始まった。一二四五年に教皇はリヨンで公会議を開き、フリードリヒ二世の廃位を宣言した。ドイツでは有力者の一部が対立王を選んだ。一二五〇年フリードリヒ二世はドイツに侵攻する準備をしているあいだに死亡した。ドイツでは息子のコンラート四世（一二五〇～五四）が戦っていたが、一二五二年に反乱を鎮圧するためシチリアに入った。一二五四年コンラート四世はナポリで軍備を整えているあいだにマラリアにかかって急死した。幼少の息子コンラディーンは成人するとシチリア王国の奪回を試みたが、タリアコッツォの戦いで敗れ、殺害された（一二六八）。

3　中世末期――政治的分裂の始まり

選挙王政の始まり

シュタウフェン王朝の支配が崩壊したあと、皇帝の権力は弱まり、ドイツは帝国諸侯が各地に割拠する時代に入った。皇帝の力の衰退は皇帝の選挙制によって固定化された。こうして生まれた政治的分裂状態は一八七一年にドイツ帝国が成立するまで続いた。その影響は現在も残っていて、ドイツは連邦共和政という政治体制をとっている。

シュタウフェン家のコンラート四世が死亡した一二五四年から七三年まではドイツ史では「大空位時代」と呼ばれる。実際にはこの期間にも反シュタウフェン派の選んだ対立王やその死後二重選挙で選ばれた二人のローマ王がいたのであるが、いずれも帝国を有効に統治できなかった。大空位時代のあいだに七人の選帝侯（マインツ大司教、トリーア大司教、ケルン大司教、ボヘミア王、ライン宮中伯、ザクセン公、ブランデンブルク辺境伯）が次の皇帝を選挙する制度が生まれた。皇帝戴冠式以前の皇帝はローマ王と呼ばれる。

一二七三年にローマ教皇の要請で新しいローマ王の選挙が行われ、ボヘミア王を除く六人の選帝侯によってハプスブルク家のルドルフ一世（一二七三〜九一）が選出された。しかし自らがローマ王になることを望んでいたボヘミア王オトカル二世はルドルフの王位を認めようとしなかった。オトカル二世は当時の帝国における最も強力な地方的支配者で、ボヘミアの他にオーストリアを領有していた。ルドルフはオトカル二世に追放刑を宣告し、軍事攻撃を始めた。一二七八年にウィーン東方のデュルンクルトでルドルフ軍とオトカル軍の決戦が行われた。この戦いでオトカル軍は崩壊し、オトカル二世も戦死した。

図１－３　ハインリヒ７世のイタリア遠征（ハインリヒ７世の一代記の挿絵）
左側が遠征部隊。

戦争の結果、ボヘミアはオトカル二世の息子の手に残されたが、オーストリアはルドルフの息子のアルブレヒトが獲得することになり、ハプスブルク家の力は著しく増大した。オトカル二世との戦争と並行して、ルドルフはローマで皇帝戴冠式を行う計画を進め、一二七六年に教皇との合意に達した。しかし教皇が死亡したため、計画は実行されなかった。

一二九一年にルドルフが死亡すると、選帝侯は強大になったハプスブルク家を避け、声望も財力もないナッサウ伯アドルフ（一二九一〜九八）を次のローマ王に選んだ。しかし王位につくとアドルフはテューリンゲン地方伯領を購入して勢力を拡大しようとした。このため選帝侯は一二九八年にアドルフを廃位し、ルドルフの息子アルブレヒト一世（一二九八〜一三〇八）を新しいローマ王に選出した。アドルフはヴォルムス西方のゲルハイムでアルブレヒトの軍勢と戦って戦死した。

しかしアルブレヒトも間もなく選帝侯と不和になった。選帝侯を抑え込んだあと、アルブレヒトはボヘミアに勢力を広げようと工作を始めた。一三〇六年にボヘミア王が男子後継者を残さずに死亡すると、アルブレヒトはボヘミアに軍を進めた。しかし敗北し、次の遠征を準備している途中に甥に暗殺された。

新しいローマ王としてまたも目立たないルクセンブルク伯ハインリヒ七世（一三〇八～一三）が選ばれた。しかしハインリヒ七世もすぐに自分の家系の勢力拡大に乗り出した。一三一〇年にハインリヒ七世は息子のヨハンを四年前に死亡したボヘミア王の娘と結婚させ、ボヘミアをヨハンに与えた。続いてハインリヒ七世は皇帝戴冠を行うためイタリアに遠征した。ハインリヒ七世は一三一二年にローマに到達し、一三〇九年以降南フランスのアヴィニョンに住んでいた教皇が派遣した枢機卿から帝冠を受けた。その後敵対したナポリ王に死刑を宣告し、攻撃に向かおうとしたが、マラリアにかかって急死した。

三つの王朝の対立

ハインリヒ七世の死後、選帝侯の意見は二つに分かれた。ハプスブルク派の選帝侯はアルブレヒト一世の息子のオーストリア公フリードリヒ（一三一四～三〇）を、一方ルクセンブルク派の選帝侯はヴィッテルスバッハ家のバイエルン公ルートヴィヒ四世（一三一四～四七）を後継者に選んだ。その後二人のローマ王は抗争を続けたが、一三二二年にイン河畔のミュールドルフの戦いでフリードリヒが捕虜になり決着がついた。

単独支配者になったルートヴィヒ四世も自らの家系の勢力拡張を図った。一三二三年にブランデンブルク辺境伯の家系が断絶すると、ルートヴィヒ四世は自分の息子に辺境伯領を与えた。また帝国代理（皇帝権代行者）を派遣してイタリアにも影響を及ぼそうとした。しかしルートヴィヒ四世のイタリア政策はアヴィニョンの教皇ヨハネス二二世の反抗を呼び起こした。

ヨハネス二二世はルートヴィヒ四世が教皇の承認なく王位についていると非難し、一三二四年にルートヴィヒ四世に破門を宣告した。これに対抗してルートヴィヒ四世は教皇の承認権を否認し、「清貧論争」でヨハネス二二世と争っていた托鉢修道会フランチェスコ派と手を結んで、教皇こそが異端者であるという宣伝を繰り広げた。

一三二七年ルートヴィヒ四世はイタリアに遠征し、翌年ローマで俗人の手による皇帝戴冠式を行った。このためヨハネス二二世は再びルートヴィヒ四世を破門した。これに対してルートヴィヒ四世はヨハネス二二世に廃位を通告し、新しい教皇を任命して、今度は教皇による皇帝戴冠式を行った。皇帝と教皇の争いが続くなか、一三三八年にボヘミア王を除く六人の選帝侯がライン河畔のレンゼに集まって会議を開き、選帝侯のみがローマ王の選挙権をもっていて、教皇の承認は必要ではないことを確認し合った。

一三四二年になるとティロールをめぐって、それまで手を結んでいたルートヴィヒ四世とボヘミア王ヨハンのあいだで争いが起きた。このためルクセンブルク家出身のトリーア大司教がルートヴィヒ四世の廃位を画策し、一三四六年にヨハンの息子カール四世（一三四六～七八）が新しいローマ王に選ばれた。ルートヴィヒ四世は反撃に出る前に死亡した。

一三四六年のクレシーの戦いでフランス側に参陣していたボヘミア王ヨハンは戦死し、ローマ王に選ばれたばかりの息子カール四世がボヘミアなどの領土を相続した。カール四世はこれらの自らの家系の領土を基盤にして帝国の統治を行う姿勢をさらに強め、統治の中心地としてプラハの整備に力を入れた。一三四八年にはプラハ大学も創設した。

一三五四年から五五年にかけてカール四世は最初のイタリア遠征を行い、アヴィニョンの教皇が派遣した枢機卿からローマで帝冠を受けた。北方に戻ったカール四世は一三五六年にニュルンベルクとメッツで宮廷会議を開き、「金印勅書」を制定して、選帝侯の地位とローマ王の選挙方法（多数決制を採用）を安定させた。一三六一年に息子のヴェンツェルが生まれると、カール四世は自らの家系の勢力拡大に一層力を入れ、一三七三年にはブランデンブルク辺境伯領をヴィッテルスバッハ家から買い取った。

一三七五年にカール四世はヴェンツェルをローマ王に選出させた。一方弟のジークムントについてはナポリ・アンジュー家出身のハンガリー・ポーランド王の娘と結婚させて両国の王にする計画であったが、この計画と関連して一三七八年にフランス王の後継者をブルグント王国の帝国代理に任命した。これ以後ブルグントではフランスの影響が強まり、一五世紀半ばにブルグントの南部を失う遠因になった。

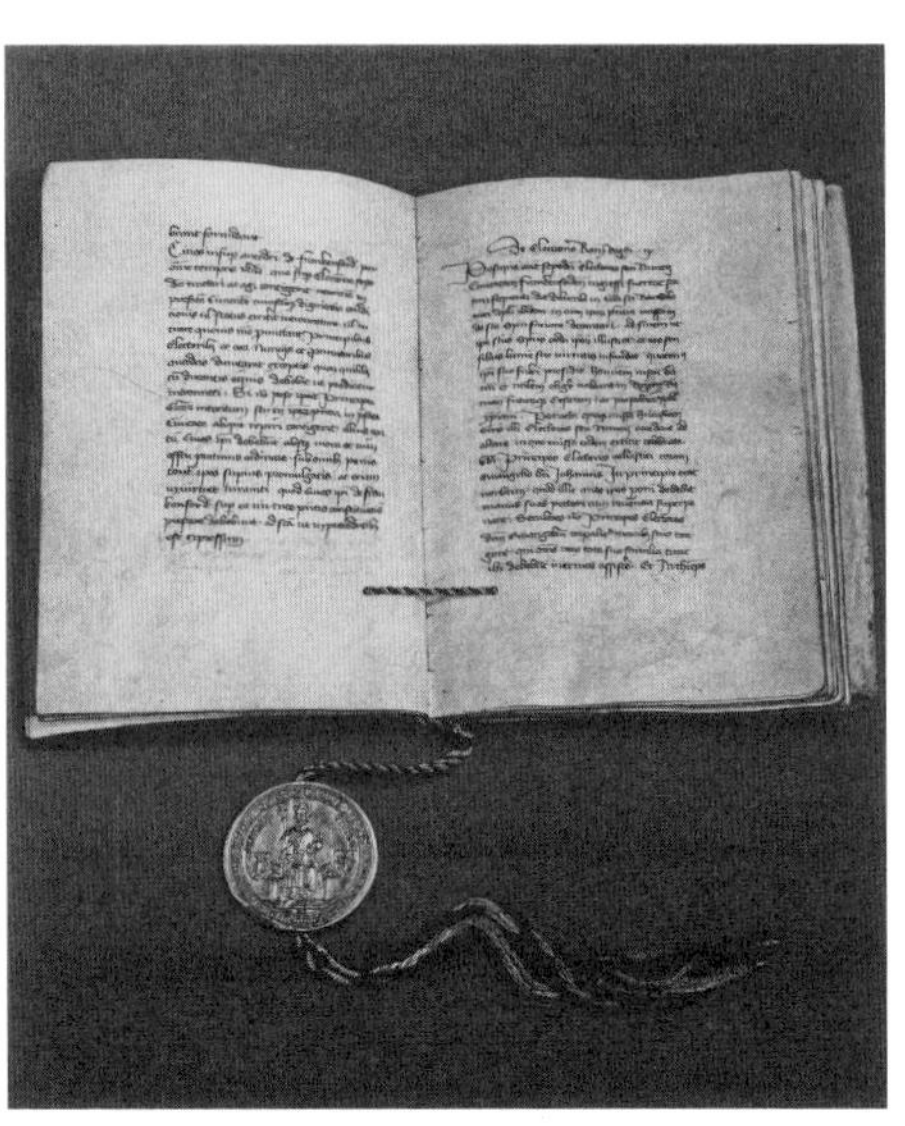

図1－4　金印勅書
下の紐についているのが金印。

ルクセンブルク王朝からハプスブルク王朝へ

一三七八年にカール四世は死亡し、息子のヴェンツェル（一三七八～一四〇〇）が跡を継いだ。しかしヴェンツェルは統治能力を欠き、ボヘミアにおける一族の反抗を抑えられなかった。また一三七八年にはローマとアヴィニョンにそれぞれ教皇が立って「教会大分裂」が始まったが、この問題でも対応が一貫せず不信を招いた。

一三九五年にヴェンツェルがミラノの支配者をミラノ公に昇格させると、帝国の領土を売り渡したという非難が高まった。このため一四〇〇年に選帝侯はヴェンツェルを廃位し、ヴィッテルスバッハ家のライン宮中伯ループレヒト（一四〇〇～一〇）を王位につけた。ヴェンツェルは廃位を認めず、ボヘミアに引き籠った。一四〇一年にループレヒトはミラノ討伐を試みたが、失敗に終わった。

一四一〇年にループレヒトが死亡したあと、ヴェンツェルの弟で、ハンガリー王の娘と結婚してその後継者になっていたジークムント（一四一〇～三七）がローマ王に選ばれた。ジークムントはすぐに教会大分裂の収拾に乗り出した。当時はローマとアヴィニョンとピサに教皇がいた。ジークムントはピサの教皇に圧力をかけ、一四一四年にコンスタンツ公会議を開かせた。公会議は三人の教皇を次々に退けて、新しい教皇を選んだ。

コンスタンツ公会議は教会大分裂を終わらせたが、教会改革は実現されなかった。また公会議は聖書主義を唱えるボヘミアのヤン・フスを異端として一四一五年に処刑した。一四一九年にヴェンツェルが死亡して、ジークムントがボヘミアの王位を受け継ぐと、ボヘミアでフス派の反乱が起きた。翌年教皇がフス派に対する十字軍を呼びかけたが、ボヘミア攻撃は失敗続きで、逆にフス派がボヘミアの周辺を荒らし回る事態になった。

一四三一年にバーゼル公会議が始まり、ジークムントは公会議を支援するためイタリアにやって来た。しかし公会議と教皇が対立したため、ようやく一四三三年にローマに入って皇帝戴冠式を行い、ハンガリーに戻った。同じ一四三三年に公会議とジークムントはフス派の穏健派と和解した。フス派の急進派は穏健派の攻撃を受けて衰退した。

一四三七年にジークムントは死亡し、ハンガリーとボヘミアはその娘と結婚していたハプスブルク家のアルブレヒト二世（一四三八～三九）が受け継いだ。アルブレヒト二世は一四三八年にローマ王にも選ばれたが、翌年赤痢で急死した。一四四〇年に選帝侯はアルブレヒト二世の又従弟のフリードリヒ三世（一四四〇～九三）を次のローマ王に選んだ。アルブレヒト二世の死後に生まれた遺児がオーストリア、ハンガリー、ボヘミアを相続し、

図1－5　フリードリヒ3世とエレオノーレ（シエーナ大聖堂のフレスコ画）
フリードリヒ3世は皇帝戴冠の前にシエーナでポルトガルから来た花嫁のエレオノーレを出迎えた。

フリードリヒ三世は遺児の後見人になったが、自らの領土はシュタイアーマルクなどわずかであった。

一四四四年から七一年までフリードリヒ三世は自らの領土の周辺からほとんど離れなかった。唯一の例外が一四五二年のイタリア遠征で、この時フリードリヒ三世はローマで皇帝戴冠式を行った。これがローマにおける最後の皇帝戴冠になった。一四五七年にアルブレヒト二世の遺児が死亡すると、フリードリヒ三世はハンガリーとボヘミアの王位を得ようとしたが失敗に終わり、一四六三年になんとかオーストリアの領有権を確保した。

一四七一年にフリードリヒ三世はようやくオーストリアの混乱に終止符を打ち、帝国の政治に関わるようになった。長い不在のあいだに帝国の西部ではフランス王の親戚のブルゴーニュ公シャルルが強引な領土拡大を行っていた。ブルゴーニュ公はフランスと帝国のあいだに独自の王国を作ることを目ざしていた。一四七四年にブルゴーニュ公がライン河畔のノイスを包囲すると、フリードリヒ三世は帝国軍を組織してこれに対抗した。

その後フリードリヒ三世とブルゴーニュ公は和解し、一四七五年にフリードリヒ三世の息子マクシミリアンとブルゴーニュ公の娘マリーの婚約が成立した。一四七七年にブルゴーニュ公がナンシー近郊の戦いでスイス軍に敗れて戦死すると、マクシミリアンは婚約者と結婚し、フランス王と戦いながらブルゴーニュ公の遺領の大部分を手に入れた。これによってハプスブルク家はヨーロッパ有数の大王朝になった。一四八六年にマクシミリアンはローマ王に選出され、久しぶりに親子での帝位継承が確実になった。

しかし東方でのフリードリヒ三世の力は弱く、一四八五年にハンガリー王がオーストリアを占領した。一四九〇年にハンガリー王が死亡したあと、マクシミリアンの軍勢がオーストリアを奪い返した。翌年マクシミリアンは、後継のハンガリー王に選ばれたボヘミア王とプレスブルク条約を結んで、ハプスブルク家が将来ボヘミアとハンガリーの王位を相続する権利を確保した。一四九三年にフリードリヒ三世は死亡し、マクシミリアンが帝国の統治を始めた。これ以後一時期を除いてハプスブルク家が帝位から離れることはない。

（谷口健治）

参考文献

佐藤彰一『カール大帝』山川出版社、二〇一三年。
成瀬治・山田欣吾・木村靖二編『世界歴史体系　ドイツ史1』山川出版社、一九九七年。

第2章 帝国改革からナポレオン戦争まで——近世

1 一六世紀——分断の世紀

帝国改革の時代

中世ヨーロッパと近世ヨーロッパの境目が一五世紀末から一六世紀はじめにあることは明らかである。スペイン・ポルトガルの海外進出、ルネサンス文化の拡散、印刷メディアの登場、宗教改革などの新しい時代の到来を告げる出来事がこの時期に相次いで起きた。政治の世界ではこの時期に西ヨーロッパで中央集権化が始まった。これらの動きはドイツにも影響を及ぼしたし、中には印刷メディアや宗教改革のようにドイツが震源になったものもある。ドイツ全体を見た場合、中世末期に固定化された政治の在り方に阻まれて中央集権化は進まなかったものの、皇帝マクシミリアン一世の時代に、一九世紀はじめまで続く新しい政治制度が作られた。このため、ドイツ史についてもこの時期を近世の始点とすることができる。

一四九三年にハプスブルク家のマクシミリアン一世（一四九三～一五一九）が父親の跡を継いで神聖ローマ帝

国の統治者になった。一四九五年にマクシミリアンはヴォルムスにおいて治世最初の宮廷会議を開いた。宮廷会議はこれ以降「帝国議会」と呼ばれることになる。このヴォルムス帝国議会で長年懸案になっていた帝国改革の一部が実現された。

一五世紀には皇帝の力が弱まって各地で武力紛争が起こり、帝国の治安は乱れていた。ヴォルムス帝国議会は「恒久平和令」を出して、武力紛争の口実になっていた「フェーデ」（自力救済）を全面的に禁止した。その代わりに紛争を裁判によって解決するため「帝室裁判所」を設置した。この裁判所は裁判官の人選に帝国諸侯が強い影響を及ぼす仕組みになっていた。このためマクシミリアンも対抗策として一四九八年に「帝国宮廷顧問会議」という直轄の裁判機構を設けた。

ヴォルムス帝国議会では帝室裁判所の費用を賄うために「ゲマインペニッヒ」と呼ばれる一五歳以上のすべての帝国住民に賦課される財産税を導入することも決定された。帝国には税を徴収できるような財政機構はなかったので、教会組織が徴税を代行した。しかし一五二一年以降は「帝国台帳」によって帝国諸侯が帝国に分担金を支払う方式に切り替えられた。

ヴォルムス帝国議会は帝国諸侯の代表が統治に参加する組織として「帝国統治院」（定員二一名）の設置も求めた。マクシミリアンは自らの統治権が制約されるため反対したが、妥協し、一五〇〇年のアウクスブルク帝国議会で二年間に限って設置を認めた。それと同時に帝国統治院に代表を出すため地方ごとに帝国諸侯が集まる「帝国クライス」が設けられた。

帝国統治院は一五二一年から三〇年にかけてもう一度設置されたが、その後立ち消えになった。しかし帝国クライスは帝国諸侯の地方自治組織として生き残った。一五〇〇年には帝国クライスは六つであったが、一五一二年に一〇に増やされた。帝国との結びつきが弱くなっていたイタリア北中部、ボヘミア王国、スイスには帝国クライスは設定されなかった。

このようにマクシミリアンの時代に帝国の政治を動かす新しい制度的枠組みが生み出された。東方からのオスマン帝国の脅威、西方のフランスとの対立の激化に直面して、マクシミリアンと帝国諸侯の双方が帝国のまとまりを強化する必要を感じたためであろう。フランスとの対立の激化はマクシミリアンの時代にハプスブルク家が全ヨーロッパ的な大王朝になったことにも原因があった。

ハプスブルク家とフランス王の争いは一四七七年にブルゴーニュ公の遺領をめぐって始まった。一四九三年にマクシミリアンはフランス王シャルル八世とサンリス条約を結んでこの争いにいったん決着をつけた。しかしこれによって後方の安全を確保したシャルル八世は翌年イタリアに侵攻し、ナポリ王国を占領した。こうして抗争はイタリア戦争（一四九四〜一五五九）と呼ばれる次の段階に入った。イタリアでフランスの影響が強まることを恐れたマクシミリアンとナポリ王国に利害関係をもつスペイン王フェルナンド二世は一四九五年にイタリア諸国と反仏同盟を結び、シャルル八世をナポリ王国から撤退させた。その後関係強化のため、マクシミリアンとフェルナンド二世はお互いの子供を結婚させた。

ところがこの結婚は予想外の結果をもたらした。フェルナンド二世の息子が急死し、その他の相続権者も次々に死亡したため、フェルナンド二世の娘のファナと結婚したマクシミリアンの息子フィリップにスペインの相続権が回って来たのである。一五〇四年にスペイン女王イサベルが死亡すると、フィリップがスペインの一部を相続したが、二年後に急死した。このためフィリップの息子のカール五世（スペイン王としてはカルロス一世）が相続権を受け継ぎ、一五一六年にフェルナンド二世が死亡すると、カールがスペイン王になった。コロンブスが一四九二年に新大陸に到達したあと、スペインは新大陸で植民地を拡大しつつあった。

一方イタリアでは、シャルル八世が急死したあとも戦争が続いた。新たにフランス王になったルイ一二世が一

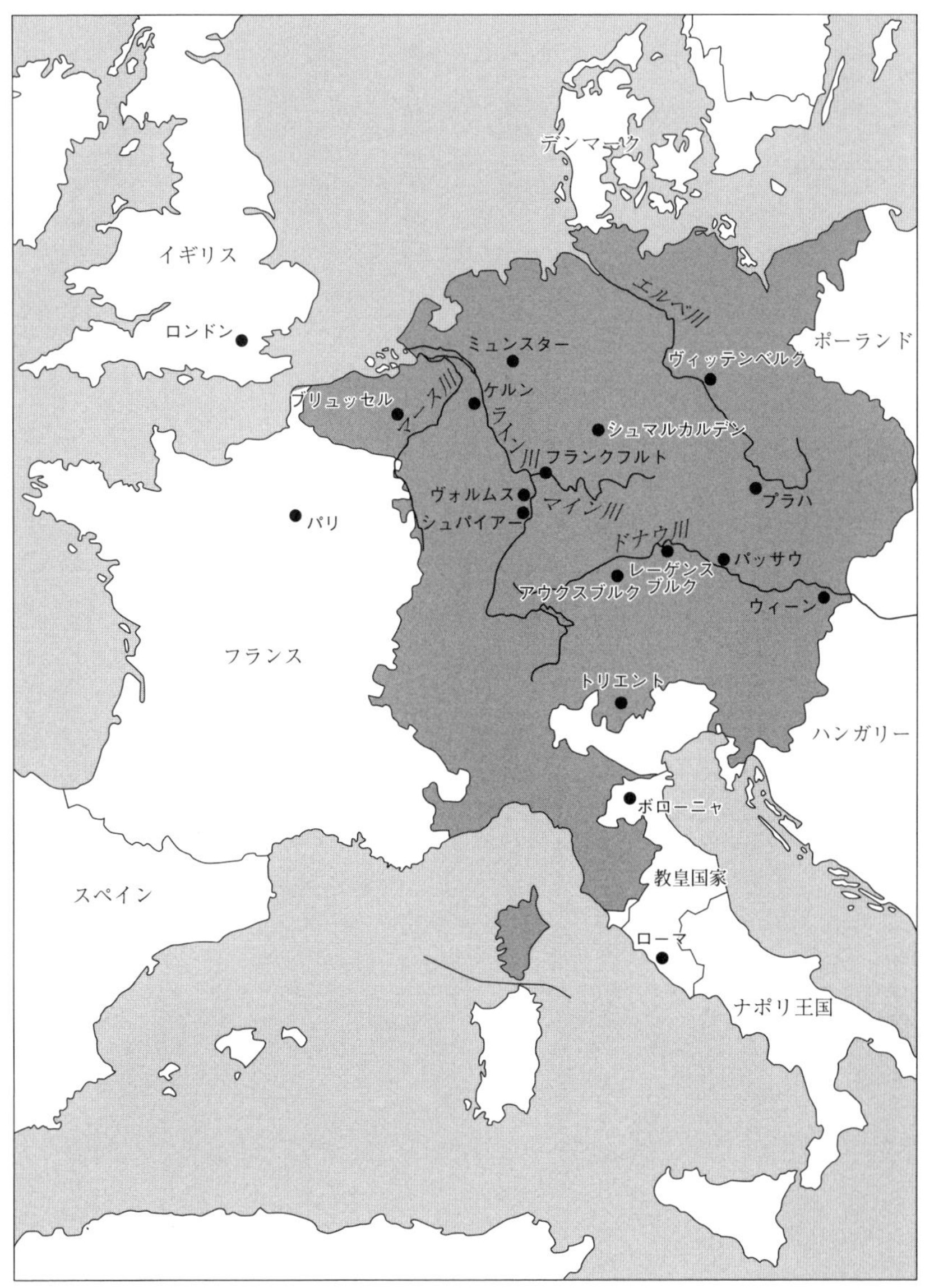

図2－1　16世紀の神聖ローマ帝国

四九九年に今度はミラノ公国を占領したのである。しかしドイツやハンガリーの紛争で忙殺されていたマクシミリアンは対策を取れなかった。一五一一年にようやく大規模な反仏同盟が築かれ、翌年スイス軍がミラノからフランス軍を追い出した。しかし一五一五年に新たにフランス王になったフランソワ一世が再びミラノを占領した。

一五〇六年にハンガリーの紛争が終わったあと、マクシミリアンはイタリアに遠征してローマ教皇から帝冠を受けようとしたが、ミラノを占領していたフランスやヴェネツィアに行く手を阻まれた。このため一五〇八年にこれまでの慣例を破って、教皇による皇帝戴冠式を行わないままローマ皇帝の称号を帯び、これがその後の新しい慣例になった。

カール五世の時代

一五一九年にマクシミリアンは死亡し、孫のカール五世（一五一九〜五六）が新しいローマ王に選ばれた。カールは偶然が重なってすでにスペインとその広大な植民地の支配者になっていた。一五二〇年にカールはスペインからドイツにやって来てアーヘンで戴冠式を行い、翌年ヴォルムスで治世最初の帝国議会を開いた。この帝国議会では帝国台帳や帝国統治院の問題が議論された。また宗教改革を始めたため破門になったルターに追放刑が宣告された。カールはオーストリアを弟のフェルディナントに譲ったあとドイツを離れた。

スペインに戻ったカールはスペインの統治とイタリアでのフランスとの戦いに専念した。一五二五年に皇帝軍はパヴィーアの戦いでフランス軍を撃破し、ミラノを取り戻した。フランソワ一世はこの戦いで捕虜になり、マドリード条約（一五二六）を結んで釈放されたが、すぐに条約を反故にして戦争を再開した。しかしカールの軍事的優位は覆らなかった。一五二七年には皇帝軍がフランスと同盟していたローマを攻撃して荒らし回り（サッコ・ディ・ローマ）、教皇クレメンス七世を監視下に置いた。フランス軍のナポリ遠征も失敗に終わった。手詰まりになったフランソワ一世は一五二九年にカンブレー条約を結んで和解した。翌年カールはスペインからイタリアに入り、ボローニャでクレメンス七世から帝冠を受けた。これが教皇による最後の皇帝戴冠式になった。

その後カールはドイツに入ったが、不在にしていたあいだにルター派の勢力が拡大していた。ヴィッテンベルク大学神学部の教授マルティン・ルターは一五一七年に贖宥状（免罪符）の販売を批判する「九五箇条の提題」を公表し、大きな反響を呼んだ。翌年ルターはローマ教皇の権威を否定するようになり、一五二〇年には自らの新しい神学上の立場を示す著作を出版した。このため一五二一年に教皇はルターを破門した。その年に開かれたヴォルムス帝国議会はルターに追放刑を科し、勅令によってルターとの接触とルターの教説の流布を禁止した。しかしザクセン公フリードリヒ三世がヴァルトブルク城でルターを匿った。

一五二〇年代前半にルターの教説の支持者が都市部に広がった。またルターを旗印にした騒乱も起こった。一五二二年から二三年にかけて帝国騎士がトリーア大司教の居城を攻撃したが敗退した（騎士戦争）。一五二四年から二五年にかけては南ドイツで大規模な農民の反乱が起きたが、帝国諸侯の軍勢によって鎮圧された（ドイツ農民戦争）。一五二〇年代後半には帝国諸侯の一部がルター派に転向し、自らの領邦の住民にルター派の信仰を強要するようになった（領邦教会制）。帝国全体でのルター派の扱いも問題になった。一五二六年のシュパイアー帝国議会ではヴォルムスの勅令の適用が帝国諸侯に委ねられたが、一五二九年のシュパイアー帝国議会では勅令の順守が決議された。このためルター派の帝国諸侯が抗議し、ここから宗教改革支持派を「プロテスタント」と呼ぶ

図2－2　カール5世（バルテル・ベーハムによる銅版画）

慣習が生まれた。

一五三〇年にカールはアウクスブルクで帝国議会を開いた。カールはカトリックとルター派の調停を試み、両者で協議するための前提としてルター派に神学上の立場を明示するよう求めた。これに応じてルター派は「アウクスブルク信仰告白」を提出したが、妥協は成立せず、アウクスブルク帝国議会は再びヴォルムス勅令の順守を決議した。このためルター派の帝国諸侯は翌年シュマルカルデンで軍事同盟を結んだ。一五三二年にカールはスペインに戻り、その後はイタリアとスペインのあいだの海上交通を脅かす北アフリカのイスラム勢力との戦いに力を入れた。

一五四〇年にカールは反乱鎮圧のためスペインからネーデルラントに入り、翌年レーゲンスブルクに帝国議会を招集して、再びカトリックとルター派の調停を試みた。しかし不在のあいだにルター派は北ドイツ一帯に広がり、カトリックとの対立もさらに激しくなっていて、両派の代表者による話し合いはまたも不調に終わった。このためカールはルター派の武力討伐を考えるようになった。

一五四二年にフランソワ一世が再びカールに対する戦争を始めた。スペインに戻っていたカールはドイツに入り、皇帝軍は東西からフランスを圧迫した。このためフランソワ一世は一五四四年にクレピー条約を結んで和解し、カールと教皇パウルス三世が計画していたトリエント公会議にも協力することになった。これによって外交上の不安がなくなったので、カールは一五四六年にシュマルカルデン同盟に対する攻撃を始めた。翌年皇帝軍はエルベ河畔のミュールベルクで同盟軍を撃破した。同盟の中心人物ヘッセン地方伯とザクセン公は皇帝軍の捕虜になり、同盟は瓦解した。

一五四七年から四八年にかけてカールはアウクスブルクで帝国議会を開き、「暫定規定」を制定してルター派にカトリックへの復帰を命じた。しかしカールの軍事的優位は長くは続かなかった。シュマルカルデン戦争でプロテスタント側を裏切って、選帝侯の地位を手に入れたザクセン公モーリッツが今度はカールを裏切り、一五五二年にフランス王アンリ二世と手を結んで反乱を起こした。カールはケルンテンへ退避し、弟のフェルディナントが反乱側と交渉してパッサウ条約を結んだ。その後カールは反乱に便乗してメッツを占領していたフランス軍を追い払おうとしたが失敗に終わった。

一五五五年にフェルディナントを実質上の主催者としてアウクスブルクで帝国議会が開かれ、パッサウ条約の合意をもとに、ルター派を公認して、カトリックかルター派かの選択権を領邦の支配者に委ねる決議が行われた（アウクスブルク宗教和議）。これによって皇帝は宗教に関する決定権を失った。

これらの出来事に失望したカールは引退を決意し、一五五五年にネーデルラントを、翌年にはスペインとその付属領土を息子のフェリペ二世に譲り、その後スペインに戻って皇帝退位を通告した。引退後カールは修道院で暮らしていたが、一五五八年に死亡した。

宗教和議から宗教対立へ

一五五六年にカール五世が退位すると、すでに一五三一年にローマ王に選ばれていた弟のフェルディナント一世（一五五八〜六四）が跡を継いだ。ただしフェルディナントが自動的に帝位を継ぐことに選帝侯が抵抗したので、正式にローマ皇帝を称するのは一五五八年になってからである。フェリペ二世が帝位を継がなかったため、帝国はスペインから切り離された。

フェルディナントはスペイン育ちであったが、一五二一年に遺産分与でオーストリアを手に入れると、オーストリアに居を移した。一五二六年には義弟のボヘミア・ハンガリー王がモハーチの戦いでオスマン軍に敗れて戦死したため、ボヘミア王国とハンガリー王国も相続した（ハンガリーは北西部のみ実効支配）。これによってフェルディナントは東ヨーロッパに勢力を拡大したが、同時にオスマン帝国との戦争の最前線に立つことになった。一五二九年にはウィーンがオスマン軍によって包囲されたが（第一次包囲）、陥落は免れた。

カール五世はドイツを不在にすることが多かったため、そのあいだはフェルディナントが皇帝の代理を務めた。ザクセン公の反乱が終わったあと、一五五五年にフェルディナントが中心になってアウクスブルク宗教和議を成立させた。正式に皇帝に就任したあと、フェルディナントは息子のマクシミリアン二世を後継のローマ王にすることに力を入れた。

マクシミリアン二世（一五六四～七六）はカトリック教会から離脱はしなかったが、若い頃から内心ではプロテスタント信仰に傾いていて、プロテスタントの帝国諸侯とも親交があった。一五六二年にローマ王に選ばれ、二年後に父親が死亡すると遅滞なく皇帝になった。マクシミリアン二世はカトリックとルター派を和解させることに努め、一五六八年にはオーストリアでも貴族のプロテスタント信仰を容認する措置を取った。またオランダ独立戦争（一五六八～一六〇九）やフランスの内乱ユグノー戦争（一五六二～九八）にも不介入の姿勢を示し、戦争当事者が帝国内で兵隊を募集することを許さなかった。

一五七六年にマクシミリアン二世は死亡し、すでに前年にローマ王に選ばれていた息子のルドルフ二世（一五七六～一六一二）が跡を継いだ。ルドルフ二世は芸術的才能に恵まれていたが、人嫌いで周囲から孤立し、正式に結婚もしなかった。一五八三年にルドルフ二世はウィーンからプラハに居を移した。子供時代をスペインで過ごし、厳格なカトリックの教育を受けたルドルフ二世はプロテスタントに対する融和政策をやめ、帝国でもオーストリアでもカトリック側の「対抗宗教改革」の動きを支援した。

ルドルフ二世の時代には、アウクスブルク宗教和議をまとめた帝国諸侯が世を去り、皇帝の他にも強硬姿勢をとる帝国諸侯が多くなって、再び宗教対立が激しくなった。一五七七年から八三年にかけてはケルン大司教の地位をめぐって、一五八三年から一六〇四年にかけてはストラスブール司教の地位をめぐってカトリックとプロテスタントの武力紛争が起きた。

2　一七世紀——戦乱の世紀

帝国の分裂

一七世紀に入っても宗教対立は続いた。一六〇七年には帝国都市ドナウヴェルトの宗教的内紛にルドルフ二世の要請を受けてバイエルン公マクシミリアン一世が介入し、この都市を併合した。プロテスタントの帝国諸侯はこれに抗議して帝国議会から離脱し、一六〇八年にライン宮中伯フリードリヒ五世を中心にして「同盟」を結成した。これに対抗して翌年バイエルン公を中心にカトリックの帝国諸侯の「連盟」が作られた。こうして帝国は二つの陣営に分裂した。一六〇九年から一四年にかけてはユーリッヒ・クレーヴェの相続問題をめぐってカトリックとプロテスタントの武力衝突が発生した。

帝国の宗教的亀裂の深刻化と並行して、オーストリアのハプスブルク家でも内紛が起きた。オスマン帝国との戦争中の一六〇二年にトランシルヴァニアの貴族がハプスブルク家の支配を受け入れたが、ルドルフ二世の強硬な宗教政策で再び離反した。これをきっかけにハプスブルク家の内部で政治的に無能なルドルフ二世への不満が高まり、一六〇六年に弟のマティアスがルドルフ二世に代わって同家の当主になった。

一六〇八年にマティアスはオーストリアとハンガリーの身分制議会の支持を受けてプラハに軍勢を進め、ルドルフ二世からオーストリアとハンガリーの君主の地位を奪った。しかしボヘミアの身分制議会はルドルフ二世を支持し、その見返りにボヘミアにおける信仰の自由を認める勅許状を手に入れた（一六〇九）。一六一一年にマティアスは再びプラハを占領して、ボヘミア王になり、翌年ルドルフ二世が死亡すると、後継の皇帝に選ばれた。

しかしマティアス（一六一二～一九）の融和的な宗教政策に対して再びハプスブルク家内で不満が高まり、従弟のフェルディナント二世が子供のいないマティアスの後継者の地位を確保して、一六一七年にボヘミア王、翌年にはハンガリー王になった。フェルディナント二世はイエズス会の教育を受けた強硬派のカトリックとして知られていた。ボヘミア王になるとフェルディナント二世は宗教的締め付けを強化して、三十年戦争の引き金を引いた。

三十年戦争

三十年戦争（一六一八～四八）は連続する複数の戦争からなっていた。最初のボヘミア・プファルツ戦争の発端はボヘミアの反乱にあった。一六一八年にフェルディナント二世の宗教政策に反発したボヘミアのプロテスタント貴族がプラハの王宮に押しかけて王の執政官を窓から投げ落とした。その後対立は激化して、翌年ボヘミアの身分制議会はフェルディナント二世の廃位を宣言し、代わりに帝国のプロテスタント陣営（同盟）の指導者ライン宮中伯を王に選んだ。

同じ一六一九年にマティアスが死亡し、フェルディナント二世（一六一九～三七）が次の皇帝に選出された。フェルディナント二世は帝国のカトリック陣営（連盟）の指導者バイエルン公と手を結び、両者の軍勢は翌年ボヘミアに侵攻して、プラハ近郊の白山の戦いでボヘミアの反乱軍を破った。その結果ライン宮中伯はオランダに亡命し、宮中伯の領邦はスペイン軍と連盟軍に占領された。一六二三年にライン宮中伯は選帝侯の地位と領邦の支配権を剥奪され、バイエルン公がそれらを手に入れた。ボヘミアではプロテスタント貴族の大規模な粛清が行われ、一六二七年にボヘミアは世襲王国に模様替えされた。

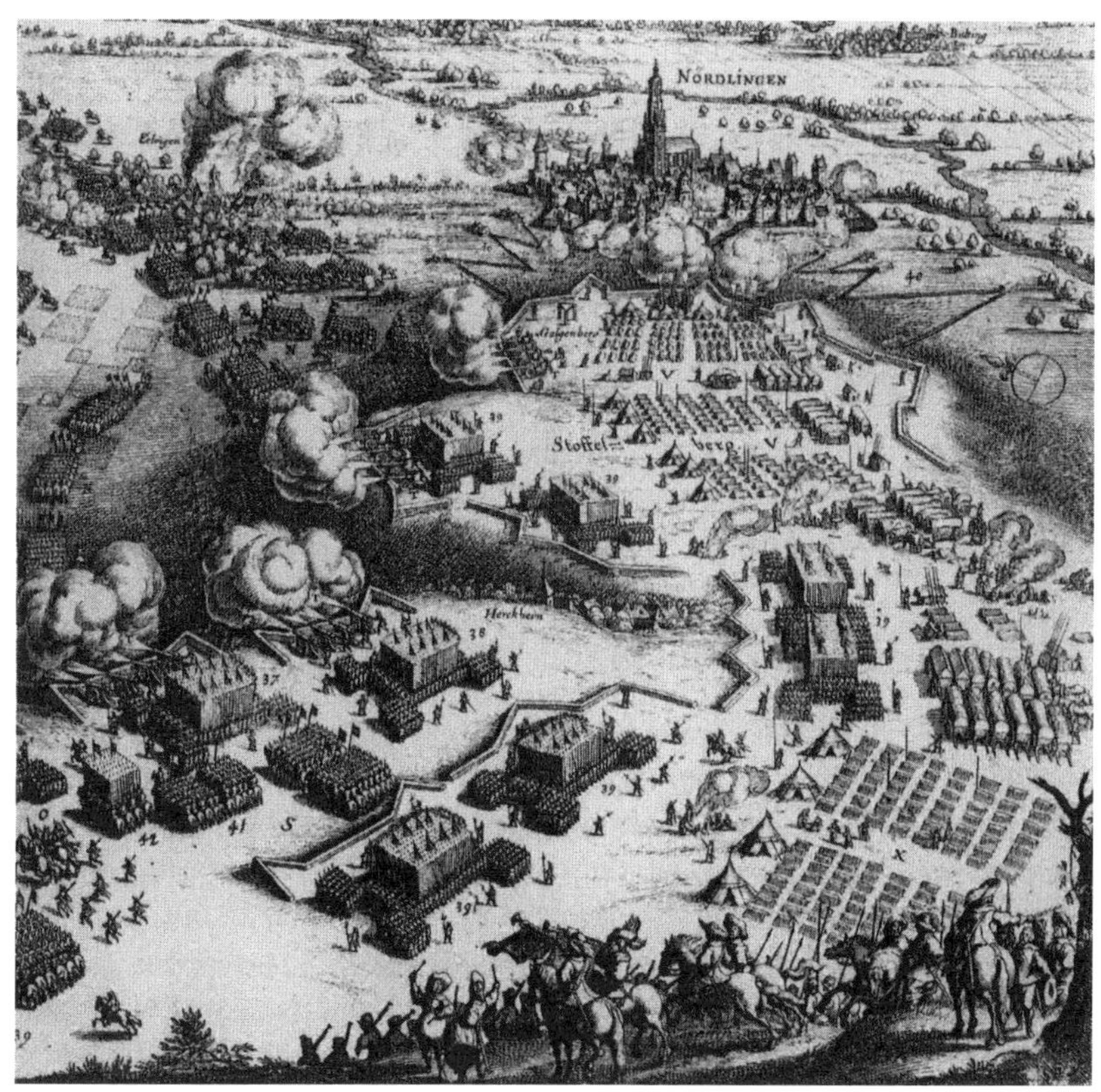

図２－３　ネルドリンゲンの戦い（マテーウス・メーリアンの銅版画，部分）
ネルドリンゲンの西方に布陣する皇帝軍。

帝国内でカトリックの勢力が拡大するのを恐れたデンマーク王クリスティアン四世（ホルシュタイン公を兼ねる）は一六二五年に兵を挙げ、第二局面のデンマーク戦争が始まった。しかしデンマーク王の軍勢はルッターで連盟軍に撃破された。また自費で皇帝軍を組織したボヘミアの下級貴族アルブレヒト・フォン・ヴァレンシュタインがユトランド半島まで軍を進め、デンマーク王に協力していたメクレンブルクを占領した。一六二九年にデンマーク王はフェルディナント二世とリューベック条約を結んで和解した。

軍事的優位を背景にしてフェルディナント二世は同じ一六二

九年に「復旧勅令」を公布し、アウクスブルク宗教和議の規定に違反して聖界諸侯の領邦を併合していたプロテスタントの帝国諸侯に聖界諸侯領の復興を命じた。これにはプロテスタントの帝国諸侯だけでなく、皇帝の勢力拡大を恐れるカトリックの帝国諸侯も反発した。一六三〇年に選帝侯はレーゲンスブルクで会議を開き、フェルディナント二世に皇帝軍の司令官ヴァレンシュタインを解任させた。皇帝軍の四分の三は解雇され、残りは連盟軍に吸収された。

しかしこの時すでに戦争の第三局面スウェーデン戦争が始まっていた。ハプスブルク家の勢力がバルト海沿岸に及ぶのを嫌ったスウェーデン王グスタフ・アドルフはプロテスタントの保護を口実に一六三〇年に軍勢を率いてドイツ北部に上陸した。スウェーデン王はフランスから秘密裏に資金援助を受けていた。スウェーデン軍はドイツ北部を南下しながら、ブランデンブルク辺境伯とザクセン公を味方につけた。一六三一年にスウェーデン軍はブライテンフェルトで連盟軍を破り、カトリック側の軍事的優位は覆った。

その後もスウェーデン軍は南下を続け、一六三二年にミュンヘンを占領した。ブライテンフェルトでの敗戦のあとフェルディナント二世はヴァレンシュタインを皇帝軍の司令官に復帰させた。皇帝軍はザクセンに侵攻し、北上して来たスウェーデン軍とリュッツェンで激突した。この戦いでスウェーデン王は戦死したが、スウェーデンは戦争の継続を決定し、翌年プロテスタントの帝国諸侯にハイルブロン同盟を結成させた。

ヴァレンシュタインはプロテスタント側との内通を疑われて一六三四年はじめに皇帝軍の将校によって暗殺され、フェルディナント二世の息子フェルディナント三世が皇帝軍の指揮官になった。皇帝軍はその後ボヘミアから南ドイツに進み、ネルドリンゲンでスウェーデン軍を破った。これによってプロテスタント側の軍事的優位は失われた。このためザクセン公がスウェーデンから離れ、一六三五年にフェルディナント二世とプラハ条約を結んだ。フェルディナント二世が聖界諸侯領を復興させる基準年を一五五二年から一六二七年に変更したので、その後多くの帝国諸侯がこの条約に参加した。

ネーデルラント南部（現在のベルギー）やミラノ公国を狙って一六三五年にスペインに宣戦布告したフランスはプラハ条約によって皇帝の立場が強化されることを恐れて皇帝とも戦争を始めた。こうして第四局面のフランス・スウェーデン戦争が始まった。これによってカトリックとプロテスタントの宗教紛争として始まった三十年戦争は宗教の仮面が剥がれ落ち、単なる国家間の戦争になった。

一六三七年にフェルディナント二世は死亡し、息子のフェルディナント三世（一六三七～五七）が跡を継いだ。フェルディナント三世は現状を直視して、帝国での勢力拡大を断念し、オーストリア、ボヘミア、ハンガリーにおいて君主権の強化を目指す方向に舵を切ったが、軍事的劣勢を跳ね返すことはできなかった。スウェーデン軍はフランスの参戦によって息を吹き返し、ボヘミアやオーストリアに侵入した。フランス軍もエルザスから南ドイツに侵攻した。一六四三年にアルデンヌ山地のロクロワでスペイン軍がフランス軍に大敗して以来、フランスの軍事的優位は動かしがたいものになっていた。

一六四五年にようやくヴェストファーレンの二つの都市ミュンスターとオスナブリュックで和平交渉が始まり、一六四八年にそれぞれの都市で講和条約が結ばれた。それらは合わせてウェストファリア条約と呼ばれる。

図２－４　1648年５月のミュンスターにおけるスペインとオランダの講和（ヘラルト・テル・ボルヒの絵画）

この条約によってフランスはエルザスにおいて領土を広げ、スウェーデンはフォーアポメルン、ブレーメン司教領などを手に入れた。スウェーデンを牽制するというフランスの思惑によってブランデンブルクはヒンターポメルン、ミンデン司教領、マクデブルク大司教領などを獲得した。またライン宮中伯の息子が復権を果たし、八番目の選帝侯の地位を認められた。オランダ（ネーデルラント北部）は完全に帝国から独立した。

宗教に関してはこの条約でカトリック、ルター派と並んでカルヴァン派が帝国公認の宗派として認められた。帝国議会において宗教問題を議論する場合にはカトリックの帝国諸侯とプロテスタントの帝国諸侯がそれぞれ別に会議を開くことになった。アウクスブルク宗教和議では領邦君主が領邦の宗派を決定することになっていたが、今後は領邦君主が改宗しても領邦の宗派を変更できないことになった。聖界諸侯領の併合については一六二四年が新たな基準年とされ、これ以前の併合が合法化された。政治的権限に関しては帝国諸侯が自らの領邦内で統治権を行使することが公認された。しかし皇帝と帝国に敵対する同盟を結ぶことはできなかった。

戦争後の帝国

三十年戦争は戦場になったドイツに甚大な被害をもたらした。戦争の前にはドイツにはおよそ一七〇〇万人の住民がいたが、戦後には一〇〇〇万人ほどになった。戦争で人口のおよそ四〇パーセントが失われたのである。経済の被害も大きかった。農村部では多くの耕地が放棄され、都市では工業活動が停滞した。経済の回復はゆっくりとしか進まなかった。

三十年戦争を終わらせたフェルディナント三世は一六五七年に死亡し、一年あまり経って息子のレオポルト一世（一六五八～一七〇五）が次の皇帝に選ばれた。レオポルトは西方からのフランス王ルイ一四世の侵略、東方からのオスマン帝国の脅威に直面し、帝国内ではウェストファリア条約による皇帝の権限の縮小に対処しなければならなかった。

しかし帝国内では一六六三年に帝国議会が永続化したことによって予想外に皇帝に有利な状況が生まれた。この年レーゲンスブルクで開かれた帝国議会は内部対立のため閉会できなくなり、そのまま審議を続けることになった。これによって選帝侯や帝国諸侯のあいだの争いが常に目に見える形になったため、皇帝は調停者としての立場を標榜することが容易になったのである。また皇帝支持の弱小の帝国諸侯が政治的発言を行う場も確保された。

帝国の西部では、一六五九年のピレネー条約によってスペインに対する外交的優位を確保したルイ一四世が領土拡大を狙って一連の侵略戦争を起こした。ネーデルラント南部の獲得を目指した帰属戦争（一六六七～六八）、オランダを標的にしたオランダ戦争（一六七二～七八）、ストラスブールなどの帝国の領土を脅し取った再統合政策（一六八一～八四）、ライン宮中伯領の併合を目論んだプファルツ継承戦争（一六八八～九七）がそれである。

図２－５　永続帝国議会が開かれていたレーゲンスブルクの市庁舎（A. ガイヤーの銅版画）

最初のうち帝国諸侯の一部がフランスに協力したり、レオポルトがオスマン帝国への対応を迫られたりしていたため、ルイ一四世の領土拡張政策は成功を収めた。しかし一六八五年にルイ一四世がナントの勅令を廃止して、ユグノー（カルヴァン派）を国外に追放すると変化が起きた。これによってそれまでフランスに協力していたブランデンブルク辺境伯などがフランスから離れた。一六八八年に名誉革命が起き、イギリスが反フランスに転じたことも大きな痛手であった。一六八三年にオスマン軍のウィーン包囲が失敗し、オーストリアがバルカン半島で攻勢に転じて、西方に目を向ける余裕ができたこともフランスの立場を悪くした。プファルツ継承戦争の際にはルイ一四世は国際的な孤立状態にあった。

東方のオスマン帝国は一七世紀前半には内紛とイランとの戦争で忙殺されていた。しかしレオポルトの時代になると再びオーストリアとの対立を激化させ、一六八三年に大軍でウィーンを包囲した（第二次包囲）。これに対してヨーロッパ諸国が救援軍を派遣した。ウィーンを解放したあと、オーストリア軍は反撃に移り、一六九七年のゼンタの戦いでオスマン軍に大勝した。その結果一六九九年のカルロヴィッツ条約によってオスマン帝国はハンガリーの中央部とトランシルヴァニアをオーストリアに譲渡することになった。

北ドイツではこの間にホーエンツォレルン家のブランデンブルク辺境伯フリードリヒ・ヴィルヘルムが勢力を拡大していた。ブランデンブルク辺境伯はウェストファリア条約で領土を広げたが、領土にまとまりはなく、ライン川下流域からメーメルまでの広い範囲に領土が散在していた。このため辺境伯は軍事力によって領土を守ることに力を入れるようになった。軍隊を維持するための財源を確保するには身分制議会の協力が必要であったので、辺境伯はブランデンブルクでは農民保護政策を放棄して、貴族の歓心を買った。一方プロイセン公国（一六一八年に相続）では軍隊を投入して身分制議会を弾圧した。増強されたブランデンブルク軍はオランダ戦争中にスウェーデン軍を破るまでになった。

一六八八年にフリードリヒ・ヴィルヘルムは死亡し、息子のフリードリヒ一世が跡を継いだ。皇帝レオポルト一世は将来のスペイン継承戦争で協力を得るため、一七〇〇年にフリードリヒ一世がプロイセンの部分に関して王を称することを認め、フリードリヒ一世は翌年ケーニヒスベルクで派手な戴冠式を行った。これ以後ブランデンブルク辺境伯の国家は一般にプロイセンと呼ばれることになる。

3　一八世紀——啓蒙の世紀

ハプスブルク王朝の危機

スペイン王カルロス二世には子供が生まれる見込みがなく、スペインのハプスブルク家の断絶が迫っていた。カルロス二世とそれぞれ濃い血縁関係をもつオーストリアのハプスブルク家とフランスのブルボン家が後継者の地位を争っていた。一七〇〇年にカルロス二世が死亡すると、王から後継指名を受けたルイ一四世の孫のフェリペ五世がスペイン王になった。しかしフランスの勢力拡大を恐れるイギリスはオーストリアと手を結んでこれに反対し、スペイン継承戦争（一七〇一～一四）が始まった。

戦場はヨーロッパの広い範囲に及んだが、オーストリア軍とイギリス軍はしだいにフランス軍を追い詰め、一七〇九年にフランス軍は崩壊寸前になった。窮地に陥ったルイ一四世は和平交渉に入った。しかし一七一一年に大きな変化が起こった。一七〇五年にレオポルト一世が死亡したあと皇帝になったばかりの息子のヨーゼフ一世（一七〇五～一一）が天然痘で急死したのである。ヨーゼフには男の子がいなかったので、王の候補者としてスペインに派遣されていた弟のカール六世（一七一一～四〇）がオーストリアに戻って跡を継いだ。このためイギリスはカール六世をスペイン王にすることへの関心を失った。一七一三年にユトレヒトにおいてイギリスとフランス、スペインのあいだで講和条約が結ばれ、翌年オーストリアとフランス、スペインのあいだでもラシュタット条約が結ばれて、戦争は終わった。

ブルボン家のフェリペ五世がスペインを相続することを認める見返りに、オーストリアはスペイン領のネーデルラント南部、ミラノ公国、ナポリ王国、サルデーニャ島を譲り受けた。しかし戦争の真の勝者はイギリスで、スペインからミノルカ島とジブラルタル、フランスからニューファウンドランドとハドソン湾周辺を獲得し、さらにスペイン植民地との商業利権も手に入れて、フランスに代わってヨーロッパの国際政治の中心になった。

スペイン継承戦争でオーストリアは領土を拡大したが、まもなくカール六世に後継者問題が生じた。相続での紛争を避けるためカール六世は一七一三年に新たに領土の単独相続と相続順位を定めた「国事詔書」を制定した。その後後継者になるべき息子が生まれたが、この子はすぐに死亡し、他には男子が生まれなかった。このため一七二四年に長女のマリア・テレージアを後継者に指名せざるをえなくなった。

これ以後カール六世の関心はマリア・テレージアにオーストリアを単独相続させることに向けられた。国内各地の身分制議会は国事詔書を承認して、マリア・テレージアの後継を受け入れた。さらにカール六世はヨーロッパ諸国との交渉も行った。イギリスは大陸における勢力均衡の維持に関心があったので、国事詔書に同意したが、その見返りにオーストリアはオステンデの東インド会社を解散しなければならなかった（一七三一）。

フランスに対してはポーランド継承問題に関連してさらに大きな犠牲を払うことになった。一七三三年にポーランド王が死亡し、後継をめぐってフランスが支援する候補者（フランス王の義父）とオーストリアとロシアが支援する候補者のあいだでポーランド継承戦争（一七三三〜三八）が起きた。結局フランス側の候補者が王位を断念し、見返りにロートリンゲン公領を手に入れた。ロートリンゲンはマリア・テレージアと結婚したフランツの領土であったが、フランスが結婚と国事詔書に同意する代償として、フランツは領土を放棄したのである。代わりにフランツはトスカーナ大公国の君主になった。

オーストリアとプロイセンの対立

一七〇一年にプロイセン王の称号を得たフリードリヒ一世は宮廷の維持や首都ベルリンの開発に資金を投じて

国家財政を傾けた。一七一三年に跡を継いだ息子のフリードリヒ・ヴィルヘルム一世は一転して極端な緊縮政策を始め、一七二三年には財政を効率的に管理するため、内務省、財務省、商工省、農業省などを兼ねる「総監理府」と呼ばれる総合官庁を作った。こうして蓄えられた資金は軍隊の増強に投入され、一七四〇年にはプロイセンは八万人という領土の大きさと比較して不相応な軍隊をもつようになった。

一七四〇年にフリードリヒ・ヴィルヘルム一世は死亡し、息子のフリードリヒ二世が跡を継いだ。同じ年にカール六世が死亡して、マリア・テレージアがオーストリアを相続すると、フリードリヒ二世は言いがかりをつけてシュレジエンを占領し、オーストリア継承戦争（一七四〇～四八）を引き起こした。ヨーゼフ一世の娘と結婚してオーストリアの相続権を主張していたバイエルン公カール・アルブレヒト（カール七世）（一七四二～四五）は一七四一年にフランスの支援を受けてボヘミアに侵攻し、翌年皇帝に選出された。しかしオーストリアはイギリスの支援を受けて反撃に移り、バイエルンを占領した。カール七世は一七四四年にバイエルンを取り戻したが、翌年急死し、その年のうちにマリア・テレージアの夫フランツ一世（一七四五～六五）が新しい皇帝に選ばれた。その後オーストリアとプロイセンの戦争が再開されたが、オーストリアはシュレジエンを取り戻せないまま一七四八年にアーヘン条約を結んでフランス、プロイセンと和解した。

しかしマリア・テレージアにはシュレジエンを断念するつもりはなかった。戦争終了後マリア・テレージアはすぐにプロイセンに対抗するため軍隊の再編成に着手し、その財源を確保するため内政改革を始めた。オーストリアはそれまで領邦の寄せ集めという性格の強い国家であったが、ウィーンからオーストリアとボヘミアを統一的に管理する行政機構が作られた。また貴族や教会の免税特権も実質的に廃止された。国家の均質性を高めるために司法改革や教育改革も行われた。外交面では一七五六年に長年敵対していたフランスと和解して同盟を結び（外交革命）、ロシアなども巻き込んでプロイセン包囲網を形成した。

図2－6　マリア・テレージアと家族（マルティン・ファン・メイデンスによる集合肖像画）
左側がフランツ1世，右側がマリア・テレージア。その左に立っているのがヨーゼフ2世。

追い詰められたフリードリヒ二世はザクセンに侵攻し、七年戦争（一七五六～六三）を引き起こした。これに先立ってフランスとイギリスはすでに北アメリカとインドで交戦状態に入っていた。プロイセン軍は最初のうち勝利を重ねたが、一七五九年以降劣勢に陥った。首都ベルリンはロシア軍に占領され、一七六〇年にはイギリスからの補助金も途絶えた。しかし一七六二年にロシアで皇帝の代替わりが起きると状況が変わった。フリードリヒ二世の崇拝者であった新しいロシア皇帝がオーストリアとの同盟を解消して、プロイセン側についたのである。翌年フランスとイギリスはパリ条約、オーストリアとプロイセンはフーベルトゥスブルク条約を結んで和解した。プロイセンはシュレジエンを保持したまま七年戦争を乗り切ったことによって、オーストリアに次ぐドイツの第二の大国になった。

一七六五年にフランツ一世は死亡し、息子のヨーゼフ二世（一七六五～九〇）が次の皇帝になった。しかしオーストリアの内政はその後も母親のマリア・テレージアが取り仕切ったので、主に外交面で活動した。一七七二年には母親の意向に反して第一回ポーランド分割に参加し、ガリツィアを得た。一七七七年にバイエルンのヴィッテルスバッハ家が断絶すると、一七七八年と一七八五年の二度にわたって新しいバイエルン公とのあいだでバイエルンとネーデルラント南部を交換する計画を進めたが、フリードリヒ二世に妨害された。

一七八〇年にマリア・テレージアが死亡し、ヨーゼフ二世が単独統治者になると、オーストリアの内政改革の動きが加速した。ハンガリーやネーデルラント南部を含めて領土全体を中央集権的に統治する体制が作られ、ドイツ語がこの単一国家の公用語とされた。また農村の社会関係にも手が加えられて、領主に対する農民の人身的隷属が廃止され（一七八一）、地租の改正が行われ（一七八五）、賦役の金納化の道が開かれた（一七八九）。宗教に関しては寛容令（一七八一）によってカトリック以外の宗派を容認する一方で、カトリック教会に対する国家の統制が強化された。しかし性急な内政改革はネーデルラント南部やハンガリーの離反を招いた。

一八世紀後半にはオーストリアの他にも多くの領邦でこうした啓蒙主義的な内政改革が試みられた。プロイセンでもオーストリア継承戦争のあとフリードリヒ二世は入植事業や産業振興と並んで司法改革や教育改革に力を入れた。君主の側が上から強権的に啓蒙主義的改革を行おうとするこのような動きは「啓蒙専制主義」と呼ばれる。

帝国の終焉

一七九〇年にヨーゼフ二世は子供を残さず死亡し、弟のレオポルト二世（一七九〇～九二）がオーストリアを相続して次の皇帝になった。レオポルト二世は混乱を避けるため慎重に内政改革を進める路線に転換した。レオポルト二世は一七八九年に始まったフランス革命への干渉には消極的であったが、一七九一年にヴァレンヌ逃亡事件でフランス王夫妻が拘束されると、プロイセン王とともに「ピルニッツ宣言」を出してフランス王への連帯を表明した。これに対してフランスではジロンド派が戦争を扇動し、一七九二年にフランスはオーストリアに宣戦した。こうして一八一五年まで続く長い戦争が始まった。

レオポルト二世は開戦直前に急死し、息子のフランツ二世（一七九二～一八〇六）がオーストリアと皇帝の地位を受け継いだ。オーストリア軍とプロイセン軍はフランスに攻め込んだが、ヴァルミーの戦いで戦況は変わり、フランス軍が帝国の領土に侵攻してライン左岸を占領した。フランスでは同じ一七九二年に王政が廃止され、翌年はじめに王が処刑された。これらの出来事によってドイツでは警戒心が高まり、帝国議会がフランスに「帝国戦争」を宣言して、帝国全体で対仏戦争に加わることになった。しかし弱小の帝国諸侯はしだいに軍事費の負担に耐えられなくなり、講和を望む声が上がった。これを利用してプロイセンは一七九五年にフランスと単独で和解し、戦線を離脱した（バーゼル条約）。この和解でプロイセンは勝手にライン左岸をフランスに譲渡し、マイン川以北の北ドイツを中立地帯にした。

その後もオーストリアはフランスと戦っていたが、北イタリア戦線でナポレオン・ボナパルトが頭角を現すと、軍事的に不利な状態になり、一七九七年にカンポ・フォルミオ条約を結んでフランスと和解した。この条約でオーストリアもフランスにライン左岸を譲渡することに同意した。しかしフランスのイタリアでの勢力拡大によって再び関係が悪化し、一七九九年にオーストリアはイギリス、ロシアと手を結んでフランスとの戦争を再開した。エジプト遠征からフランスに戻ったナポレオンは一七九九年一一月のクーデタで軍事政権を樹立し、翌年北イタリア戦線に現れてマレンゴの戦いでオーストリア軍を破った。その後オーストリアは南ドイツのホーエンリンデンの戦いでも敗北した。その結果一八〇一年にリュネヴィル条約が結ばれて、帝国は正式にライン左岸をフランスに譲渡した。このためライン左岸に領土をもっていた帝国諸侯に補償を与えることが必要になり、この問題を処理するため帝国議会の特別委員会が設けられた。

一八〇三年にこの特別委員会の決定（「帝国代表者会議主要決議」）によって補償の原資にするため聖職者の帝国諸侯の領土と帝国直属都市の領土の大部分が廃止された。ドイツにおいて親フランスの中規模領邦を形成するというナポレオンの意向によってバイエルン、ヴュルテンベルク、バーデンなどの領邦がライン左岸で失った領土の何倍もの補償を得た。これらの領邦は内政面でもフランスの近代的な国家体制を模倣した改革を行うことになった。

聖界諸侯領と帝国都市領は帝国の重要な支柱であったが、一八〇三年の領土の再編成によってそれらが事実上消滅したため、今や帝国の存続が危うくなった。一八〇四年にナポレオンが「フランス人の皇帝」を名乗ると、フランツ二世もそれに対抗して「オーストリア皇帝」の称号を帯びた。この時点でオーストリアも神聖ローマ帝国を維持する意欲を失った。

一八〇五年にイギリスとフランスの対立が再び激しくなり、イギリスはロシア、オーストリアなどを誘って戦争を再開した。ナポレオンのイギリス征服計画はトラファルガル沖海戦で頓挫したが、年末のアウステルリッツの戦いでフランス軍がオーストリア・ロシア連合軍を破ったため、オーストリアはプレスブルク条約を結んで和解せざるをえなくなった。

翌一八〇六年ナポレオンは南ドイツの領邦にライン連邦を結成させ、連邦に参加した領邦は帝国からの離脱を宣言した。しばらくしてナポレオンの要求によってフランツ二世は神聖ローマ皇帝の地位を放棄し、神聖ローマ帝国は消滅した。ドイツでナポレオンの勢力が急速に拡大するのを見たプロイセンは慌ててフランスに宣戦したが、イェーナ・アウエルシュテットの戦いで大敗し、領土の半分を失った。これをきっかけにプロイセンでも近代国家を目ざす内政改革が始まった。このようにナポレオンの軍事的圧力によってドイツの古い政治的秩序は次々に崩れ、新しい時代への扉が開かれることになったのである。

（谷口健治）

参考文献

稲野強『マリア・テレジアとヨーゼフ二世』山川出版社、二〇一四年。

ピーター・H・ウィルスン『神聖ローマ帝国』（山本文彦訳）岩波書店、二〇〇五年。

高澤紀恵『主権国家体制の成立』山川出版社、一九九七年。

成瀬治・山田欣吾・木村靖二編『世界歴史体系　ドイツ史2』山川出版社、一九九六年。

成瀬治・山田欣吾・木村靖二編『世界歴史体系　ドイツ史1』山川出版社、一九九七年。

第3章

ウィーン体制から一八四八年革命へ——一九世紀初頭〜中頃

一九世紀のドイツは政治、経済、社会の近代化の波の中で、国のかたちや社会のようすが大きく変化をとげる。もちろんこうした変化は「行きつ戻りつ」であり、時期によって地域によって大きな幅がある。しかし巨視的にみれば近代化への流れは押しとどめることはできなかったといえる。

1　ナポレオンの時代

ナポレオンの衝撃

変化への一撃は国外から、すなわち隣国フランスから放たれた。ナポレオンによるドイツの軍事的圧迫と征服、領土の大幅な改変である。そのもとで行われたドイツ諸邦の様々な改革への動きがドイツの近代化を押し進めることとなったのである。ライン左岸（ライン川の西側）地域は、すでにフランス革命のさなかの一七九四年以来、実質的にフランスに支配されていたし、古いドイツの象徴ともいえた神聖ローマ帝国は一八〇六年に消滅し、数多くの聖俗諸侯や帝国騎士、帝国都市は領土再編の波にのまれて姿を消していった。結局、ドイツの地にはオーストリアとプロイセン、ナポレオンの保護下に形成されたライン連邦に属する中小の領邦など、はるかに数が少なくなった邦国のみが生き残ることとなった。

これらの地域では、程度の差はあれいずれもフランスの影響による政治、経済、社会の近代化がはかられた。最も強く影響を受けたのは、いうまでもなくフランスの直接統治の下にあったライン左岸地域である。この地域はフランスの中央集権的な行政機構に組み込まれ、身分制の廃止や法の前の平等の確立、旧領主の封建的諸権利の原則無償廃棄、ギルドの廃止と営業の自由、ナポレオン法典の導入など、フランス本国と同様の制度的変革が実施された。

次にライン連邦に加盟した諸邦はどうかというと、まず、フランスの衛星諸国とされるヴェストファーレン王国やベルク大公国などはフランス本国に準じた改革が行われ、憲法が制定されたり、ナポレオン法典や陪審裁判制度が導入されたりした。より独立性の高いそれ以外の諸邦、とくにバイエルンやヴュルテンベルク、バーデンといった南・西南ドイツ諸邦は、再編によって領土や人口は大幅に拡大したものの、宗派も法慣習も多様で異質な地域をまとめていかねばならなくなったため、近代的な政治・社会制度をめざす「上からの」改革が実行された。たとえばバイエルンでは、典型的な啓蒙主義官僚であるモンジュラを中心に、フランスにならった中央集権的な行政制度と官吏の能力主義の確立、修道院の解散と国有化、貴族の特権の縮小、一般兵役義務の導入などが実施され、一八〇八年には憲法が制定されて、バイエルン王国は早くも立憲君主国の仲間入りを果たした。ヴュルテンベルクやバーデンでも同じ方向で改革がすすめられたが、これら南・西南ドイツでは農民解放や営業の自由の導入はあまり進展しなかった。

プロイセン改革

プロイセンの改革は、それを推進したシュタインやハルデンベルクの名前とともに世界史の教科書にも掲載され、「のちにプロイセンがドイツ統一の中心となる基礎をすえた」（『詳説　世界史B』山川出版社）と高く評価されている。しかしこの改革が開始された当時のプロイセンは、一八〇六年秋のイエナとアウエルシュテットの戦いでのナポレオン軍に対する壊滅的大敗、翌年のティルジット条約での屈辱的講和条件の受諾（約半分の領土の喪失、多額の賠償金など）といった危機的な事態を迎えていた。こうした困難な状況を打破しナポレオンの支配から脱するために、政治・経済・社会の抜本的改革が必要とされたのである。

大きく分けると、①政治制度の改革、②農民解放、③経済・通商改革、④軍制改革、⑤教育改革がプロイセン改革の内容といえる。①は、中央政府レベルでは国王専制を排除した近代的内閣制度の導入、地方行政レベルでは州・県・郡の設置と市民による一定の自治を認めた都市条例などが代表的施策として挙げられる。②では、十月勅令による世襲隷農制廃止や農村での土地所有関係の改革がめざされ、結果的に領主層（ユンカー）を中心とした農業の資本主義化への道を切り開くこととなった。③では、ギルド制の廃止と営業の自由の導入、国内関税の廃止によって、その後の商工業の発展をもたらした。④では、一八一四年に一般兵役義務制（現役三年間）が導入され、同時に教養市民層を対象とした一年志願兵制度（装備自弁を条件に一年間のみの兵役が認められ、あるいは兵役終了後に予備役将校への道が可能となる制度）も設けられた。⑤の教育改革は、ヴィルヘルム・フォン・フンボルトが新人文主義の立場から推進し、初等教育改革や中等教育機関としてのギムナジウムの整備、研究と教育を結合した近代的な総合大学の理念に基づくベルリン大学の創設が実行され、後の時代に大きな影響を及ぼした。

以上、一九世紀初頭のドイツにおける改革の動きについて紹介してきた。いずれも外圧による激動にさらされたそれぞれの邦国が、難局を乗り切るために行った「上からの改革」であり、その担い手となったのは啓蒙主義の知的伝統に立つ官僚たちであった点が特徴であるといえる。従来はプロイセン改革のみに焦点が当てられていたが、最近では南・西南ドイツ諸邦の改革の方がむしろ先進的であるとして注目されている。いずれにせよ、こうした改革の成果は、その後の時代にすぐに定着するわけではなく、ナポレオン没落後のウィーン体制の時代には後退していくのだが、巨視的には一九世紀のドイツの進んでいく方向を先取りしたものと評価することができる。

さて、ヨーロッパ大陸を席巻したナポレオンの軍事的パワーは一八一二年のロシア遠征の失敗で一気に衰える。プロイセンやオーストリアなどドイツ各邦は、逡巡を経ながらも反ナポレオン陣営に結集し、一八一三年のライプツィヒの戦いでの勝利の後、一八一四年にはロシア軍などとともにパリへ入城する。ナポレオンはエルバ島に流され、ナポレオンの時代は終わりを告げた。その後ウィーン体制の時代が始まる。

2　ウィーン体制の時代

ドイツ連邦をめぐる政治

一八一四年九月から、ナポレオン戦争の戦後処理を包括的に取り決めるための会議がオーストリアの首都ウィーンで開催された。参加したヨーロッパ列強の中で、とくにオーストリアのメッテルニヒが会議を主導したことはよく知られている。会議は長引いたが、ナポレオンのいわゆる「百日天下」などの紆余曲折を経て、翌年六月に最終議定書が調印され、これによってヨーロッパに相対的に安定した国際秩序がもたらされた。これを一般的にウィーン体制と呼ぶ。外交史の用語ではあるが、一九世紀前半という時代を表現するものとしてこの用語を使

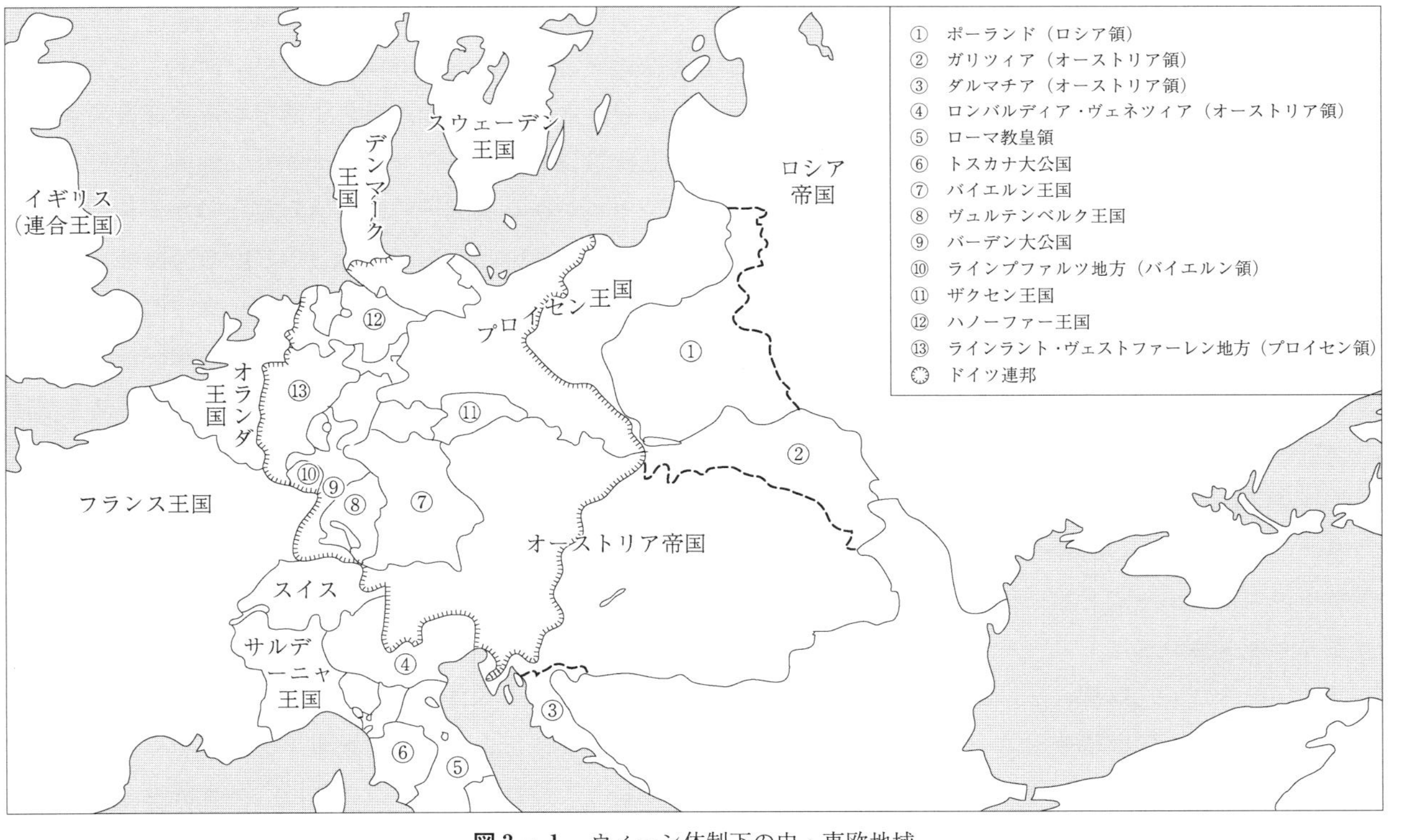

図3－1　ウィーン体制下の中・東欧地域

出典：小山哲ほか編著『大学で学ぶ西洋史［近現代］』ミネルヴァ書房，2011年，114頁。

用する。

このウィーン会議の最終議定書の定めに従って、ドイツの領域には三五の邦国と四つの自由都市からなるドイツ連邦が形成された。これは統一国家ではなく、独立した国家間のゆるやかな連合体で、合議機関としての連邦議会がフランクフルト・アム・マインにおかれ、人口・面積共に最大のオーストリアが議長国となった。このオーストリアと二番目の大国であるプロイセンが事実上ドイツ連邦の中心となる。この二国は、プロイセンがウィーン会議の結果ザクセンの北半分とライン・ヴェストファーレン地方を獲得し、オーストリアも北イタリアやガリツィアなどで領土を広げるなど、ヨーロッパ列強の一員として、反革命・反自由主義・反ナショナリズムを基本とするウィーン体制の中央ヨーロッパにおける支柱となった。ただし、フランス革命前の王朝を正統としそれを復旧するという正統主義がこのウィーン体制の大原則であったが、ドイツについていえばそれはまったく当てはまらず、神聖ローマ帝国が復活することはなかったし、かつて帝国内に分布していた群小の騎士領や帝国都市、聖界諸侯領は併合されたままで、ナポレオン時代になされた領土変更は原則的にはそのままドイツ連邦に引き継がれたことも歴史的事実である。

しかし、解放戦争の際に育まれた自由と統一を求める運動の側からは、統一とは程遠く反自由主義と反ナショナリズムの指向の強いこのドイツ連邦の国制への不満が高まった。こうした運動の急先鋒といえるのが、一八一五年にイエナ大学で結成された学生団体であるブルシェンシャフトである。これは、一八一七年の宗教改革三〇〇周年を記念するヴァルトブルク祭典などを機に全国的学生組織へと発展したが、メッテルニヒを中心とするドイツ連邦の諸邦政府の側から危険視されることとなる。ヴァルトブルク祭での「反ドイツ的」書物の焚書事件やロシアのスパイとみなされた反自由主義を標榜する作家コッツェブーの暗殺事件などが弾圧の口実として利用され、一八一九年にメッテルニヒは保養地カールスバートに諸邦の代表者を集め、ブルシェンシャフトの禁止や言論・集会・出版への取り締まりを強化する決議を行った。これ以降諸邦の政府は弾圧を強化し、自由主義とナショナリズムの運動は厳しく抑圧されるようになった。

このように一八二〇年代には反政府的な動きは抑え込まれ、表面上は静穏な時代となったが、ちょうどこのころ高まったギリシア独立運動の支援などといった形で、自由主義・ナショナリズムの運動は静かに継続していた。そして、一八三〇年フランスの七月革命をきっかけに、ドイツでも自由と統一を求める運動に再び火が付いた。ザクセン、ハノーファーなど中・北部の中小邦では、市民層や民衆層が旧来の専制的な君主に反旗をひるがえし、新君主の下で憲法が制定され新たに立憲君主国が誕生したし、すでに立憲制に移行していた西南ドイツ諸邦では議会内外の自由主義運動が勢力を拡大した。こうした運動は、従来は啓蒙主義の理念を奉ずる官僚層によって担われていたが、この時期になると市民層を中心とした自発的な結社（協会＝フェアアイン）が徐々に形成されるようになり、これが自由主義やナショナリズムの運動の基盤となっていく。

とくに注目されるのが、ジャーナリストのヴィルトとジーベンファイファーを中心とした急進民主主義的な「出版・祖国協会」が呼びかけ、一八三二年五月に西南ドイツのプファルツ地方で開催されたハンバッハ祭である。これは市民層のみならず広範な民衆層も参加し、およそ三万人を結集した反政府的示威集会となった。こうした動きに対し、メッテルニヒら保守派は言論弾圧や運動への抑圧を強めたが、すでに市民層やその下の民衆層の政治的活性化を押しとどめることは難しくなってきていた。たとえば一八三七年に生じた「ゲッティンゲン七教授事件」（反動的なハノーファー新国王による自由主義的憲法の廃棄の暴挙に抗議したグリム兄弟など著名なゲッティンゲン大学の七人の教授を追放した事件）に対して、各地で抗議の声が広まり、逆に全ドイツ的な自由主義運動の高まりをもたらしたことにもこうした時代の流れがあらわれているといえる。一八四〇年代になるとこうした運動はますます活性化し、一八四八年の革命の下地を徐々に準備することとなるのだが、その前にこの時代の経済や社会の変化について触れておく必要がある。

ドイツ関税同盟

一九世紀初頭のドイツはまだ農業国であり、人口の圧倒的多数は農村部に居住していた。しかしプロイセンでは改革によって営業の自由が導入され、国内関税が撤廃されるなど、資本主義的経済発展のための条件が部分的に整えられていった。一八三〇年代ごろになると、ライン地方を中心に繊維工業が勃興し、また一八三五年のニュルンベルク・フュルト間を皮切りに鉄道建設が開始されるなど、イギリスからずっと出遅れたとはいえ、ドイツにおいてもしだいに近代的な工業化の波が押し寄せるようになった。鉄道の建設は鉄鋼業や石炭産業の活性化を促すだけではなく、道路整備や運河建設などとも相まって、交通網の発達につながり、こうしてドイツの国内産業の発展の基盤となる国内市場の形成に大きく寄与した。

こうした国内市場の形成に決定的な役割を果たしたのは、一八三四年に成立した関税同盟である。先述したように、ドイツ連邦は多数の邦国のゆるやかな連合体にすぎず、各邦国さらには邦国内部でもそれぞれ関税障壁が設けられており、経済的には分裂状態にあった。そうした中で安価なイギリスの工業製品が流入しドイツ経済に大きな打撃を与えていた。プロイセンは一八一八年に国内関税を廃止してはいたが、（地図にあるように）プロイセン本国とライン地方は分断されていたため、やはり関税障壁問題は大きな壁であった。こうした中でプロイセンは、一八二八年にヘッセン大公国と「北ドイツ関税同盟」を成立させ、その後競合する「中部ドイツ関税同盟」と「南ドイツ関税同盟」を合同して、一八三四年「ドイツ関税同盟」を発足させた。これによってプロイセンを中心とする人口二三〇〇万人の巨大な統一関税地域が創出されたこととなり、のちのプロイセンによる、オーストリアを排除した「小ドイツ的」統一への道が、ひとまず経済のレベルで拓かれたのである。

「社会問題」の出現

とはいえ、一九世紀前半のドイツの経済社会は順調な発展とは程遠い状況にあった。最大の問題はこの時期の人口の急増がもたらした弊害であった。本格的な工業化の前に人口が増加するという現象は、一八世紀中ごろ以降のヨーロッパ農村部において共通してみられる現象であるが、ドイツもその例外ではなかった。その原因は複雑で、家族形態や婚姻制度、農村工業など様々な要因がからみあっている。しかし確実にいえるのは、一九世紀前半の時点ではこうした人口増加を吸収できるような産業の発達はいまだ実現しておらず、大量の過剰人口が農村部に滞留していたということである。こうした貧困問題に対し救貧制度のような古いシステムではとうてい対応できず、その解決は困難であった。

ただし農村の状況は地域によって大きな違いも存在した。たとえばプロイセン改革での土地制度改革により資本主義的な大規模農業経営が拡大しつつあったプロイセンの東部諸州では、大量の農業労働者層が生み出されており、彼らはひとたび不作や農業不況が生じると困窮状態に陥ることとなった。分割相続が支配的な西南ドイツでは小規模な農民が数多く存在し、彼らの多くは農村工業を副業として生計を立てていたが、ここでもひとたび経済不況に直面すると貧窮が蔓延した。領邦政府は人口抑制のため厳しい婚姻制限・定住制限を課したし、とくにこの地域からは大量の移民がアメリカ大陸などへ流出した。とりわけ困窮の程度が大きかったのはシュレジエン地方の農村家内工業地域であった。一九世紀初頭からこの地域の問屋制家内工業に従事する織布工の貧困状況は知られていたが、とくに一八三〇年ごろから当地の亜麻布産業は、安価なイギリス製の繊維製品との競争にさらされ壊滅的打撃を受けた。賃金の引き下げで対抗しようとする問屋商人側に対し、一八四四年には大規模な織布工の暴動がおこったのである。

他方都市部では、部分的には工業化が始まってはいたものの、いまだ伝統的な手工業に従事する人々が数多く、この手工業もまた営業の自由に象徴される経済の変化の波にのまれて深刻な危機に陥っていた。ただし、通常イメージされるような、近代的大工業による伝統的手工業の衰退といったかたちでの危機ではないことに注意しなければならない。この段階のドイツでは、まだ一部を除いて大工業といえるほどのものはなかったし、逆に手工業の従事者数はこの時期にむしろ大幅に増加していた。その理由の一つは、営業の自由の導入によって手工業への参入が容易になったことが挙げられる。しかし、独立できたとしても職人や徒弟を雇う余裕もなく、単独経営を余儀なくされる親方も多かったので、その経済的地位は不安定であった。さらに、手工業の階梯で親方より下に位置する職人・徒弟の数はより大きく増加した。本来は修業期間を経たのち独立して親方になることをめざすべき彼らであるが、大衆的貧困が蔓延していたこの時期には、親方になる道を閉ざされ、また近代的工業がまだ未発達なため、大規模工場で就業することもできなかった。「職人労働者」というべきこうした人々は、困窮した生活を余儀なくされる都市下層民衆の一部を形成し、やがて一八四八年革命において古い支配秩序を覆す原動力となるのである。

農村や都市におけるこうした広範な民衆の窮乏化現象は、一八三〇・四〇年代には同時代人から「パウペリスムス（大衆貧困化）」と表現され、深刻な「社会問題」として意識されるようになる。そして政治的な「自由と統一」を求める従来の自由主義運動だけではなく、「社会問題」を解決するための多種多様な思想や運動が出現する。その中には、営業の自由を廃止し伝統的な手工業ギルドを復活させようとするものや、小規模な生産者の協同組合によって問題解決を導こうとするもの、既存の所有関係を転覆して平等な社会をつくり上げようとするものなど、様々な傾向が存在する。これらの思想は一八四八年の革命という舞台で、現実政治と絡み合いながら具体化が試みられていくのである。

3　一八四八年革命

革命の概観

一八四八年は全ヨーロッパ規模で革命への動きが噴出した。中でもフランスの二月革命の衝撃は大きく、すぐにドイツに飛び火し、まずは西南ドイツ、そして三月にはオーストリアのウィーン、プロイセンのベルリンへと革命の波は広がっていった。一年あまり継続したドイツにおける革命の動きは非常に複雑な様相を呈しており、革命を推進する勢力の中でも、様々な社会層や政治党派による、次元を異にする多様な要求や行動が提示された。おおざっぱにいえば、政治レベルでは「自由と統一」、すなわち政治的自由の獲得と憲法制定、そして統一国家の創出といった要求が掲げられた。もちろんその中身は、立憲君主制か共和制か、オーストリアを含む大ドイツ的統一かオーストリアを除く小ドイツ的統一か、などいくつもの違いがあるが、こうした問題に関する議論がフランクフルト国民議会や各邦国の議会、数多くの出版物で展開された。

社会・経済のレベルでは、「大衆貧困」の下で「社会問題」をいかに解決するかということが問題となり、これは民衆の直接行動によって要求されることもあれば、手工業者や労働者の組織によって社会改革の要求として提示されることもあった。さらにこれらに加えて、少数民族を抱えた地域では、民族自立をめざす運動が活発に展開され、これが革命のゆくえに大きな影響を及ぼした。しかし、こうした穏健自由主義から急進的勢力までを含む多種多様で広範な革命陣営に対して、革命を否定し旧秩序の復活をねらう反革命勢力が、軍という強大な暴力装置をもって対峙していたということも忘れてはならない。一八四八年革命のプロセスをみると、革命陣営が分裂し内部で相対立している間に、反革命勢力が力を復活させ、最後は革命側の息の根を止めるということが各地で繰り返されたのである。

革命の勃発

具体的な革命の進行について振り返ってみよう。最初の動きは二月末、バーデンから始まった。農民や都市民衆の直接行動を背景に自由主義的な新政府がつくられ、この動きは西南ドイツや中部ドイツの他の邦国にも伝播して、各地で平和裏に自由主義的な三月内閣が形成された。しかし二大国であるオーストリアとプロイセンの首都では流血の惨事に発展した。三月一三日に起こったウィーン革命では、学生や市民、手工業者・労働者たちが軍隊と衝突、バリケード戦となり、メッテルニヒは辞職、恐怖を覚えた皇帝は軍隊を撤退させ、学生と市民の軍団が結成された。しかし、他邦のような自由主義的な新政府が形成されることはなく、一種の権力の空白状態が生じた。

一方ベルリンでも、三月一八日、軍隊の発砲をきっかけに市民や手工業者・労働者によるバリケード設置、軍隊との衝突が生じ、国王は市内から軍隊を撤退させ、自由主義支持の貴族を中心とした新政府の樹立を布告した。市民による武装（市民軍）も認められ、三月末にはラインラントを基盤とする市民出身の自由主義者カンプハウゼンとハンゼマンを中心とする新内閣が成立する。こうした状況を受けて、各邦国では自由主義的な新政府が樹立され、ドイツ連邦議会も立憲自由主義の方向へと舵を切った。そして、ドイツ統一と憲法の制定をめざす全ドイツ的な国民議会を開設すべく、各邦ごとに議員が選出されることとなり、五月一八日に、フランクフルト・アム・マインのパウロ教会で国民議会が開設された。またプロイセンでもほぼ同じ時期に独自の選挙が行われ、左右両派の自由主義勢力が中心となるプロイセン国民議会が開設された。

こうした革命の初期段階における成果は、市民を巻き込みつつも、基本的には農民から都市手工業者まで含めた広範な民衆による直接的な抗議行動を前に、旧権力側が後退し妥協して獲得されたものといえる。その勢いは春から夏にかけても続き、農村や都市において様々な民衆運動が展開された。西南ドイツなどで農民たちが残存する封建的賦課の廃棄を求めて領主に対して行っていた抗議行動は、革命の初期に目的が達成されると収束していったが、都市部においては「職人労働者」を中心とする民衆の運動がストライキなどの形で活発に行われた。とくに、経済的に困窮した手工業親方や「職人労働者」たちは、社会改革的な要求を掲げて独自の全国的組織化を試みたが、営業の自由の廃止やギルド的規制の復活を訴える復古的な主張（ヴィンケルブレヒ）や、協同組合的な社会組織による社会改革の提案（ボルン）など、相異なった方向性が打ち出され、結局統一的な勢力になることはなかった。

フランクフルト国民議会の方に目を向けよう。各邦ごとに異なった制限選挙権により間接選挙方式で選ばれた八一二名の議員の中で、過半数を占めたのは大学教育を受けた官吏や法律家であったが、政治的傾向でみると、保守派、中央右派（立憲君主制を指向する自由主義派）、中央左派（議会重視の自由主義派）、民主主義派の四つのグループに分けられる。国民議会で最初に問題となったのは、連邦議会に代わる政府の樹立であった。その背景にはシュレスヴィヒ・ホルシュタイン問題をめぐるデンマークとの対立があり、ドイツを代表する何らかの中央権力を創出する必要性が生じたためである。結局六月二八日に臨時中央政府が成立し、ドイツ連邦を支えてきた連邦議会は役目を終えた。ただしこの臨時中央政府は独自の軍事力や行政機構を欠いた名目的存在で、国際的な承認もあまり得られなかった。肝心の憲法制定に関しても、審議は遅々としてすすまず、最終的に憲法の条文ができあがったのは一二月末であり、この段階ではすでに反革命の勝利が確定していた。ただし、この憲法自体は後のヴァイマル憲法の基礎となったわけで、その歴史的重要性は忘れてはならない。

革命勢力の分裂と退潮

一八四八年夏から秋になると革命は徐々に退潮局面を迎える。そのことはすでに、パリにおける六月蜂起の鎮圧という事件によって予告されていたといえる。これは、市民を中心とした革命政府が都市の下層民衆の直接的抗議行動を弾圧した事件であり、市民層と都市下層民衆との分裂を示すもので、革命の分岐点となったのである。ドイツにおいても、やはり六月にベルリンで生じた武器庫襲撃事件（市民軍から締め出された下層民衆が武装を求めて武器庫を襲撃し鎮圧された事件）にその予兆はあった。大きな衝突となったのは九月のフランクフルトでの事件である。これはシュレスヴィヒ・ホルシュタインをめぐるデンマークとの戦争で、列強の圧力に屈したプロイセンがフランクフルトの中央政府を無視してマルメー休戦条約を結び、それを結局フランクフルト中央政府が追認したことへの抗議から始まり、結局ドイツ連邦軍によって鎮圧された。

革命の退潮と反革命の勝利を決定づけたのはウィーンにおける両者の攻防である、他邦のように市民を代表する自由主義的政府が存在しなかったウィーンでは、五月に皇帝側が一方的に欽定憲法を公布したことに対して、学生軍団と国民衛兵が反発し、皇帝はインスブルックに逃亡するという事件が起こった。その後普通選挙によって憲法制定のための帝国議会が成立し、そこでは農民の封建的な隷属や賦課の廃止が決定され、農民の要求は満たされることとなった。しかしその後八月に、パリの六月蜂起と同様の、公共土木事業労働者と国民衛兵との衝突が起き、革命勢力の弱体化がもたらされた。

さらに一〇月には、民族独立をめざすハンガリーへの介入をめぐり、皇帝・軍部の強硬姿勢に反発した民主派や学生軍団、労働者組織などが革命防衛軍を形成し、皇帝や政府は逃亡して、いったんウィーンは完全に革命側の支配下に置かれた。しかし、農民の支持を得られず孤立したウィーンの革命勢力に対し、ウィンディシュグレーツが指揮する正規軍の大軍が、ハンガリーに敵対し皇帝に忠誠を誓うイェラチッチ率いるクロアティア軍と合体して包囲攻撃、双方合わせて千人を超える死者を出してウィーンを制圧した。戦後の反革命勢力による弾圧は凄惨を極め、フランクフルト国民議会の議員であったブルムも議員特権にもかかわらず処刑された。こうして一二月に新皇帝となったフランツ・ヨーゼフの下、オーストリアは完全に革命に背を向けることとなった。

ベルリンでは、自由主義的政府と軍部との綱引きが続いていたが、一〇月一三日には、学生や手工業者などで構成される遊撃隊を市民軍から排除する法案がプロイセン国民議会で可決されるなど、市民側と都市民衆（「職人労働者」やより下層の「プロレタリア」層）との対立が深まっていた。三日後には、その市民軍と公共土木事業労働者との武力衝突が生じ、すぐに鎮圧されたものの、市民軍が民衆に銃を向けたことは結局反革命勢力に有利に働くこととなる。一一月には反動的なブランデンブルク内閣が成立し、その下で軍がベルリン市内へ入城して戒厳令が敷かれ、市民軍の解散や政治結社の禁止、集会と出版の制限といった措置が取られたが、ウィーンのような武力による抵抗は行われなかった。ベルリンの革命は流血なしに幕を閉じたのである。

革命の終焉

ドイツの二大国で反革命が勝利を収めたことにより、事実上大勢は決したといえるが、革命のシンボルともいえるフランクフルトの国民議会ではまだ憲法に関する議論が継続していた。ドイツ統一の方法に関する問題では、国民議会でいったんオーストリア（正確にはオーストリア帝国のドイツ連邦に含まれていた地域）を含めての大ドイツ主義的統一が可決されたが、オーストリア政府が帝国を分割することにつながるようなドイツ統一を拒否したため、最終的にプロイセン国王を世襲皇帝とし、二院制議会を有する小ドイツ主義的ドイツ帝国の建設をうたった憲法が三月二七日に成立した。

しかしプロイセン国王は、革命によって生み出されたこの憲法およびドイツ皇帝の位を拒否した。そしてオーストリア、バイエルン、ザクセン、ハノーファーなど主だった邦国も憲法を拒否したため、結局、憲法制定国民議会は解体へと向かうこととなり、最終的に六月一八日に活動を終了する。

ただし憲法は数でいえば多数を占める二八の邦国によって承認されている。そして、この憲法の承認を求めて、憲法戦役と呼ばれる革命勢力の最後の戦いが一八四九年の四月から七月にかけて各地で展開された。ヴュルテンベルクのように平和裏に憲法の承認が実現した邦国もあるが、ザクセンの首都ドレスデンでは、若き作曲家ヴァーグナーも参加したバリケード戦が勃発し、最終的にはプロイセン軍が派遣されて蜂起は鎮圧された。そのプロイセンでは、エルバーフェルトやイーザーローンなどで武装蜂起がおこったし、バイエルンではライン左岸の飛び地であるプファルツ地方で大規模な反乱となり、臨時政府の樹立まで進展したが、ここもプロイセン軍の武力の前に屈した。最後まで闘争を継続したのはバーデンである。ここでは五月に正規軍が反乱を起こし、君主が逃亡して臨時政府が共和国を宣言したが、結局プロイセンをはじめ近隣の邦国の軍隊に包囲攻撃され、七月二三日に最終的に反乱は鎮圧された。

こうして一八四八年春から全ドイツに波及した革命運動の嵐は、一年あまりの間に反革命勢力によってすべて押しつぶされてしまった。その意味で革命は挫折したが、いくつもの点において不可逆的な変化が達成されたこともまた事実である。たとえば、一九世紀初頭の改革にもかかわらずまだ残存していた種々の封建的な賦課は、農民たちの運動によってほぼ廃棄されたし、政治面でいえば多くの邦国で憲法が制定され国制上は立憲君主制へと移行した。そしてすべての邦国で、決して平等ではないとしても選挙による代議制の政治システムが浸透し（ただし選挙権は男性限定）、市民だけでなく民衆層においても、協会という自発的な結社を通じて自らの利害や要求を表明するという、近代的な政治参加のスタイルが確立した。これらのことを考慮すると、革命はドイツの歴史における近代的政治社会形成への流れを大きく加速化したことは確かであり、その意味でその後のドイツの歴史には大きな足跡を残したのである。

（南　直人）

参考文献

川越修『ベルリン　王都の近代――初期工業化・一八四八年革命』ミネルヴァ書房、一九八八年。

小山哲・上垣豊・山田史郎・杉本淑彦編著『大学で学ぶ西洋史［近現代］』ミネルヴァ書房、二〇一一年（特に第四章第三節「ウィーン体制」）。

阪上孝編『一八四八――国家装置と民衆』ミネルヴァ書房、一九八五年。

谷口健治『バイエルン王国の誕生――ドイツにおける近代国家の形成』山川出版社、二〇〇三年。

成瀬治・山田欣吾・木村靖二編『世界歴史体系　ドイツ史2』山川出版社、一九九六年（特に第六章「ウィーン体制下の政治と経済」及び第七章「一八四八年革命」）。

林健太郎『ドイツ革命史――一八四八―四九年』山川出版社、一九九〇年。

増谷英樹『ビラの中の革命――ウィーン一八四八年』東京大学出版会、一九八七年。

良知力編『一八四八年革命：共同研究』大月書店、一九七九年。

良知力『青きドナウの乱痴気――ウィーン一八四八年』平凡社、一九八六年。

若尾祐司・井上茂子編著『近代ドイツの歴史』ミネルヴァ書房、二〇〇五年（特に第三章「国民国家の黎明」）。

第4章

反動の時代から第二帝政期へ——一九世紀中頃～二〇世紀初頭

1 一八四八年革命の影響

一九世紀前半の社会変動をうけて、新しい「ドイツ」社会が作られていくのが、一八四八年革命から第一次世界大戦にかけての時期である。

一八四八年革命では一九世紀初頭以来の社会的変動に由来する問題に諸方面から解決が探られた（第三章参照）。革命自体はドイツ全体で四九年までに終息したとはいえ、革命は確実に社会に変化をもたらした。議会制の導入、協会の発展、都市改造、そして民族問題の展開という点からみていこう。

議会制の導入

革命の激動は、国家の統治に社会の側から了解を取り付ける機構の必要性を認識させた。革命をきっかけにドイツの諸邦に憲法が制定され、議会が選出されるようになったのはそうした認識の変化による。ただし、プロイセン国民議会の三級選挙法が端的に示すように、経済力の違いが国政に関与する権利の強弱を規定する制度が導入された。三級選挙法とは、選挙区の直接税納入額のリストを上位の納入者から足していって、総額の三分の一に達したところまでを第一級、次の三分の一を第二級、残りを第三級とし、それぞれから一名の選挙人を選出し、その選挙人が議員を選出するものである。高額納税者の意向が強く反映される。

協会の時代

一八四八年革命をきっかけに開催された手工業者の同職組合再生のための会議はほぼ失敗に終わり、一八世紀までの同職組合の復活はもはや望むべくもないことが明らかとなる（第三章参照）。手工業も新しい時代に対応し、とりわけ一八六〇年代〜七〇年代にかけての自由主義的傾向が強い風潮に適応していく。

ドイツの歴史家ニッパーダイは、一八四〇年代以降を「協会（結社）の時代」と評価する。前近代の組織は、同職組合の例に端的に現れるように身分・職業などに強く規定されたものであり、多様な機能をあたえられていた。それに対して、特定の目的に応じて自発的に組織される協会は、市民社会の兆候であると位置づけられる。同職組合の命脈は尽きたが、革命をきっかけとして社会全体で中間団体的な存在は必要とされ、すでに前世紀以来読書クラブなどの形で機能していた協会の社会的重要性が増した。とりわけ、政府にとって社会と国家の間を仲介する機能が期待され、革命前は正式に認められていなかった労働諸階級福祉中央協会（四四年設立）などの労働者福祉目的の協会が公認された。ほかにも、体操、射撃、歌唱など娯楽目的のもの、経済的利害を反映するものなど様々な協会が結成される。

革命前は政治的な協会は禁止されていたが、革命では公認され、多くの政治的協会が革命の中で大きな役割を果たす。プロイセンでは一八五〇年代のマントイフェル内閣の反動的な時代の後、一八五八年に王弟ヴィルヘルムが摂政の地位に就任し、自由主義的機運が盛り上がった「新時代」が到来する。この後こうした協会の活動がドイツ全体で目立つようになる。

たとえば、ドイツ統一の動きの中でも、ドイツ経済人会議（五八年設立）やドイツ国民協会（五九年設立）が小ドイツ的統一を目指し、ドイツ改革協会（六二年設立）がオーストリア中心の国家統一を念頭においていた。教養市民層を中心に「下から」全ドイツの共通の歴史や文化を強調する動きが見られた。六〇年代頃から、シラー生誕一〇〇周年行事（五九年）やトイトブルクの森のヘルマン像建立などがみられた。こうした文化的な動きに具体的な形をあたえたのも協会である。

一九世紀に顕著になった社会問題の解決手段として様々な協会が結成されている。たとえば、ベルリンの人口は世紀半ばの約五〇万人から二〇世紀初頭には二〇〇万人を超えるまでに増加している。それに伴い、過密な住居に押し込まれた労働者の住宅問題をはじめ様々な社会問題が表面化するようになっている。そうした社会問題に取り組む協会の代表例が、大学教授を中心とする社会政策学会（一八七三年設立）である。この団体は、様々な問題の調査をふまえ国家の干渉を強く求め、六〇年代までの自由放任主義や労働者の自助による解決を求める風潮に一線を画すようになる。

統一に向けての動きにとどまらず、必要に応じて結成された協会が織り成す網の目が、政治的枠組みの弱さを補完する形でドイツの一体性をもたらしていた。

都市改造

一八四八年革命直後にこうした新しい動向から取り残されたのは、都市を中心に混沌とした状態で住んでいる大衆である。革命後の時期では、のちのビスマルクの社会政策やヴァイマル以降の社会国家とは違い、大衆と国

〈ウィーンの環状道路〉

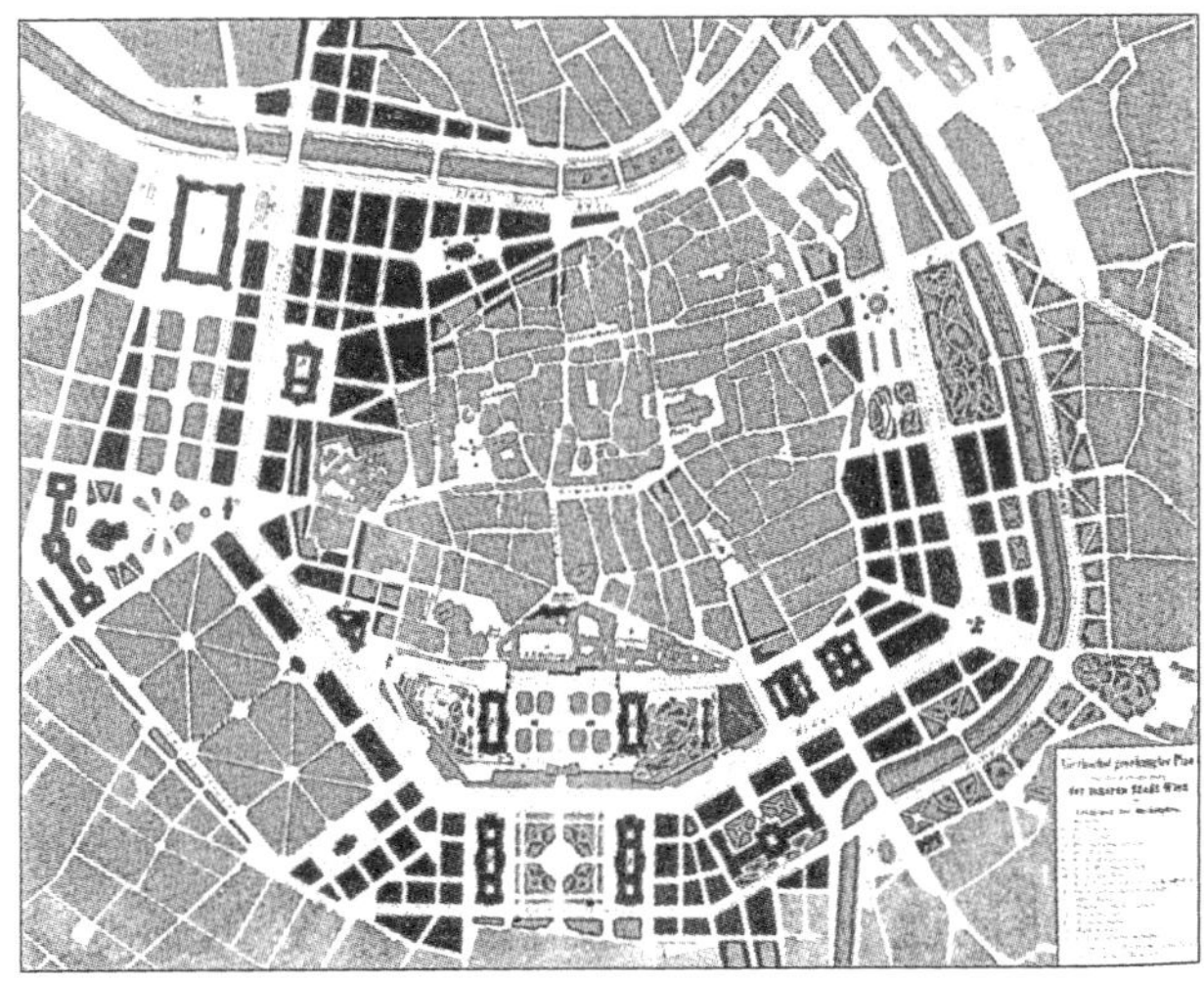

〈ベルリンのホープレヒト案（1862年）〉

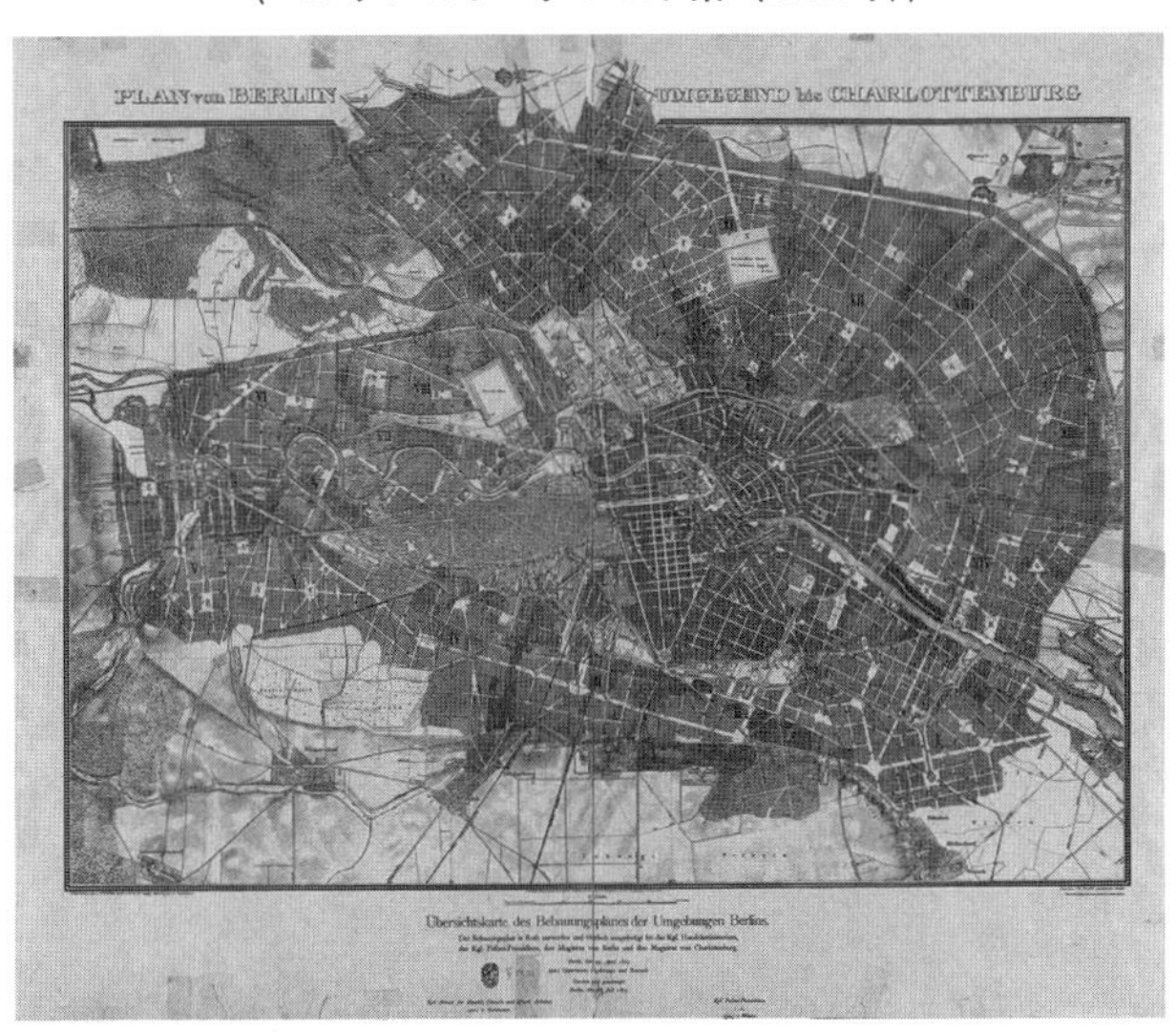

図4－1　都市の直接外の空間の整備

出典：〈環状道路〉『都市を作った巨匠たち』ぎょうせい，2004年，25頁。

〈ホープレヒト案〉Johann Friedrich Geist und Klaus Kürvers, *Das Berliner Mietshaus 1740-1862*. München 1980, S. 498f.

家の関係はまだ構築されていない。伝統的な救貧行政も大衆の貧困問題にはもはや十分に対応できなくなっていた。市民による協会の中で、自助の原則による年金・貯蓄制度や住宅建設が議論されても、それは一般大衆の生活状況の改善にまでは届かない。そのかわり、都市単位で取り組まれたのが、都市改造である。これは、オスマンによるパリの大改造や後年の都市計画のような都市全体の変革を志向したものではなく、次の二つの方向性をもつものである。

まず、人口増加に伴いそれまでの生活が成り立たなくなった都市社会の状況を改善するべく、第一次世界大戦に至るまで交通、上下水道、ガス、公設市場、病院などの建設が進み、都市の生活環境に劇的な変化が見られた。結果として、都市住民の生活はこうしたライフラインの複雑なネットワークの支えなしには成り立たなくなる（第九章参照）。

次に、ベルリンやウィーンでは、既存の都市の外側に改造の手が施される。両都市とも人口増大につれ、それまで壁で閉じられていた都市空間と外の関係に様々な支障が生じる。壁が解体されるのと相前後して、外の空間が整備されたものである。ベルリンでは、市壁の外の未開発の領域に道路網や広場を策定したホープレヒト案（一八六二年）を土台にした開発が進められ、ウィーンでは、防御用の市壁とその外に広がる空間（グラシ）が整備されて、環状道路とそれに面した土地に公共建築物が作られた。これらは、都市内で騒擾が発生した時に軍隊の移動を円滑にする目的もあり、民衆が引き起こす革命的状況に対する不安がそこに反映している（図４-１）。

民族問題

一八四八年革命によるウィーン体制の崩壊は、ドイツ人地域の枠組みの再編成を要請したものである。統一をめぐる議論は、革命では君主側の抵抗にあって明確な結論は出なかったが、「大ドイツ主義」と「小ドイツ主義」という有力な選択肢を浮上させた（第三章参照）。

これに加え、ドイツ統一の展開に影響をあたえたのは、革命におけるオーストリアとその他のドイツにおける「民族」問題の展開の相違であろう。四八年革命では、オーストリア支配下のチェコやハンガリーなどの「民族」が自立を求めてウィーンや現地で活発な活動を行ったのに対して、プロイセン支配下のポーランド人は、そういった一体性を伴った運動を展開していない。ポーゼンでみられた民族的な動きも、結局は、独立を目指すのではなく、プロイセン国家の枠内でポーランド人の利害が反映できるように、同州の再編成を目指すものであった。ポーランド人が二つの国民議会で自己の立場を強く主張するようなことはなかった。

これは、プロイセンにおいては一八四八年革命の段階ではポーランド人は、まとまった政治行動を起こしえない状況におかれていたからである。第一に、一八世紀末以来の分割された状況のもとでは、国境を越えたポーランド人としての一体性をもった運動は現実性がなかった。第二に、プロイセンに話を限定しても、プロイセン支配下のポーランド人の多い地域は、中世以来ドイツの強い影響のもとにおかれていた。第三に、プロイセンのこうした地域は、歴史的背景や領土となった経緯から異なる、四つの地域（東プロイセン、シュレジエン、西プロイセン、そしてポーゼン）によって構成される。このような状況であったので、プロイセン支配下のポーランド人居住地域全体の一体性よりも、個々の地域の独自性が重要視されるほうが自然であった。

こうして、一八四八年革命の過程の中でオーストリアについては、ドイツ人のみならず、様々な民族を抱え込んだ国家であることが浮き彫りになり、プロイセン、そしてドイツ連邦は、「ドイツ人」の国家であることが表に出てくるようになった。もちろん、プロイセンや後のドイツ帝国には、多くのポーランド人が居住し、彼らが職を求めてザクセンやルール工業地帯に出稼ぎに出ざるをえない状況にあった。統一の過程で取り込まれることになった、デンマーク人やフランス人（エルザス・ロートリンゲン）の存在も見落とせない。だが、プロイセン・

ドイツ帝国はあくまでも「ドイツ人」の国家という建前が貫徹するようになる。

大ドイツ主義と小ドイツ主義の対立とは、要するに、他民族も抱え込んだ国家にするか、純粋にドイツ人だけの国家にするかの対立である。ドイツ連邦に引き継がれていた、ドイツや他民族をゆるやかにまとめる「神聖ローマ帝国」の枠組みは、こうした議論の中でもはや説得力をもたなかったといえる。

2　アウスグライヒとドイツ統一

一八四八年革命期に保守強硬派として名を上げ、革命後もドイツ連邦内のプロイセンの立場の強化に努めたビスマルクが、一八六二年にプロイセン首相に就任した。彼の主導のもと、ドイツの統一をめぐる問題への決着は一八六〇年代半ばからの三度の戦争でつくことになる。それを記念して建てられたのがベルリンの戦勝記念塔である。

対デンマーク戦争と普墺戦争

最初の戦争が一八六四年の対デンマーク戦争である。この戦争で問題となったのはユトランド半島の付け根部分にあるシュレスヴィヒ公国とホルシュタイン公国である。両公国は伝統的にデンマーク王家によって統治されてきたが、領域内にはドイツ人も多く居住していた。特にホルシュタイン公国は、その領域がエルベ川北岸まで拡がり、ドイツ連邦に属していた。四八年革命の時期にデンマーク側に両公国の完全併合を目指す動きがあった一方、デンマークからのホルシュタイン公国の自立の動きがあった。これをきっかけにプロイセン軍とデンマーク軍の間に戦端が開かれたが、両公国の帰属に変化はなかった。

両公国の帰属の問題が再燃したのは一八六三年のことである。翌年、プロイセンとオーストリアの連合軍がデンマークと戦闘をし、連合軍が勝利する。戦後、プロイセンがシュレスヴィヒを、オーストリアがホルシュタインを統治することになった。

ドイツ連邦は当初から連邦外の君主三名（イギリス国王、デンマーク国王、オランダ国王）が連邦内の邦を統治していた。ドイツ連邦誕生時にはイギリスの国王がハノーファー国王であった。一八三七年のヴィクトリア女王の即位に際して、ハノーファー王国では女王の即位が認められなかったので、女王の叔父のエルンスト・アウグストが即位した。デンマークとの戦争の結果として、オランダ国王が小国ルクセンブルク大公国を支配しているのをのぞくと、ドイツ連邦の諸邦の統治者から外国の君主は排除された。

その後、プロイセンとオーストリアの対立がより明確になった。そこで一八六六年におこったのが普墺戦争である。ドイツ連邦所属の邦もどちらかの陣営に与して戦い、連邦を二分する戦いとなった。この戦争は、周到な準備を進めていたプロイセンが七週間で勝利し、ドイツの国民国家に向けた動きは、プロイセン中心の「ドイツ」人の国家を樹立する方向へと向かう。六七年に、ドイツ連邦は解体、新たにプロイセン主導の北ドイツ連邦が結成され、これがのちのドイツ帝国の土台となる。同年ルクセンブルク大公国は連邦から離脱し永世中立国となり、統治者の点からみて北ドイツ連邦は「ドイツ」の世界となった。

オーストリア・ハンガリー帝国

ドイツ統一の動きから排除されたオーストリアにおいても、こうした新しい事態への対応は速やかに具体化した。一八六七年のアウスグライヒにより誕生したのが、オーストリア・ハンガリー帝国（「二重君主国」）である。

この新しい政治体制は、オーストリアとハンガリーがそれぞれ自立した政府をもち、オーストリア皇帝とハンガリー国王をハプスブルク家の当主が担うことで一体性を保証するものである。こうした一体性は、一八世紀の国事詔書以来の伝統をふまえたものである（第二章参照）。それぞれの政府で処理できない案件に関しては共通三省（陸軍、外務、財政）が担い、重要案件については共通外務大臣、共通陸軍大臣、共通大蔵大臣による共通閣議で検討される。たとえば、一八七八年に軍事占領し、一九〇八年に併合したボスニア・ヘルツェゴヴィナの統治は、この共通三省が担当した。

これは、帝国内のドイツ人に次ぐ有力民族であるハンガリー人に大幅に譲歩して自治を認めたというような単純なものではなかった。そもそも全人口に占める支配的民族の割合は、オーストリアにおけるドイツ人が三五％、ハンガリーにおけるハンガリー人が四五％と全体の半分にも満たない。オーストリアとハンガリーともに、それぞれの地域で多様な民族が複雑に混在していた。

一八四八年革命のころには、帝国内の各民族が自己のアイデンティティを主張しはじめていたことはすでに述べた。他に、ドイツ人以外にも、イタリア人、セルビア人、ルーマニア人、ポーランド人といった帝国外の国家に多くの人口を抱える民族が国内に居住しており、外の同胞との関係が帝国の民族問題をさらに複雑にした。経済的にみると、帝国全体は農業国であったが、チェコやダルマティアでは工業化も進み、それが帝国における民族のあり方に影響をあたえた。

このような状況であったために、二重君主国の統治では、全体として各民族の権利や平等性が尊重され、各民族の言語の使用やその言語による教育は認められていた。ハンガリー王国内では、クロアティア・スラヴォニア王国は自治を享受できた。

二重君主国は、「国民国家」のハプスブルク的形態と評価できる。すなわち、複雑な民族状況に対して、皇帝＝国王を中心とした二重君主国の枠組みを上から当てはめようとしたものである。第一次世界大戦の敗北で皇帝

＝国王の求心性が失われると、支配下にあった民族は一気に独立し、帝国は瓦解したのであった。

ドイツ帝国

他方、ビスマルクの策略により北ドイツ連邦のみならず、連邦に所属していない南ドイツの四つの邦もプロイセン側に立って独仏戦争（普仏戦争）が戦われた。その結果として、ドイツ帝国は一八七一年に成立した。この新国家は、ドイツ以外の君主を排除した点およびドイツ以外の民族の存在が希薄化しているという点で「ドイツ」人の国家である。

ドイツ帝国と現在のドイツ連邦共和国の領域を示す二つの国境線を比較しよう（図４-２）。現在のドイツに比べると、かつてのドイツ帝国の範囲がかなり広いことは一目瞭然であろう。北部のユトランド半島のシュレスヴィヒや西南部のエルザス・ロートリンゲンは、ドイツ統一の過程で獲得し、第一次世界大戦後にそれぞれデンマークとフランスに帰属することになった地域である。東のほうは現在のポーランドや、リトアニアの一部まで広がるが、二度の大戦を経てドイツ世界から離れていく。首都ベルリンも、現在は東のポーランド国境に近いが、ドイツ帝国ではほぼ真ん中に位置する。

3　ドイツ帝国の政治と社会

連邦としてのドイツ帝国

ドイツ統一に伴い、プロイセン国王ヴィルヘルム一世は、ヴェルサイユ宮殿の鏡の間でドイツ皇帝に即位した。「皇帝」に支配された「帝国」ではあったが、この国家は連邦であった。神聖ローマ帝国以来、「ドイツ」の枠組

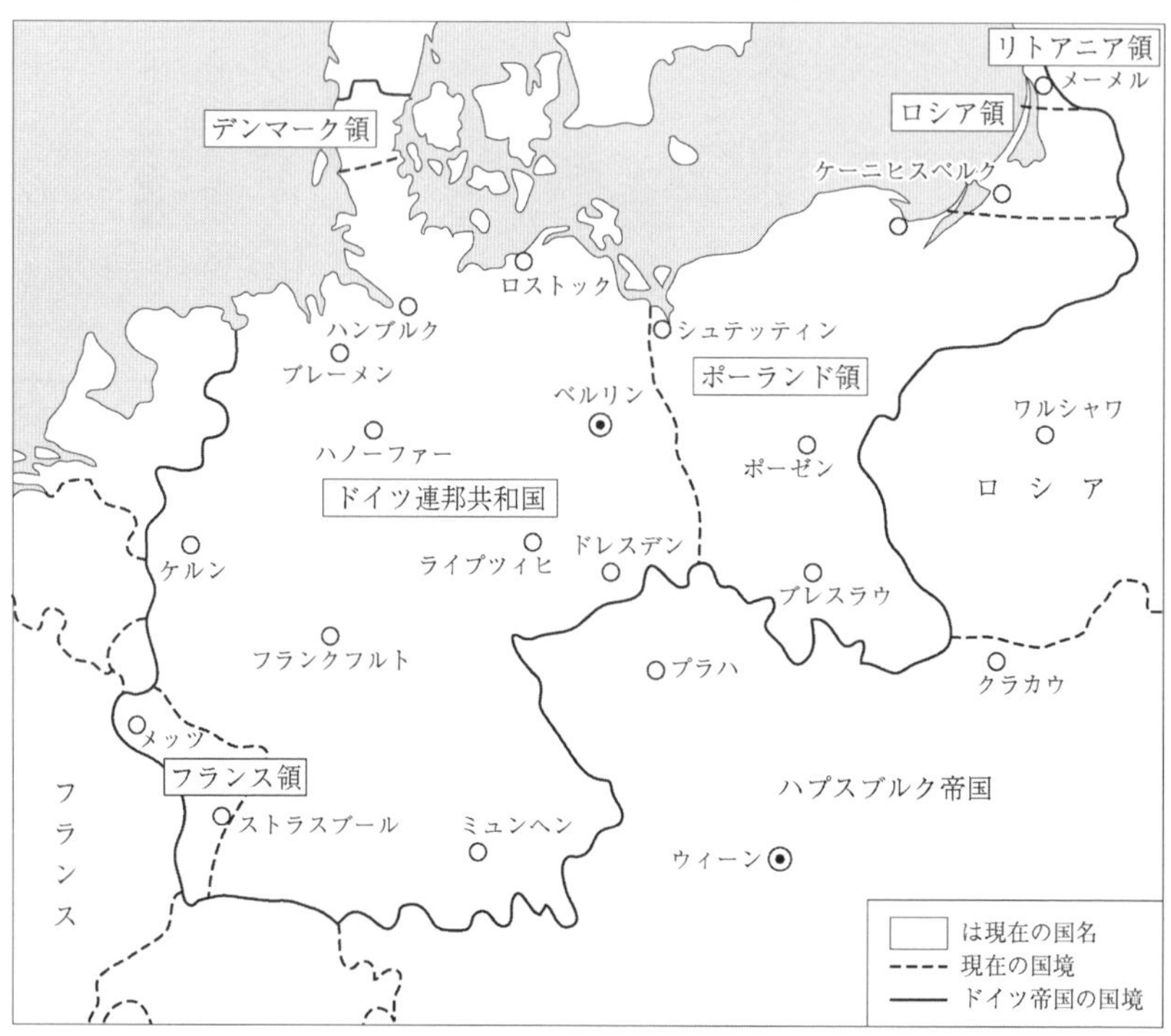

図4－2　ドイツ帝国（1871～1919）

出典：小山哲ほか編著『大学で学ぶ西洋史［近現代］』ミネルヴァ書房，2011年，146頁。

みが希薄であったため、一九世紀初頭以来の国家の再編統合の過程もプロイセンやバイエルンといった邦単位で行われていた（第三章参照）。統一の時点でドイツ帝国の基礎となった二二の邦と三つの自由市は、それぞれ独自の近代国家としての内実を備えていた。

統一後もプロイセンの影響力は大きかったものの、帝国の国制は基本的に連邦制であった。ドイツ皇帝職はプロイセン国王が兼任し、帝国宰相もプロイセン首相が兼任することが通例であったが、ドイツ帝国でもそれぞれの邦は立法権や行政権を保持していた。帝国の立法府は、二五歳以上の男性による普通選挙によって選出される帝国議会と各邦の代表による連邦参議院からなる。連邦参議院でプロイセンが保有する票数は全五八票のうち一七にすぎず、最大であるが、全体の三分の一にも満たない。帝国宰相は、立法府に対して責任を負っているわけではないが、宰相も議会の動向を無視して政治を行うことはできなかった。帝国独自の財源も間接税に限定され、財源の多くは各邦からの分担金に依存していた。

こうしたドイツ帝国の誕生は、諸勢力の広範な同意に基づいたものからは程遠かった。普墺戦争ではオーストリア側にたち、独仏戦争を機に最後にドイツ帝国に参入する形になったバイエルンなど南ドイツ諸邦のプロイセンに対する反感は根強いものがあった。

プロイセンの内部に目を向けても、問題の解決は「鉄と血」によると演説したビスマルクのもと、一連の戦争を遂行するための軍事力の増強は議会による予算なしに断行され、議会と政府の間に激しい紛争が生じた。これをプロイセン憲法紛争と呼ぶが、普墺戦争の勝利を背景に提出された事後承認法によって終息した。これは、予算なしの統治を議会が事後承認する代わりに今後国家の財政を予算に基づかせることを約束したものである。この法案をめぐって、六一年に結成された左派自由主義者の政党である進歩党とは別に、ビスマルクの政策を支持する自由主義者により六七年に国民自由党が結成された。保守主義者の中にも普墺戦争後に伝統的な邦国であったハノーファーのプロイセンへの併合には批判的なものが多かった。その後しばらくはビスマルクと正統保守派は疎遠になった。

ビスマルクの与党的立場に立つ政党は、北ドイツ連邦以来帝政の初期には国民自由党である。その時期の政策も自由主義的な性格をもつものが多く、一八七〇年代末までの時期を「自由主義時代」と呼ぶ。七〇年代後半になると鉄鋼業や農業界から保護関税が求められたことを背景に、保守党と中央党（カトリック勢力の政党）の支持を取り付けてビスマルクは保護関税を導入する。これで「自由主義時代」は終わり、「鉄と穀物の同盟」に基づく支配体制が確立したが、これをもって「第二の帝国建設」と評価する見方もある。八〇年代半ばにはまた国民自由党がビスマルク支持に回るが、ビスマルクの議会における基盤は決して安定したものとはいいがたかった。こうした状況の中、統一後のビスマルクの政策は、様々な勢力の微妙なバランスを維持することを意図したものとなった。

統一後のビスマルクの政策

ビスマルクの政策を内政と外交に分けてみていこう。内政面では、「帝国の敵」を意図的に創出することによって残りの部分の一体性をもたらすことが目指された。

まず標的となったのがカトリックである。キリスト教の宗派別で見ると、統一時の人口約四一〇〇万人のうち、六二%がプロテスタント、三六%がカトリックであり、統一の立役者となったプロイセンはプロテスタント中心の国家であった。教会に対する国家の干渉を強めようとするビスマルクと、教皇ピウス九世を後ろ盾として政府の政策に抵抗する中央党の争いは、一八七一～七八年まで続いた。この闘争を「文化闘争」と呼ぶが、ピウス九世の死とともに両者の対立は解消に向かった。

かわって「帝国の敵」にまつりあげられたのが社会主義運動である。社会主義政党は、一八六三年設立の全ドイツ労働者協会と六九年設立の社会民主労働党が、七五年に合同し、社会主義者労働者党となり、その後発展を見せる。たとえば、七七年の帝国議会選挙では四九万票（得票率九%）で一二議席を獲得するに至る。これに対して皇帝ヴィルヘルム一世への二度にわたる狙撃事件をきっかけに七八年に社会主義者鎮圧法が制定され、社会主義・共産主義的な活動がすべて禁止される。とはいえ、同法のもとでも社会主義者の活動は継続し、ビスマルク退陣に伴う同法の廃止をうけて、同党は党名をドイツ社会民主党と改める。その後党勢を拡大し、一九一二年の帝国議会選挙では得票率三四・八%、三九七議席中一一〇議席で第一党の座を獲得する。

「帝国の敵」を作るだけではなく、国家と社会との調整を図り、帝国の社会階層をまとめていこうという試みもある。他のヨーロッパ諸国に先駆けて制定された、疾病保険法（一八八三年）、災害保険法（八四年）、そして廃疾・養老保険法（八九年）の三つの法律からなるビスマルクの社会立法である。労働者を社会主義運動から切り離す意図もあっただろうが、社会問題の拡大を背景にして、従来は都市自治体や慈善団体の役割であった貧者の扶助の重要な部分を国家が引き受けようというものである。以上の動きが、第一次世界大戦後に「社会国家」という形で結実し、人々の生活をより広範な形で国家が規制するようになる。

外交面では、ドイツ帝国は、人口面でフランス（三七五〇万人）を上回り、一九世紀初頭以来の英露仏墺普による勢力均衡の崩壊をもたらす危険性があった。それで、ビスマルクはドイツの領土獲得の野心がこれ以上ないことを示しつつ、対独復讐の傾向が強いフランスを外交的に孤立させようとした。三帝協約（独露墺、一八七三年）、独墺同盟（七九年）、三帝同盟（八一年）、独墺伊の三国同盟（八二年）、独露再保障条約（八七年）と条約を結び、七八年にはロシアの南下政策とバルカン諸国の自立をめぐる東方問題の処理のために「公正な仲介人」と称してベルリン会議を主宰した。

工業化

一九世紀後半は、ドイツの工業化が急速に進んだ時期である。世紀前半はまだ農業国としての色彩が濃かった。繊維工業が牽引したイギリスの工業化と異なり、ドイツの工業化は鉄道網の拡充に伴う重工業の発展が中核の位置を占めた。とくに、一八七一年からはフランスから流入した賠償金により八五七に及ぶ株式会社が設立された（「会社設立ブーム時代」）。七三年ごろからの低成長の時期について、実際の経済状況はそれほど悪くなかったという評価もあるが、同時代人には「大不況」と認識された。この時代に感じた人々の閉塞感が、反ユダヤ主義などの過激な思想や運動の背景の一つとなる。

その後、一八九〇年代半ばから第一次世界大戦までは、工業の目覚ましい発展の時期であった。この時期の特徴は、化学工業と電機工業の大発展であろう。また、企業間の連合と提携（カルテル）の動きが急速に進んだのもこの時期である。

ヴィルヘルム時代

一八九〇年前後はドイツ帝国にとって一つの転機である。きっかけは、一八八八年の皇帝ヴィルヘルム一世の崩御とその子フリードリヒ三世の九九日の統治を経て、フリードリヒ三世の子がヴィルヘルム二世としてドイツ帝国第三代皇帝として即位したことである。二九歳の皇帝は老宰相に反感を抱いていた。これに加え、ビスマルクの提出した社会主義者鎮圧法が帝国議会で否決され、さらに当時のビスマルク政権の与党的立場にあったカルテル三党（保守党・自由保守党・国民自由党）が九〇年の帝国議会選挙で議席を減らした。そのため、ビスマルクは同年に辞職するのである。その後、一九一八年の革命のためヴィルヘルム二世が退位するまでを「ヴィルヘルム時代」というが、様々な面で歴史の新しい局面を開いた時代といえる。

政治史から述べていくと、ビスマルクはプロイセン首相としては三〇年近く、帝国宰相としては二〇年近く一人で政権を担っていたのに対して、ヴィルヘルム時代の四半世紀は宰相の就任期間がビスマルクに比べると短命であったことが大きな特徴である。

新航路

ビスマルクの跡を継いだ宰相カプリーヴィのもと、外交を中心にしてそれまでの路線からの大きな転換が図られた。これを「新航路」と呼ぶ。彼の対外政策の特徴は次の二点である。第一に、一八九〇年に独露再保障条約が失効する際に、ロシアの強い継続希望にもかかわらず、条約を更新しないという判断を下す。その結果、ロシアはフランスに接近していき、九四年には露仏同盟を結成するに至る。フランスの孤立化を図ったビスマルク外交の原則は崩壊した。第二に、七九年に自由貿易から転じてとられた保護貿易の緩和が図られた。これは、農業経営者の犠牲のもと工業家に利益をもたらすものであった。

以上にくわえ、教育現場への教会の影響を文化闘争以前の状態に戻そうという教育政策が自由主義勢力からの批判をまねき、カプリーヴィは九二年にプロイセン首相を辞任する。ビスマルク以来のプロイセン首相と帝国宰相の兼任体制が崩れたが、カプリーヴィは九四年には帝国宰相も辞任する。

彼の後任にはホーエンローエが帝国宰相兼プロイセン首相として就任し、一九〇〇年に八一歳という年齢を考えて辞任する。このホーエンローエの時代、社会主義者弾圧のための法案がいくつか帝国議会やプロイセン議会に提出されているが、否決されている。「帝国の敵」を意図的に作る政策は、もはや了解されなくなったといえる。

世界政策

ホーエンローエの時代から、「世界政策」と称してドイツは植民地獲得に積極的に乗り出していくが、それを支援するためイギリスを仮想敵とした大海軍建設が目指される（第一二章参照）。建艦政策を宣伝するために重工業資本家や保守派によってドイツ艦隊協会（一八九八年）が作られる一方で、建艦政策と農業経営者の利害を調整するために「結集政策」が行われた。農業家同盟を結成して、関税引き上げを要求した農業経営者の利害を反映した新たな農業関税率が一九〇二年の帝国議会で可決され、引き上げられた分の関税は艦隊の増強のために用いられた。それはドイツ工業家中央連盟（一八七六年設立）を利害団体とする重工業に流入することになる。ちなみに、軽工業の利害を代表するのがドイツ工業家同盟（九五年設立）である。

ホーエンローエの後任はビューローである。世紀末に行われたヴィルヘルム二世のオリエント旅行がドイツ国民のこの地域への関心を高めていたが、ビューローの時代にドイツは、バクダード鉄道の建設を軸とする3B政策を進めた。他方英仏露の三国協商が成立し、ドイツの国際的孤立が進んでいる。そうした状況の中で〇七年の選挙の結果成立した帝国議会では、植民地獲得と建艦政策を支持するという点で、カルテル三党に加え、自由主義左派三党（自由思想家連合・自由思想家人民党・ドイツ人民党）の大連合が成立した（ビューロー・ブロック）。こうした広範な支持のもと対外政策は進められたが、内政に関しては意見の対立が強く、結局一九〇九年にビューローは辞任せざるをえなくなる。

続くベートマン・ホルヴェークは保守系二党と中央党を支持基盤として政策を進めようとした（黒青ブロック）。一九一〇年にプロイセン選挙法改正案を提出したが、三級選挙法を維持するなど保守的性格が強かったため強い反対にあい撤回を余儀なくされる。彼の政策に対する国民の反感は、一二年の帝国議会選挙に如実に現れ、黒青ブロックは議席を大幅に減らす。この選挙で社会民主党が第一党の地位を獲得した背景にはこうした事情がある。その後、宰相に対する不信任決議を帝国議会がはじめて行うなど、政局は不安定なまま第一次世界大戦を迎えるのである。

ヴィルヘルム時代の政治と社会

以上にみたように、ほぼ一貫して宰相の政治的手腕や権威に依存して進められたビスマルクの政策に比べると、ヴィルヘルム時代の宰相の政策は帝国議会の政党の微妙なバランスにより大きな影響をうけて進められたといえる。これは宰相の政治的手腕のみに帰せられるものではなく、増大する軍事費に議会の承認が必要であったことや社会問題に対する国家立法を求める運動が盛り上がったことなど、政治に占める議会の役割が無視しえないものになっていたことがこの違いの背景にある。政党も、第二次世界大戦後のドイツの政党が世界観やイデオロギーに対応して固定化するのに対して、状況に応じて集合離散を繰り返している。中央党や社会民主党は比較的安定しているが、短期間に結党・解党を繰り返した自由主義政党がその顕著な例である。

そうした状況に、政党の背後にある利害団体の動きが絡んでくる。先にあげた、ドイツ工業家中央連盟は、自由保守党や国民自由党と、そしてドイツ工業家同盟は国民自由党左派や左派自由主義とつながっていた。農業家同盟は保守党と関係する。社会民主党の背後には自由労働組合があった。ヴィルヘルム時代の宰相たちは、こうした政党や利害団体を介して議会に圧力を加える、より複雑化した社会に対応しなければならなかったのである。

市民社会

本章が対象とする時期のドイツ社会であるが、一年志願兵制度や決闘の流行など軍国主義的側面も強く窺える。一年志願兵制度とは、ギムナジウムの教育を一定程度受けたものが享受できた特権であり、志願により費用自弁で一年間兵役につき、その後予備役将校となるというものである（第三章参照）。

とはいえ、帝政期においても「市民社会」の象徴といえる協会が大きな役割を果たしていることが示すように、市民的な価値観や制度は、社会に浸透していった。市民ということでは、企業家や大商人などの経済市民、大学で教育を受けた教養市民、そして伝統的な手工業者の都市市民があげられるが、一九世紀後半になると職員層など新たな階層が市民層と考えられ、この社会層の内実が多様化する。具体的に職業と家族についてみていこう。

資格社会

まず、一九世紀以降のドイツ社会を職業という観点から整理するなら、それは「資格社会」と評価できる。この「資格社会」とは、ある職業に就くために一定の教育と最終資格試験合格を必要とするような社会のあり方をいう。

帝政期において医者、弁護士などの専門職につくには、中等教育であるギムナジウムを修了し、大学入学資格であるアビトゥーアを取得して一定年限の大学教育を受けた上で資格試験を受ける必要があった。資格試験は業績原理に基づくものであり、市民層の価値観を反映したものといえる。古典語教育を重視するギムナジウムこそが教養市民層の育成の場であったが、ここで教育を受けられるのは同世代の三％、修了できるのは一・五％程度であり、狭き門であった。一九〇一年にはギムナジウム、実科ギムナジウム、そして高等実科学校が大学入学資格に関して同格化し教養市民層に参入する窓口が拡大した。実科ギムナジウムと高等実科学校では古典語教育は重視されていない（第一〇章参照）。さらに、官吏登用制度をモデルにしてそれ以外の職業に関しても帝政期ごろからしだいに「資格社会」化していったことは指摘してよい。「資格社会」の仲間入りした職業に就く人々は、独自の職業団体を結成するが、これも協会である。職業に関して市民的価値や制度はしだいに広がっていたのである。

手工業者の養成制度も、資格社会の枠組みの中で再編成される。伝統的な修業のあり方を教育制度が引き取り、国家試験が親方作品の提出に代わった。伝統的な手工業が、国家による管理を前提にして、近代的な様相に姿を変えたものといえる。

近代家族

次に、男性は働き、女性は家事という役割分業に基づく家族の理念は、一八世紀末以降の産物である。これを「近代家族」という。こうした家族の理念は、一九世紀前半は市民層にはほぼ浸透したといえるが、妻の収入はもとより子供の収入もあてにせざるをえない労働者には縁のない家族のあり方であった。世紀後半になると、市民層の女性にも体面を維持する収入を得るために内緒で内職をする者や、結婚前の職業として店員などに就く者が現れた。他方労働者でも裕福な者の中には妻が専業主婦になる例が見られ、彼らの間にも「近代家族」の理念が浸透しはじめる。

第二帝政のもと市民層の女性が組織的運動を始めるが、それも基本的に男女の役割分業を前提とし、その枠組みの中で母性の保護を求めるものであった。一八九四年に市民女性団体の上部団体としてドイツ婦人団体連合が設立され、一九〇一年には一三七団体、七万人が加盟している。

近代化批判の動き

都市化、工業化、合理化、市民的価値観の拡大といった形で進む近代化の動きに対する異議申し立てともいうべき運動が世紀転換期ごろに顕著に見られるようになっている。批判の際にとくに念頭におかれたのが、人口が集中して過密な状態になった都市であり、巨大な工場である。「田園」「農村」「農業」「郷土」がそうしたものに対置される理想として意識される。住宅問題の解決のために、イギリスの影響を受け田園都市協会が設立されたのは一九〇二年のことであり、その後ドレスデン郊外のヘレラウをはじめとして実際の田園都市建設の試みが見られた。「郷土（ハイマート）」の環境を維持することを目的として郷土保護同盟が誕生したのは一九〇四年であり、この組織は環境保護運動や都市問題の解決にも乗り出す。一九〇一年にベルリンで設立されたワンダーフォーゲルも青少年運動としてのみならず、こうした都市批判の系譜の中に位置づけられるものであろう（第一一章参照）。

都市や工業にとどまらず、一九世紀になって大きく発展を遂げた近代医学への反感から、一九世紀前半に誕生したホメオパティー（同質療法、同種療法）や自然療法が大きな注目を浴びるようになるのも世紀転換期のことである。これらの治療法の信奉者による民間人組織が作られ、そうした組織を介して治療法の普及が図られ、また治療師の資格認定制度が整備されていった。菜食主義も同様に注目を集め、一八九二年にドイツ菜食主義同盟が設立される（第八章参照）。近代化批判の動きをその構成要素としつつ、世紀転換期には新しい「ドイツ」社会が確立したといえる。

（北村昌史）

参考文献

飯田洋介『ビスマルク――ドイツ帝国を築いた政治外交術』中公新書、二〇一五年。

大津留厚『ハプスブルクの実験――多文化共存を目指して』春風社、二〇〇七年（増補改訂版）。

今野元『多民族国家プロイセンの夢――「青の国際派」とヨーロッパ秩序』名古屋大学出版会、二〇〇九年。

竹中亨『ヴィルヘルム二世――ドイツ帝国と命運を共にした「国民皇帝」』中公新書、二〇一八年。

セバスティアン・ハフナー『ドイツ帝国の興亡――ビスマルクからヒトラーへ』（山田義顕訳）平凡社、一九八九年。

第5章

二つの世界大戦の時代
――第一次世界大戦～ナチ時代

1 「第二の三十年戦争」

二つの総力戦

フランスの政治家シャルル・ド・ゴールは、二つの世界大戦を一つのものととらえ、これを「三十年戦争」と呼んだ。ドイツをふたたび壊滅状態に追い込んだこの「第二の」三十年戦争は、三〇〇年前のそれとはあきらかに様相を異にしていた。アメリカの歴史家シャイデルは、社会におけるすべての不平等を破壊する大きな要素は戦争であると喝破し、ドイツの歴史家ランゲヴィーシェはヨーロッパに端を発する二つの世界大戦は、世界を一変させた「乱暴な教師」である、と主張した。彼らの指摘は、総力戦となった現代の戦争がいかに社会を根底から変革させたのか、という事実を言い当てている。二つの総力戦を経験したドイツの三〇年間は、それまでの社会システムや社会通念を破壊し、新しい体制のイニシアチブをめぐり諸勢力が鎬を削る争闘の舞台となったのである。最終的にはこの三十年戦争がもたらした遺産は、政治的、経済的、社会的、様々な側面で戦後ドイツに受け継がれていくことになる。本章では、戦争にはじまり、戦争に終わったドイツの三〇年間の政治的変遷を概観する。

第一次世界大戦の勃発から敗戦まで

ボスニア・ヘルツェゴヴィナの首都サラエボでオーストリアの皇位継承者フェルディナンドがセルビア民族主義者プリンツィプの放った銃弾に斃れたとき、これが四年以上にもわたる世界大戦のはじまりだとは何人たりとも想像しなかったに違いない。その後、各国間の宣戦布告が連鎖反応的に続き、世界は本格的な総力戦へと引きずり込まれていった。第一次世界大戦開戦の原因はこれまでに研究者の関心を引いてきたが、戦争勃発までの植民地獲得競争の過熱によるもの、民衆心理の影響によるもの、国際的な金融体制の破綻や矛盾の噴出にその理由を求めるものなど、未だに様々な説がある。

戦況の詳細な推移は本章では割愛するが、この大戦がどれほどの資源(リソース)を消耗したかを概観すれば、これが「大戦争」と呼ばれたのも無理はないことがわかる（表5－1）。

表5－1　各国の動員数，戦死者と戦傷者

	動員数	戦死者	戦傷者
ドイツ	11,000,000	2,030,000	4,200,000
オーストリア＝ハンガリー	6,500,000	1,100,000	3,600,000
トルコ	1,600,000		400,000
大英帝国	7,400,000	723,000	2,100,000
フランス（植民地含む）	7,500,000	1,320,000	2,700,000
ロシア	12,000,000	1,810,000	4,900,000
イタリア	5,500,000		947,000
アメリカ	4,200,000		204,000

出典：Volker Berghahn, *Der Erste Weltkrieg*, München 2004より筆者作成。

戦争勃発の原因はともあれ、この総力戦に向け、戦前から各国は軍備を拡張しており、その結果これだけの被害が出たことも、数字から明らかである。一八九〇年から一九一三年にかけて、イギリス、ロシア、フランスの軍備増強は一六四・二％増、ドイツとオーストリア＝ハンガリーは一五八・五％増であった。その結果、たとえばフランスの財政赤字はこの期間に三九％増え、同様にドイツでは一五三％、ロシアでは一三七％も増加している。

また、この戦争では、戦車、飛行機、毒ガスなどが登場した。いわゆる「工業の戦争」である。そのため、双方の陣営がどれだけの工業力をもち、そこへどれだけの資源を投入できるかが最終的な勝敗を決した。激戦としていまだ語り継がれるヴェルダンの戦い（一九一六年）では、四〇〇〇万発の砲弾が撃ち込まれ、ドイツ・フランス軍双方であわせて一〇〇万人の死者を出したとされる。機関銃や毒ガスを用いた戦術の普及は、持久戦である塹壕戦へと突入することとなり、これが第一次世界大戦の象徴的存在となった。その惨状は、思想家ユンガーの著作『鋼鉄の嵐の中で』やレマルクの小説『西部戦線異状なし』からも読み取ることができ、戦後、画家ディックスの絵画のモチーフなどにもなった。

総力戦は銃後の社会にも大きな影響を与えた。成人男性が大量に戦場へ動員され、各国は労働力の不足に悩まされることとなった。その結果、女性の社会進出が進み（図５－１）、これは第一次世界大戦後の社会にまで影響を与え続けた大きな出来事であった。一例を挙げれば、エッセンのクルップ社では、一九一四年以前の女性従業員は三〇〇〇人未満であったものが、一九一八年にその数は二万八〇〇〇人に増加していたのである。

図５－１　兵器工場で働く女性

出典：Janusz Piekalkiewicz, *Der Erste Welltkrieg*, Augsburg 1994.

一九一七年にロシア革命がはじまり、翌年ドイツに有利なブレスト＝リトフスク条約を締結できたことで、東部戦線における見通しが開けたが、他方で一九一七年、ドイツが無制限潜水艦戦闘を宣言し、それに呼応してアメリカがドイツへ宣戦したことで、西部戦線での戦況は絶望的に悪化した。また、「大量死と飢餓」は前線、銃後関係なくこの戦争の通奏低音だったが、四年にわたる激しい総力戦が大量の戦死者を出したことで、銃後にもたらした厭戦気分や、生活物資の欠乏による各国指導部に対する国民からの不信感は増大の一途をたどった。一九一八年のドイツ軍の大反攻が失敗に終わり、同年九月、ドイツ参謀本部は停戦交渉を提案し、一一月一一日、コンピエーニュの森でドイツの停戦委員エルツベルガーとフランスのフォッシュ将軍の間で停戦協定が調印された。こうして四年にわたる世界大戦は収束へと向かったのである。

2　ヴァイマル共和国の誕生から終焉まで

政治的主導権をめぐる混乱――反乱、革命、新生共和国、反革命

第一次世界大戦は、それまでの社会における様々な規範を破壊した。皇帝は去り、権威主義国家であったドイツは、当時世界で最も進んだ民主主義的憲法を戴くに至った。戦争によって刻み込まれたナショナリズムの克服、既存の社会体制の革新を希求した国民も多くいたが、その後のドイツは政治的、経済的混乱に翻弄されたのである。

政治的混乱は国内・国際両局面から考察できる。国内では、一九一八年一一月、キール軍港で水兵の反乱が勃発し、この影響がドイツ各都市に拡大して、各地で「兵士・労働者レーテ」が設立された。バイエルンでは国王が退位し、七日に「バイエルン共和国」が宣言された。九日には、帝国宰相の地位にあったバーデン公マックスが皇帝ヴィルヘルム二世の退位を発表、その直後に早くも勢力争いがはじまった。皇帝が去ったあとの「帝国」を社会主義国とするか、共和国とするかの先陣争いがなされ、ドイツ社会民主党のシャイデマンは、帝国議会議事堂において「ドイツ共和国」を宣言し、その二時間後、カール・リープクネヒトはベルリン王宮のバルコニーから「自由社会主義共和国」を宣言した。革命の動きは数日で収束し、ドイツ社会民主党と独立社会民主党によ

る「人民委員会」の設立が宣言され、ドイツ参謀本部のグレーナーが新政府に忠誠を誓う旨の宣言を行い（エーベルト＝グレーナー協定）、この委員会はあっさりとうけいれられたのである。

その後、国内では政党の設立がつづき、一九一八年末にはドイツ共産党が結党された。一九一九年初頭には国民議会選挙が実施され、史上初めて女性にも投票権が与えられた。

しかし、政治的混乱は続き、一九一九年一月には急進的社会主義者の団体「スパルタクス団」による反乱が勃発した。人民委員会の中で発言力があったエーベルトの命により、義勇軍（フライコール）がこれを鎮圧した。また、この混乱の中で社会主義者リープクネヒトとルクセンブルクがベルリンにおいて義勇軍関係者に密かに殺害される、という事件すら起こったのである。

表5－2　国民議会選挙（1919年1月19日）
（議席総数423，投票率89.6％）

	得票率	議席数
独立社会民主党	7.6	22
社会民主党	37.8	163
ドイツ民主党	18.5	75
中央党	19.6	90
ドイツ人民党	4.4	22
ドイツ国家人民党	10.2	42
その他政党	6.1	9

出典：Udo Sautter, *Deutsche Geschichte seit 1815: Daten, Fakten, Dokumente. Bd. 1. Daten und Fakten*, Tübingen/Basel 2004. より筆者作成。

このような政治的混乱の続くベルリンを避け、ヴァイマルで国民議会（制憲議会）が開始された（表5－2）。ここでは、新生共和国がすべてのドイツ人に受け入れられ、とりあえずの中央権力を設立することに主眼が置かれた。国民議会選挙の前日、フランスでは第一次世界大戦の終戦交渉を行うヴェルサイユ会議が開始されていたが、戦勝国の圧力により、国民議会は六月二八日に同条約へ調印した。プロイスの草案に基づく共和国憲法は七月に発布され、八月に発効した。

混乱の時期に調印されたヴェルサイユ条約は、ドイツ国内に様々な影響を与えた。まず、同条約はドイツの軍備縮小を要求していたが、これが軍人の解雇を招き、彼らの不満が増大することとなった。この人々の受け皿は戦前に存在したドイツ祖国党の後継団体である「国民連合」であった。その指導者の一人であったカップは、スパルタクス団の反乱を鎮圧したリュトヴィッツ将軍と協力関係を結ぶ。リュトヴィッツは三月にベルリンの官庁街を制圧、カップを帝国宰相に任命した（カップ＝リュトヴィッツ一揆）。この一揆はわずか四日間で収束するが、その後、ヴァイマル共和国に反対する左派からの反乱も相次いだ（一九二〇年三月蜂起など）。こうして、ヴァイマル共和国は後世に「誰からも愛されない共和国」と揶揄されるような状況に陥っていった。

また、ドイツはヴェルサイユ条約により大幅に領土を縮小されたが、ドイツ人が他民族と混住する地域であらたな国境をめぐる紛争が頻発した。民族防衛を謳う義勇軍が各地で組織され、「民族防衛闘争」と称した内戦が起こる。この内戦に積極的に関わった者には大学生も多く、その中にはのちにナチ期に「民族至上主義者」として活躍する者も含まれていた。このような国境闘争の代表的なものがオーバーシュレジエン地域におけるドイツ人とポーランド人との交渉である。ここでは、ポーランド政府との交渉ののち、一九二〇年三月にこの地域の帰属をめぐる住民投票が実施された。同様の住民投票は南シュレスヴィヒをめぐりデンマークとの間でも行われた。このような「民族自決」の動きはのちにオーストリアでもみられ、ザルツブルクやティロールでも住民投票が実施された。この両地域とも新生オーストリア共和国ではなく、ドイツへの帰属を決議したが、独墺合邦を禁止するヴェルサイユ条約の条項によりこの投票は無効とされた。

ルール占領と経済的混乱

ドイツが戦勝国へ支払うべき賠償の額については、一九二〇年一月より国際賠償委員会が算出作業に入っていたが、一九二一年一月に二二六〇億金マルク（返済期間は四二年間）と定められ、三月から五月にかけて開催されたロンドン会議で確定交渉がなされた。ドイツ側はこれに対案を出したが、連合国はルール工業地帯の占領を示唆して賠償額の受け入れを強要し、議会は五月にこの案を受諾する決議をした。しかし、巨額の負債にドイツ政府は数度にわたり支払い延期を連合国側に要請、一九二二年末にはフランス首相ポアンカレがルール地方を占領する手段をとってでもドイツへ賠償支払いを求める、と宣言することとなった。事実、翌一九二三年一月にフランス軍とベルギー軍は共同でルール地方に進駐し、これを受けたドイツ政府は賠償金の支払いを停止、クーノ首相は国民に「受動的抵抗」を呼びかけた（なお、「能動的」に抵抗した者に対しては、フランス軍は容赦なく対処し、ナチ党のシュラーゲターのように処刑される者も出た。このような形で犠牲となった人々は殉死者とみなされ、その結果ドイツの対フランスナショナリズムは一層高揚した）。受動的抵抗は、二月からのハイパーインフレを引き起こすこととなり、同年一月に一ドル＝七・五マルクだった通貨レートは、最終的に一一月には一ドル＝六三一〇万マルクにまで達したのである。同月、時の首相シュトレーゼマンは対策としてレンテンマルクを導入し（一〇兆マルク＝一レンテンマルク）、この史上空前のハイパーインフレは奇跡的に収まったのであった。その後外相に転じたシュトレーゼマンは、ドイツを国際経済へ復帰させることにより、ドイツを経済国家として再生させることをもくろんでいた。しかし、レンテンマルク導入の一週間前、ミュンヘンでヒトラーによる一揆がおこるなど（図5-2）、一九二三年は共和国が国内政治的のうえでも大きく揺らいだ年となった。

図5－2　ヒトラー一揆の関係者。レーム（右から2人目），ヒトラー（右から4人目），ルーデンドルフ（右から5人目）

出典：David Clay Large, *Hitlers München*, München 2001.

一九二四年には、ドイツの賠償負担緩和をめざすドーズ案が発効

図5－3　共和国議会で大統領就任宣誓をするヒンデンブルク（1925年5月）

出典：Wolfgang Pyta, *Hindenburg*, München 2009.

したが、これは同時にアメリカをはじめとした国際的なドイツへの投資を促進することともなった。他方、この投資が一九二九年の世界恐慌時に引き上げられたことで、ドイツ経済は大打撃を受けることとなる。

相対的安定期からナチスの台頭

一九二五年からの数年は、「相対的安定期」と呼ばれる時期であるが、この年はその後の共和国の行き先を暗示する年でもある。ミュンヘン一揆でランツベルク要塞に収監されていたヒトラーは一九二四年末に早期釈放となり、一九二五年一月に国民社会主義ドイツ労働者党（ナチ党）を再建した。二月には共和国初代大統領エーベルトが外科手術の後遺症で死去するという予想外の出来事が生じ、後継者に第一次世界大戦の英雄ヒンデンブルクが選出された（図5－3）。秋には国際的な安全保障問題を協議するロカルノ会議が開催され、ドイツはフランス、ベルギーと国境の軍事的な不可侵（ドイツ西部国境不可侵）を取り決め、その結果、ドイツの国際連盟加盟が認められた（翌二六年加盟）。

相対的に安定していたこの時期のヴァイマル共和国を揺るがしたのは、一九二九年にはじまった世界恐慌である。ドイツ経済はようやく安定しつつあったが、賠償金の支払い負担は相変わらずドイツに重くのしかかっていた。ヤング案によって支払の軽減ははかられたが、支払期限は一九八八年までと定められていた。そこへ襲った世界恐慌により、ドイツにおける外国からの借款は一斉に引き上げられ、失業者は増加の一途をたどった。また、あまりの支払期間の長さからドイツ国内でも賠償金支払いに反対の動きが相次ぎ、世界恐慌の影響もあって同プランは一九三二年に棚上げとされることとなった。

ヒトラーの釈放後一九二五年に再結成されたナチ党は、ヒトラーが党内のライバルとの抗争に勝利しその地歩を固めていた。だが、彼がドイツ国内政治の表舞台に躍り出るのは、前述したヤング案への反対運動においてであった。工業家でドイツ国家人民党党首であったフーゲンベルクは、反ヤング案国民請願運動を組織し、そこに政治的右派の鉄兜団、全ドイツ連盟およびナチ党を巻き込んだ。ここからヒトラーはドイツ全土でその名を知れるようになる。一九三〇年に行われた国会選挙でナチ党は議席数一二の泡沫政党から一〇七議席へと大躍進を遂げた。一九三一年にはフーゲンベルクが反政府運動「ハルツブルク戦線」を結成し、ナチ党はこのときも同戦線に参加した。ヒンデンブルク大統領は一九三二年四月に再選されていたが、ヴァイマル共和国の大統領は政治的に強大な権限を付与されていたことをここで忘れてはならない（第一三章参照）。同年七月、首相であったパーペンは、大統領緊急権をもちいた「プロイセン・クーデター」を起こした。同州では多数派与党が形成できておらず、社会民主党が中心となっていたプロイセン州暫定政府が発足していたが、パーペンはこのクーデターでヴェルス暫定首相を免職させ、政治的権限を奪うことに成功した。これにより、社会民主党の牙城プロイセンで同党は影響力を失い、ヴァイマル民主体制の柱であった地方分権が大きく揺らいだ。社会民主党は労働者のス

表5－3　ドイツの失業者数と失業率

年	失業者数（千人）	失業率
1924	927	4.9
1925	682	3.4
1926	2025	10.0
1927	1312	6.2
1928	1391	6.3
1929	1899	8.5
1930	3076	14.0
1931	4520	21.9
1933	4804	25.9
1934	2718	13.5
1935	2151	10.3
1936	1593	7.4
1937	912	4.1
1938	429	1.9
1939	119	0.5
1940	52	0.2

出典：Udo Sautter, *Deutsche Geschichte seit 1815: Daten, Fakten, Dokumente. Bd. 1. Daten und Fakten*, Tübingen/Basel 2004. より筆者作成。

トライキを組織してパーペンに対抗しようとしたが、高い失業率の前ではその戦略をとることができなかった（表5-3）。そして、その直後に実施された帝国議会選挙で、ナチ党は得票率三七・三％、二三〇議席を獲得し、ついに議会第一党に躍り出たのである（同年一一月、再び帝国議会選挙が実施され、ナチ党は第一党の座を確保したものの、前回選挙より三・四％得票を落とし、その勢いに陰りは見られた）。

3　ヒトラーの政権獲得から第二次世界大戦の勃発まで

このころ、ヒトラーが首相に就任する可能性はすでに取り沙汰されていたが、これに反対する勢力も多かった。他方、この時期になると強大な権限を与えられていた大統領が緊急令を頻繁に発令し、議会制の崩壊とさえ呼べるような状況に至っていた。一九三二年には六六の緊急令が出されたのに対して、国会が通過させた法案はわずか五にすぎなかった。

一九三三年初頭になると、高齢のヒンデンブルク大統領にはもはや政治を掌握する力はなく、前年に大統領内閣を組閣したシュライヒャーが実権を握っていた。彼は一九三二年末、労働組合右派およびナチ左派を結集した勢力に支援を受けた内閣の成立をめざしたが、双方の主流派から反対を受けこれに失敗。次にヒンデンブルクに独裁政権の樹立を要求して拒否され、辞任していた。その背後でパーペンは大統領の命を受けヒトラーと密かに組閣交渉に乗り出していた。ヒンデンブルク大統領はヒトラーをシュライヒャーの後継に指名、一月三〇日についにヒトラーは首相の座についた。これを祝したナチ突撃隊は、ベルリン市内を松明行列で練り歩いた。ドイツで松明（ファッケル）には「革新」の意味があり、彼らはヒトラーの首相就任を新時代の幕開けとしてとらえていたのである。

ヒトラーが政権を掌握すると、ナチ党は矢継ぎ早に施策を打ち出した。まず、共産党を一掃するために二月に国会議事堂放火事件を引き起こし、共産党員や急進左派勢力を一斉検挙した。三月の国会選挙ではナチ党は四四％、二八八議席を獲得（総議席数は六四七議席で、絶対過半数には達せず）、さらに巧妙な手段をもちいて三月二三日に全権委任法を成立させた。これにより、ヒトラーにすべての権限を集中させ、民主主義を停止させることに成功した。これでナチスの独裁が法的に確約されたのである。その一週間後にはミュンヘン郊外のダッハウで、ドイツ最初の強制収容所が開設されている。

このように、政治的に敵対する勢力だけでなく、「民族共同体」の敵であるユダヤ人に対しても、ナチ党は容赦ない措置に乗り出した。四月一日に突撃隊員を動員してユダヤ人商店の不買運動をうながす「四月ボイコット」を実施（図５‐４）、同月、ユダヤ系官吏を免職させる「職業官吏再建法」を成立させた。また同時期に警察や突撃隊、親衛隊を動員して労働組合を襲撃させ、これを実質的に解体した（翌月、ナチ党による「ドイツ労働戦線」発足）。五月にはユダヤ系作家を中心に、ナチ党が反ドイツ的、退廃的だと烙印を押した作家、思想家や著作家の書籍を公衆の面前で焼却する「焚書」をドイツ全土で実行するなど、ナチ党は次々とその政敵を抹殺していった。

こうして政敵が消滅していったのちも、ヒトラーにとっての最大の脅威は存在しつづけた。それはナチ党の「古参闘士」、党設立当初のヒトラーの盟友であった突撃隊隊長レームである。ヴァイマル時代の政争はしばしば暴力を伴うもので、各政党とも武装勢力を保持し、流血騒ぎになることも多かった（共産党員との闘争で落命し、殉死者に祭り上げられたヴェッセルは、「第二の国歌」と呼ばれたナチ党党歌「ホルスト・ヴェッセルの歌」でその名を知られている）。この暴力的な政治運動の代表的存在といえるのがナチ党であり、ヒトラーが政権を掌握するまで、突撃隊の存在は党にとって非常に重要であった。ところが、首相となったヒトラーは既存のエスタブリッシュメントとの結びつきを深め、突撃隊より正規軍との関係を優先したため、隊員の中には不満が高まった。そこでヒ

図5－4　ユダヤ人に看板をもたせ，デモ行進をする突撃隊隊員（1933年4月1日，ケルン市）

出典：Kirsten Serup-Bilfeldt, *Zwischen Dom und Davidstern*, Köln 2001.

トラーはレームが反乱を企図している、という濡れ衣を着せ、一九三四年六月に彼を含む主要隊員、さらにはこの騒ぎに便乗して敵対視していた人物たちを含めた二〇〇名を殺害した（「長いナイフの夜」）。その二カ月後、ヒンデンブルク大統領が死去したが、ヒトラーは即座に大統領職を引継ぎ、「総統・帝国宰相」となった。

こうしてヒトラーは着々と国内の権力基盤を固めたが、同時に外交にも乗り出した。ナチ党の外交政策はドイツの国際的な孤立からの脱却と、ヴェルサイユ体制の否定という二つの側面をもっていた。一九三三年にドイツはバチカンと宗教協約を締結し、反教会色の払拭に努めた。また、ポーランドと不可侵条約を締結したが、これはヴァイマル共和国以来のドイツ東方外交の転換となるものであった。さらに、第一次世界大戦後に国際連盟委任統治領としてフランスの影響下にあったザールでは、ナチ党の政権掌握以後、同党に密かに支援を受ける政党が結党されていた。一九三五年、この地域でドイツへの帰属を問う住民投票が実施されることとなり、それに際してナチ党の影響のもと大々的な宣伝活動が行われ、選挙では九〇％以上の有権者がドイツ帰属への賛成票を投じた。その後ヒトラーはドイツに徴兵制を再導入、翌一九三六年には非武装化されていたラインラントへの進駐を強行した。こうしてヒトラーのヴェルサイユ体制を否定する試みは着々と進んでいった。

隣国オーストリアを見ると、ヒトラーの権力掌握とほぼ時を同じくしてドルフスが主導するファシズム体制（祖国戦線＝オーストリア・ファシズム）が成立していた。ナチ党はオーストリア国内のヒトラー支持者を利用して一九三四年にドルフスを暗殺したが（「七月一揆」）、その後を襲ったシュシュニクは一九三八年までドイツの圧力に抵抗した。一九三八年三月、ドイツ軍がオーストリアに進軍して、独墺合邦が実現、オーストリアはついにドイツの一部となった。ヒトラーはさらにイタリアのムッソリーニと組み、イギリスとフランスを相手にしたミュンヘン会談に臨んだ。ドイツとチェコスロヴァキアとの戦争を回避しようとした英仏はミュンヘン協定に同意し、チェコスロヴァキアの代表不在のまま、その一部であるズデーテン地域がドイツへ割譲されることとなった。ヒトラーの外交攻勢に対して、独仏は宥和政策で応じ、ヒトラーの外交的欲求は着々と満たされていくこととなる。

他方、一九三五年には、ユダヤ人の迫害を合法化するニュルンベルク法が制定された。「民族共同体」の設立をめざすナチ党にとって、ユダヤ人問題の解決と、ドイツ人の「耕地整理」＝「帝国への帰還」（中央ヨーロッパに散在するドイツ人を結集させる）は表裏一体の政策であったともいえる。また、一九三六年に大成功したベルリン・オリンピックも、ヒトラー外交の成功の一つとして挙げることができるだろう。これによりヒトラーは国内外で著しく声望を高めたのである。このオリンピックを撮影したレニ・リーフェンシュタールの記録映画「オリンピア」（ドイツ、一九三八年、日本では「民族の祭典」「美の祭典」として公開）にはその様子が克明に記録されている。

4　第二次世界大戦の勃発から敗戦まで

第二次世界大戦の勃発と経過

英仏の対独宥和政策は、ドイツの政策担当者にその外交政策が無敵であるかのような誤解を与えた。英仏両国の狙いはあくまでもドイツの侵略的外交を最小限に押しとどめようとするものであったにすぎない。だが、一九三九年、ドイツは独ソ不可侵条約の締結を背景に宣戦布告なしにポーランドへ侵攻し、ここに第二次世界大戦がはじまった。

ドイツ軍は瞬く間にポーランドを制圧、翌四〇年にはオランダ、ベルギー、ルクセンブルクといった中立国へ侵攻を開始した。四月には宣戦布告なしにノルウェー、デンマークを占領、六月にはドイツ軍のフランス軍に対する猛攻撃がはじまり、わずか二週間でフランス軍の降伏に至った（ヒトラーは、第一次世界大戦の停戦協定が結ばれたコンピエーニュの森で、フランス軍の降伏文書調印式を行った）。この結果、フランス北部はドイツの直接占領下に入り、南部ではペタン将軍による対独協力政権（ヴィシー政権）が成立した。この対独協力は、大戦後のフランス社会に大きな影を落とすこととなる。ルイ・マル監督の映画「さよなら子どもたち」（フランス、一九八七年）はこのナチス占領下のフランスの様子が伝わってくる、同監督の自伝的作品である。

一九四一年は大きく戦況が変化した年である。四月にドイツ軍がギリシア、ユーゴスラヴィアへ侵攻、ギリシア全土の占領後、ヒトラーは対ソ戦開始を六月と定める。同二二日、宣戦布告なしにドイツ軍がソ連へ侵攻、イタリア、ルーマニアも同日ソ連に対して宣戦布告、独ソ戦がはじまった。当初の快進撃は一九四二年のスターリングラード攻防戦で暗転する。ここでドイツ軍は数万人の捕虜を出す大敗を喫したのである。

スターリングラードの戦いがはじまる半年ほど前、ベルリン郊外のヴァンゼーに面した別荘に、親衛隊のハイドリヒをはじめとした各省庁やナチ党の多くの高官が集まっていた。世に言う「ヴァンゼー会議」である。ここで、「ユダヤ人の最終解決」が話し合われ、組織的殺戮が本格的に着手されたのである。すでにヒムラー指揮下にある「行動部隊（アインザッツグルッペン）」の手により、独ソ戦開始以後ヨーロッパ東部では五〇万人を超えるユダヤ人が殺害されていたが、この会議以後、ナチス・ドイツはさらに計画的なユダヤ人の虐殺に乗り出した。

一九四四年六月には、連合軍がノルマンディーに上陸し、第二戦線が形成された。東部戦線では一九四五年一月にソ連軍が反攻を開始し、ドイツの敗戦が具体的に見え始めた。一九四五年二月に、ソ連指導者スターリン、アメリカ大統領ルーズベルト、イギリス首相チャーチルが黒海に面した保養地ヤルタに集合し、ここで第二次世界大戦後の処理（ドイツの分割占領、ポーランド国境＝オーデル・ナイセ線の策定など）が決められた。

四月にはソ連軍が首都ベルリンに進攻、四月三〇日にヒトラーは首相官邸の地下壕で自決、五月八日にはドイツ側が無条件降伏文書に調印し、六年に及んだ欧州での大戦に終わりが告げられた（図5－5）。このヒトラーの地下壕での最後の数日を扱った映画にオリヴァー・ヒルシュビーゲル監督「ヒトラー　最後の一二日間」（ドイツ、オーストリア、イタリア、二〇〇四年）がある。

図5－5　ベルリン陥落後，国会議事堂屋上にソ連国旗を掲げる兵士（1945年5月2日）

出典：David Cley Large, *Berlin*, München 2002.

総力戦の影響とあらたな側面

第一次世界大戦が「工業の戦争」であることはすでに述べたが、その時点でまだ航空機は実用的な兵器ではなかった。偵察にもちいられたり、飛行機同士が一対一で空中戦を行う程度であり、戦争のもつあらたな局面を開くまでには至っていなかった。この状況は第二次世界大戦期に一変する。一九四〇年、英国空軍はドイツに対する爆撃を開始し、三七万回超の出撃を記録している。アメリカ空軍も一九四二年末から一九四五年五月までに三三万回出撃し、イギリス空軍は九七万トン、アメリカ空軍は六三万トンの爆弾を投下した。第一次世界大戦が総力戦とはいえ、偶然前線にある集落にいない限り、非戦闘員が被害を被ることはなかった。それに対して第二次世界大戦では、約四三万人が爆撃により死亡したが、そのうち三七万人が非戦闘員だった。最も有名なのはドレスデンの爆撃（一九四五年二月）であるが、この際に約二万五〇〇〇人が死亡したと推定されている。また、ドイツ軍は開発したＶ１ロケットをロンドンをめがけて撃ち込んだ。このロケットの命中精度は非常に低く、発射された数に比べて与えた被害は少なかったが、ロンドン市民に与えた心理的恐怖は絶大だった。同様に航空機による爆撃も、非戦闘員に対する心理的攻撃の面でも大きな影響を与えた。このように、非戦闘員を巻き込んだ総力戦、とくに第二次世界大戦では多くの市民が戦災を受けることとなり、ドイツも焦土と化した。

シャイデルも指摘しているようにこの戦争の三〇年でドイツ社会における不平等は著しく縮小し、そのまま戦後社会へと突入していくこととなった。

（進藤修一）

参考文献

石田勇治『ヒトラーとナチ・ドイツ』講談社現代新書、二〇一五年。

木村靖二『第一次世界大戦』ちくま新書、二〇一四年。

斎藤哲・八林秀一・鎗田英三編『二〇世紀ドイツの光と影』芦書房、二〇〇五年。

ヴォルフガング・ベンツ『ナチス第三帝国を知るための一〇一の質問』（斉藤寿夫訳）現代書館、二〇〇七年。

森井裕一編『ドイツの歴史を知るための五〇章』明石書店、二〇一六年。

第6章

東西分断から統一へ——一九四五年以降

ナチズムの時代が終わった後、ドイツは冷戦によって東西に分断されたが、一九九〇年にようやく一つのドイツとして統一されて現在に至る。戦後ドイツは敗戦国として諸外国との和解を進めつつ、過去と異なる姿を打ち出しながら独自の姿勢を主張し、今やヨーロッパの中心国へと変貌を遂げた。本章では、一九四五年から現在までを三つの時期に区分して、戦後ドイツの発展と変容を見てみよう。

1 復興と繁栄——一九四五年〜一九六〇年代前半

一九四五年——占領軍がやって来た

敗戦後のドイツ社会は混乱の中にあった。爆撃により住宅は不足し、限られた配給で食糧も不足していた。ドイツの領土はヤルタ・ポツダム両会談における決定に基づいて大幅に削減され、被追放民たち（旧ドイツ領や東欧諸国からの強制移住を強いられたドイツ系住民）が大量に流入することで社会状況は深刻化していた（第八章・第九章参照）。残された領土は米英仏ソ四カ国による分割占領となり、首都ベルリンもその対象となった（図6-1

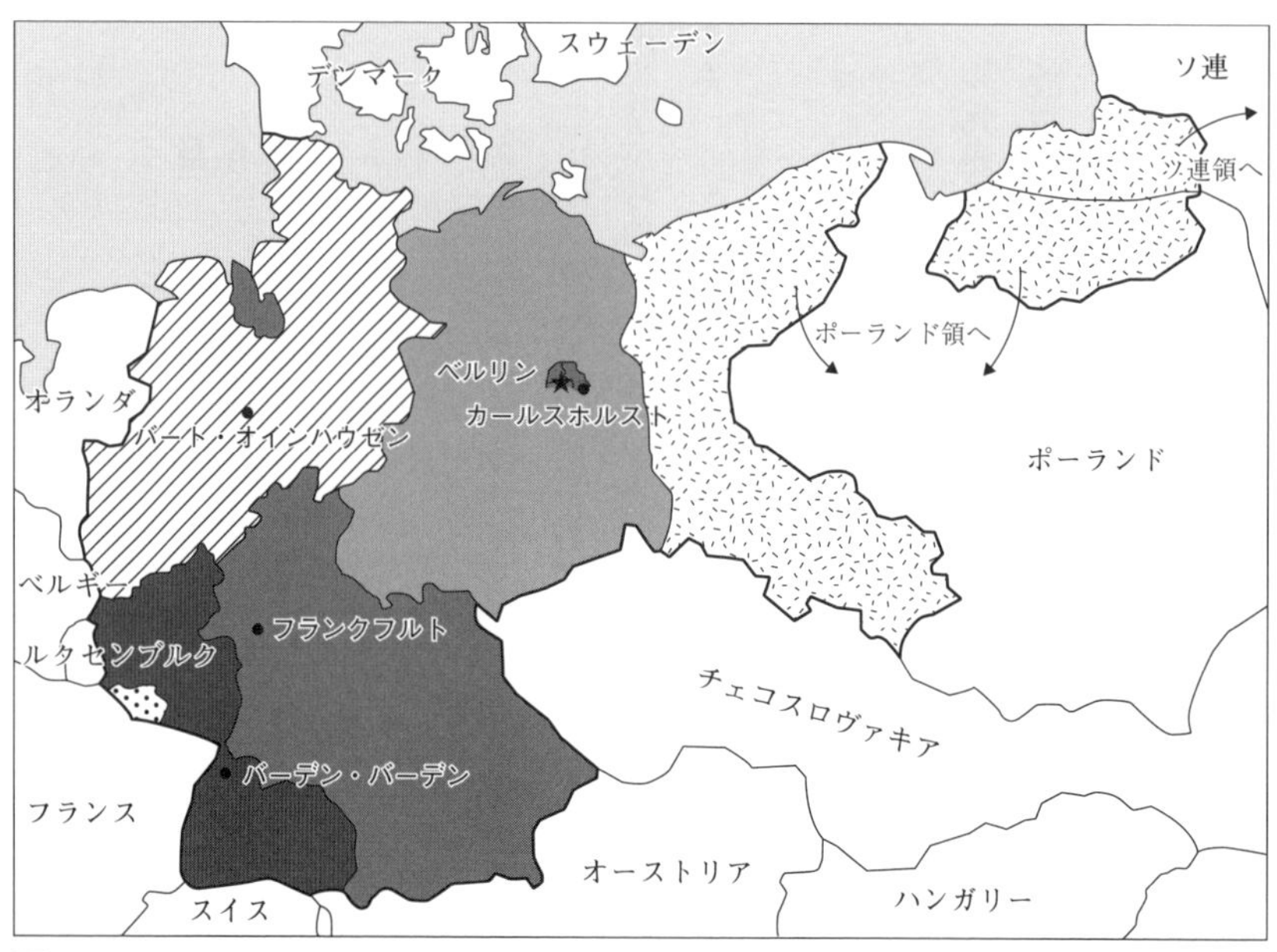

図６－１　米英仏ソ４カ国による分割占領

出典：Konrad H. Jarausch, *Out of Ashes. A New History of Europe in the Twentieth Century*, Princeton University Press 2015, p. 407を修正して作成。

参照）。その四カ国分割占領が開始した後、各占領地区の最高司令官には最高統治権力が与えられ、全ドイツ規模の問題の対応には四カ国の代表による連合国管理理事会が設置された。各占領軍は民主化（州議会選挙の実施、再教育政策など）、非軍事化（武装解除、国防軍の解体など）、非ナチ化（戦犯の処罰、非ナチ化裁判の実施など）、経済の集中排除（カルテルの解体など）を共同で、あるいは、各占領地区でそれぞれ推し進めるが、見解の対立がしばしばあり、分裂の兆しが見えていた。加えて、米ソ対立の深刻化が占領政策にも影響を与え、分裂は加速化しつつあった。とくに、一九四六年九月六日に行われたアメリカ国務長官バーンズの「希望の演説」によって、アメリカはドイツの復興を容認し、ソ連との対決を示唆する姿勢を表明し、政策を転換させた。以降、一九四七年には米英経済統合地区の結成、トルーマン・ドクトリン（共産主義の影響が及ぶギリシアやトルコへの軍事支援）、マーシャル・プラン（西側ヨーロッパ諸国への経済支援）と続く一連の政策によって、アメリカはドイツやヨーロッパの問題をめぐってソ連との対立をより一層深めた。

その後、米英経済統合地区の枠組みにフランス地区が加わり、米英仏占領地区は西側地区として連携を深める中で、一九四八年六月二〇日、同地区で通貨改革が実施された。インフレを解消し、配給制度や闇市をなくし、健全な市場経済を導入することが目的とされたが、実質的には西側ドイツ国家建国への準備であった。この動きを阻止したいソ連側が反発し、二四日早朝には西側ベルリン（ベルリンの米英仏占領地区）への陸路・水路がすべて遮断され、物流やインフラが寸断されるベルリン封鎖が発生した。アメリカ占領軍を中心とした大空輸作戦「空の架け橋」によって西側ベルリン市民への支援活動が行われたが、ベルリン、そして、ドイツが米ソ対立によって分断されつつあることがより明確になった。

西側地区では議会評議会（憲法制定会議）が行われ、一九四九年五月二三日、議会制民主主義を尊重した基本法（西ドイツ憲法）が制定され、ドイツ連邦共和国（以下、西ドイツ）が建国された。この基本法には、政権の安定性を確保するための建設的不信任（野党が次期首相候補を用意した上で不信任案を提出し、これが可決されればその候補が首相となるために「建設的」な動議とされる）、小党の乱立による議会政治の不安定化を回避するための五％条項（選挙において政党の得票率が五％を超えないと議席は獲得できない）、大統領の権限の大幅な縮小（第一三章参照）などが含まれた。これらはヴァイマル共和国での反省をふまえたものであり、ナチスの台頭につながったヴァイマルの議会政治の弱点（第五章参照）を補うと考えられた。これに対して、一九四九年一〇月七日、ソ連地区でドイツ民主共和国（以下、東ドイツ）が社会主義国家として建国され、ここにドイツは東西に分かれた分断国家となったのである。

一九四九年――はじめにアデナウアーありき

建国後の西ドイツは、首相アデナウアーの強力なリーダーシップのもとで戦後復興を推し進めながら、西側国家として位置づけられていく。このために、後に「はじめにアデナウアーありき」と言われるが、そのアデナウアーはどのような手腕で西ドイツを方向付けたのか。

建国当初は、米英仏占領軍による連合国高等弁務府が残留し、占領規約によって西ドイツの主権を制限し、内政介入を行っていた。このために、アデナウアーは連合国高等弁務府と連邦議会（西ドイツの第一院）のあいだを仲介しながら、政局運営を行っていた。こういった状況を強いられた中で、連邦議会でのデモンタージュ（賠償取り立てのための工場施設の解体）の停止を求める声を受けて、アデナウアーは連合国側と折衝し、ペータースベルク協定でデモンタージュの緩和といった妥協を引き出した。野党・ドイツ社会民主党（ＳＰＤ）党首シューマッハーはアデナウアーを「連合国の宰相」と批判したが、主権が制限された国家の首相であるアデナウアーは、その後も米英仏側と内政・外交の様々な問題について協議する必要を強いられていく。

その中で、とくに問題であったのは隣国フランスとの和解であった。フランスによるザールラント分離（一九五七年に西ドイツに返還）などで独仏間の関係は冷え切っていたが、一九五〇年五月九日、フランスがシューマン・プランを発表したことによって両国の関係改善が図られた。この提案は西ドイツとフランスの石炭・鉄鋼の共同管理を目指しており、これにより両国間の戦争が回避できるとされた。結果として、これが独仏和解の開始となっただけではなく、他のヨーロッパ諸国（西ドイツ、フランスに加えて、イタリア、オランダ、ベルギー、ルクセンブルク）も参加する欧州石炭鉄鋼共同体（ＥＣＳＣ）が設立されたことで、現在のＥＵへとつながる第一歩ともなった。このような和解などを足掛かりに、アデナウアーはアメリカや西ヨーロッパ諸国との連携を深め、西側国家として西ドイツを位置付ける「西側統合政策」に取り組んだ。

ただし、朝鮮戦争を発端とした西ドイツの再軍備問題は、近隣諸国の警戒感の中で紆余曲折を経た。アメリカによる西ドイツの再軍備案に、フランスは対抗案としてヨーロッパ統合の枠組みの中で西ドイツを再軍備させるプレヴァン・プランを示した。これが欧州防衛共同体（ＥＤＣ）条約として調印されたものの、西ドイツが武器を持つことへの嫌悪感からフランス国民議会で批准拒否となり、一時暗礁に乗り上げた。最終的には一九五五年五月五日に発効するパリ諸条約によって、連邦軍の創設による再軍備の達成、北大西洋条約機構（ＮＡＴＯ）や西欧同盟（ＷＥＵ）への加盟、さらには占領状態の終了と主権回復が約束された。西ドイツはアメリカを中心とした西側の安全保障体制に組み込まれることで、西側国家としての地位を盤石なものとした。

また、アデナウアー政権下では「経済の奇跡」とされる高度経済成長（一九五二〜六〇年まで年平均七・七％の成長率）の中で、西ドイツ社会は本格的な大衆消費社会へと突入した。戦後の住宅不足は解消され、家の中には家電製品があふれ、自動車が急速に普及し始め、旅行などの余暇を楽しむ人々の姿（第一一章参照）の中には、経済大国として復活しつつある自信が見え隠れするほどであった。さらに、「社会的市場経済」の実現化を目指す西ドイツは、経済成長だけではなく社会保障の整備も並行して実施しており、負担調整法による戦争被害者への補償や年金改革などを行った。他方で、一九五七年三月にローマ条約に調印することで、欧州経済共同体（ＥＥＣ）や欧州原子力共同体（ＥＵＲＡＴＯＭ）に西ドイツは参加し、経済的にヨーロッパ統合の枠組みの中に組み込まれていったのである。このように外交や経済での実績を残した上で、一九五七年九月の連邦議会選挙においてアデナウアーは「実験はなし！」（政権交代による政策転換を「実験」と表現）というキャッチコピーで政権の

図6－2　1957年の連邦議会選挙でCDUが使用したポスター

首相アデナウアーを前面に押し出し，「実験はなし！」と呼びかけ，政権の安定性を世論に訴えた。

出典：Reiner Diederich, Richard Grübling, *Stark für die Freiheit. Die Bundesrepublik im Plakat*, Hamburg 1989, S. 46.

安定性を世論に訴えた。この結果、アデナウアー率いるキリスト教民主・社会同盟（CDU／CSU）が五〇・二％という絶対過半数を獲得し、世論から高い支持を得たのである（図6－2参照）。

一九六一年――ベルリンの壁ができる

これに対して、東ドイツは西ドイツとは異なる道を歩み、ドイツ社会主義統一党（SED）による事実上の一党独裁体制のもとで社会主義国家として計画経済を進めていた。一九五二年には「社会主義の建設」といった政策が指導者ウルブリヒトによって発表され、重工業重視の計画経済や農業集団化を行い、社会主義経済の強化を図っていた。しかし、この無理な計画経済は国民生活を圧迫し、東ドイツから西ドイツへの逃亡者を増加させるばかりであった。一九五三年三月にソ連のスターリンが死去した時に、このような状況の改善が期待されたが、大きな変化は見られなかった。この結果、国民の不満が一気に噴出したのが一九五三年の六月一七日事件であり、東ドイツ国民が全国二五〇カ所以上で暴動を起こしたのである。ノルマの引き下げだけでなく、自由選挙の実施などが要求され、暴動は反政府デモへと発展し、最終的にはソ連軍が軍事介入するといった事態に陥った。以降、東ドイツはウルブリヒトの下で国民生活の安定化を図るが、経済が順調に軌道に乗るには時間を要した。

ドイツ統一問題について、アデナウアーはあくまでも西側統合政策を優先させ、西ドイツが国力を増強すれば東ドイツがその魅力に惹きつけられるとした磁石理論で対応していた。このために、ドイツを中立化させて統一するという一九五二年のスターリンからの呼びかけ（スターリン・ノート）に対しても、アデナウアーはこれを統一ドイツのソ連化であると批判して応じることはなかった。しかし、一九五五年のパリ諸条約による西ドイツの主権回復の後に、アデナウアーはソ連のフルシチョフ書記長からの招待を受け、同年九月にモスクワを訪問する。これがドイツ統一交渉の機会となる可能性があったが、ソ連との間で交渉の余地はなく、ソ連との国交正常化、および、戦争捕虜の返還という成果で終わった。さらに、この後すぐに、ソ連が東ドイツの主権を回復させて国交正常化したことが、東西ドイツの関係性を深刻化させた。西ドイツこそが全ドイツを代表する唯一の国家であると主張する中で、ソ連の措置は東西二つのドイツ国家の明確化であったために西ドイツにとっては不都合なものとなった。これに対して、アデナウアーは東ドイツを国際社会が国家として承認することを妨げるために、ハルシュタイン原則（東ドイツを国家と認める諸国との国交拒否）で対抗したのである。

図6－3　ベルリンの壁の建設
1961年8月13日，東ドイツ当局は，西ベルリンの周囲に壁を建設し始めた。これが，東西分断の象徴となる「ベルリンの壁」である。
出典：Christian Bahr, *Geteilte Stadt. Die Berliner Mauer*, Berlin 2005, S. 8.

このように東西ドイツの対立が深まる一方で、非現実的な計画経済や抑圧的な体制への不満から東ドイツから西ドイツへの逃亡者の流れは絶えることなく続いていた。東ドイツ政府はこの流れを食い止めるために、逃亡者の主な出口となっている西ベルリンの周囲を高さ四メートルの壁で囲む対応策を講じた。これが、一九六一年八月一三日より建設されたベルリンの壁である

（図6‐3参照）。東ドイツにとってはあくまでも逃亡者の流れを防ぐための措置であったが、世論にはこの壁は東西分断の象徴として映ることになる。また、一九六三年六月二六日、アメリカ大統領ケネディが西ベルリンを訪問し、「私はベルリン市民である」と訴えた有名な演説を行ったが、冷戦下におけるベルリンの壁を前にして、東西ドイツの分断は自明のものと受け止められつつあった。

2　騒乱と危機――一九六〇年代後半～一九八〇年代前半

一九六八年――学生たちは戦い、ブラントが登場する

経済成長を背景に世論の支持を得、外交で西側統合を推し進めるアデナウアー政権は長期化しつつあったが、その終焉は着々と近づいていた。その契機となったのが、国防大臣シュトラウスによるシュピーゲル事件であった。この事件は雑誌『シュピーゲル』の編集部に国防機密漏えいの疑いがかけられたものであるが、その際のシュトラウスの対応が独善的な行為であり、なおかつ、言論の自由が擁護されていないと世論が感じた。結果として、アデナウアー政権への不信感が増幅し、連立相手のドイツ自由民主党（ＦＤＰ）の強い反発を招いたことで、シュトラウスは辞任を余儀なくされた。この時期のアデナウアーは、外交ではフランス大統領ド・ゴールのあいだで独仏関係（第一次パリ＝ボン枢軸）を強化させており、一九六三年一月にはエリゼ条約（独仏協力条約）を調印するに至ったが、これがアデナウアーにとっての最後の成果となった。ただし、この条約についても、フランスとの関係を重視するグループ（いわゆるゴーリスト）の代表者アデナウアーに対して、アメリカとの関係を重視するグループ（大西洋主義者）がＣＤＵ党内で反発を強めており、決して満場一致で進められた政策ではなかった。その後、大西洋主義者の一人であったエアハルトが彼の後継者として一九六三年一〇月に首相に就任し、

アデナウアー政権は終焉を迎えた。

そのエアハルトに託された課題は、戦後初めての景気後退への対応であった。とくに、アデナウアー政権で経済大臣であったエアハルトには「経済の奇跡」の立役者としての高い評価があり、国民からは大きな期待が寄せられていたが、連立相手のＦＤＰが増税に反対して連立を離脱した。結果として、エアハルトは政権を維持できず短期間で退陣を余儀なくされ、後継者にはキージンガーが選出された。景気後退という大きな課題に対応すべく、キージンガー率いるＣＤＵはＳＰＤと連立交渉を開始し、一九六六年一二月には二大政党による大連立政権を発足させた。この政権は連邦議会の議席の約九割を占めたために、名実ともに「大」連立政権であったが、この政権の発足が西ドイツの社会変革を誘発する原因の一つとなった。

この時期の西ドイツでは、学生たちが様々な主張を社会に向けて発信していた。たとえば、大学の中でナチスの過去を告発する集会を行い、親世代とナチスの関わりについて疑義を唱える姿勢を打ち出していた。また、彼らはヴェトナム戦争で北爆を展開するアメリカの行動を批判し、ヴェトナム戦争に反対する運動も展開していた。このために、アメリカに支援されたイランの国王が西ベルリンを訪問した際には大規模な抗議デモを行い、そのさなかに学生オーネゾルクが射殺される事件まで発生していた。さらに、学生たちは大連立政権の中で野党が実質的に議会での役割を果たせない状況を指摘した上で、自分たちの活動を議会外野党（ＡＰＯ）と位置付け、その意義を世論に訴えていた。これに対して、連邦議会は非常事態法の制定に動き始めていた。この法案は非常事態における議会から合同委員会への権限移譲や基本権の制限を定めたものであり、学生たちはヴァイマルの緊急権（第五章および第一三章参照）の再来を予感させるとして「民主主義の危機」を世論に訴え、連邦議会における可決阻止に向けて大規模な抗議デモを行った。しかし、一九六八年五月三〇日、大連立政権のもとで非常事態法案はあっけなく可決されたのである。学生たちはこの結果に無力感を感じ、学生運動自体が衰退していくことに

図6－4　ブラントのポーランド訪問

1970年12月7日，ブラントはワルシャワ・ゲットーの記念碑を訪れ，その前で跪き，過去への謝罪と反省を表明した。これが，両国間の和解を進展させる大きな契機となった。

出典：Peter Merseburger, *Willy Brandt 1913-1992. Visionär und Realist*, Stuttgart / München 2002, S. 512.

なるが、彼らは「六八年世代」として後の社会変革に大きな影響を及ぼすことになる。それが西ドイツ社会における「新しい社会運動」と言われる動きであり、女性運動・環境保護運動・反原発運動・平和運動などの市民運動を促した。また、これらの運動が結集した先には、一九八〇年に結党する「緑の党」があった。

　このような西ドイツの社会変革のうねりの中で、一九六九年一〇月、ブラントが首相に選出され、ＳＰＤ・ＦＤＰによる連立政権が発足した。「もっと民主主義を」と訴えた改革の中で、彼は学生運動への配慮から教育改革を実施し、若い世代の政治参加を促すために選挙権年齢を一八歳まで引き下げた。他方で、外交においてはベルリンの壁の建設時に西ベルリン市長であった経験をふまえ、従来にない東方外交を実現した。「接近による変化」をコンセプトとしてソ連や東欧諸国との関係改善を目指し、ソ連やポーランドとの国交を正常化させた（モスクワ条約、および、ワルシャワ条約）。とくにブラントがポーランドを訪問した際には、ワルシャワ・ゲットーの記念碑前で彼自身が跪くことで両国間の和解を促し（図6－4参照）、この行動が彼のノーベル平和賞受賞にもつながった。このような外交における急激な変化については、連邦議会において野党ＣＤＵからの不信任案の提出など反発が見られたが、結果的に動議は不成立となった。さらに、一九七二年一一月に実施された連邦議会選挙では、ブラント率いるＳＰＤは四五・八％といった戦後最高の支持を獲得し、彼による東方外交は国民の信任を得た形となった。そのような中で、東西ドイツのあいだで基本条約が締結され、両国の関係が正常化し、一九七三年に東西ドイツは国際連合に同時加盟を果たした。また、チェコスロヴァキア、ハンガリー、ブルガリアとの国交も正常化され、ブラントはこれまで西側に向いていた西ドイツ外交を大きく変化させていった。

一九七〇年代――ドイツは危機に立ち向かう

一九七〇年代の西ドイツは様々な危機に直面し、管理能力を問われた時期であった。その開始点となるのが一九七三年のオイル・ショックである。ローマ・クラブが一九七二年に発表した報告書『成長の限界』が話題になる中で、景気が後退していた西ドイツ経済にオイル・ショックは大きな打撃となった。同時に、オイル・ショックは経済だけではなく、社会構造の変革を迫り、労働市場を直撃し、失業率は悪化の一途をたどった。これを受けて、一九七三年一一月には、一九五五年から一九六〇年代にかけて労働者不足の解消を目的として外国人労働者（ガストアルバイター）の雇用のために締結されていた労働者募集協定（イタリアやトルコなど八カ国と締結）が打ち切られた。その結果、滞在許可を持つ外国人労働者の多く（とくにトルコ系）が家族を呼び寄せて定住化し始め、これ以降、彼らは移民として西ドイツ社会で生活した。一九七〇～八〇年代にかけて、西ドイツに居住する外国人は三〇〇万人から四五〇万人へと増加し、西ドイツは移民国家へと変容し始める。つまり、オイル・ショックという経済危機は、西ドイツの社会構造の変化をもたらしていた。

これに加えて政治においても混乱が生じた。それが、ブラント首相の辞任であった。彼は国民から絶大な支持を得ていたが、一九七四年五月、自身の秘書官ギョームがスパイ容疑で逮捕されたことを受けて首相職を辞任した。ブラントの後継者としてシュミットがＳＰＤ・ＦＤＰ連立政権を率いることになったが、政権を担った彼は西ドイツ社会の様々な危機の中で困難な政局運営を強いられた。オイル・ショックの影響による景気後退や失業者の増大に対して、シュミットは国家財政の健全化に取り組み、財政赤字の見直しのために奨学金や住宅建設補助を削減し、社会保険制度の見直しなどを行った。同時に、この世界規模の経済危機にヨーロッパレベルでも対応するために、フランス大統領ジスカール・デスタンと協力し、ＥＣ（ＥＵの前身組織）加盟国の首脳が話し合う場として欧州理事会を制度化し、ヨーロッパ統合の強化にも努めた（第二次パリ＝ボン枢軸）。

しかし、国内では放火事件や要人の誘拐・殺害事件が次々と起こり、ドイツ赤軍派（ＲＡＦ）によるテロで社会不安が深刻さを増していた。連邦検事総長ブバックの殺害（一九七七年四月）、ドレスデン銀行頭取ポントの殺害（同年七月）といったテロが続き、同年秋の九月にはドイツ経営者連盟会長シュライヤーが誘拐された。ＲＡＦはテロリストの釈放を求めたが、シュミット政権はその要求に応じることなく、一〇月には、ルフトハンザ航空ランツフート号がハイジャックされた。最終的に、アフリカ・モガディシュで特殊部隊を投入して人質すべては解放されたが、シュライヤーは遺体で発見された。シュミット政権は一貫してテロに屈することのない姿勢を貫いたものの、「ドイツの秋」と呼ばれる一九七七年秋のテロは西ドイツ社会を震撼させ、法治国家が危機にあると感じさせたのである。

さらに、シュミットは安全保障政策においても大きな決断を迫られていたが、これは最終的には彼の政権を揺るがす問題となった。ＮＡＴＯは、ヨーロッパを射程範囲とするソ連の新型中距離ミサイル（ＩＮＦ）配備への対応としてソ連との軍縮交渉を進めつつ、これが実現しない場合にはアメリカのＩＮＦをヨーロッパに配備するという「二重決定」を行ったが、この決定にはシュミットが積極的に関与していた。しかし、国内では、彼の姿勢にＳＰＤ内部からも批判が高まり、大規模な平和運動が展開され、シュミット政権への支持は失われていった。最終的には、経済政策をめぐって連立内でＳＰＤとＦＤＰが対立を深め、一九八二年に建設的不信任案が野党Ｃ

DUより提出され、この動議が戦後初めて成立した。シュミット政権は、危機対応に追われながら退陣を余儀なくされたのである。

3　統一と統合――一九八〇年代後半〜現在

一九八九年――壁は崩壊し、ドイツは一つになる

東ドイツではウルブリヒトに代わって、一九七一年にホーネッカーがSED第一書記に就任した。この交代劇の背景には、ウルブリヒトの政策へのソ連の反発があった。一九六〇年代の新経済政策による経済成長を背景に、ウルブリヒトはウルブリヒト・モデルを提唱し、ソ連からの指導を拒否して東ドイツの自立を主張したが、この見解がソ連側の反発を招き、自身の失脚へとつながった。このために、ホーネッカーはウルブリヒト・モデルを否定して、ソ連との結びつきを強化することを目指した。その中で、彼は国家保安省（シュタージ）によって反体制派の取り締まりを強化し、国民生活の監視を徹底化したが、これは東ドイツ国民に大きな閉塞感を与えていた。また、東ドイツは国民生活の向上を目指した経済・社会政策によって一時は東欧諸国で優等生といった立場を維持していたが、一九八〇年代に入ると国家財政の悪化が深刻化していた。

一九八五年三月にソ連でゴルバチョフがソ連共産党書記長に就任し、改革を進めるようになると、東欧諸国にも民主化の波が押し寄せた。この動きに、国民の不満が鬱積する東ドイツも呼応することになる。一九八九年五月、オーストリアとの国境を開放したハンガリーに、東ドイツ国民が殺到して西への逃亡を求めていた。東ドイツ国内の都市ライプツィヒでは九月以降、旅行・報道・集会の自由など人権を求める月曜日デモ（毎週月曜日に開催された民主化デモ）が活発化し、その規模は拡大を続けた。しかし、ホーネッカーはこれらの動きに理解を

示すことはなかった。その中で一九八九年一〇月七日、東ドイツ建国四〇周年記念式典が行われたが、招待されたゴルバチョフがホーネッカーに改革を求めたことから、ホーネッカーは信用を失墜させ、一八日には失脚、これ以降、民主化が本格化する。そして、一一月九日、ベルリンの壁は崩壊し、東西ドイツ国境も開放され、人々が行き来できるようになったのである。

東ドイツにおける民主化を求めるデモの参加者たちは、壁の崩壊以降は自由だけではなく、「我々は一つの国民である」と叫びながらドイツ統一を要求し始めていた。西ドイツではシュミットの後、CDU／CSU・FDPの連立政権の首相となったコールが、この東ドイツの民主化やドイツ統一までの流れを西ドイツのイニシアチブで主導した。後に彼が「統一宰相」と呼ばれることになる所以である。まず、壁の崩壊後の一一月二八日、コールは「一〇項目提案」を発表し、西ドイツ政府が統一を希望しているという意思を内外に表明した。これに対して、東ドイツでは円卓会議が開催され、一九九〇年三月には東ドイツで自由選挙が実施された。この選挙ではCDUを中心とした勢力による「ドイツ連合」が四八・一％で勝利し、早期のドイツ統一の実現を主張するデメジエールが首相に選出されたことで、統一交渉は加速化した。また、旧占領国であった米英仏ソもこれらの動きへの対応を迫られ、東西ドイツを含む二プラス四会議が開催され、ドイツ統一をめぐる動きは国際社会をも巻き込んでいった。

一九九〇年七月一日、まずは経済・通貨のレベルでの統一が実現化し、東ドイツ地域にはドイツ・マルクが導入された。交換レートは金額に上限があったものの一対一であり、東ドイツ国民はドイツ・マルクを手にして沸き立った。また、懸案事項であった統一ドイツのNATO加盟の是非については、コールがソ連を訪問した際に、ゴルバチョフが統一ドイツに国家主権を付与することやNATO加盟をも認めることで解決がみられた。東西ドイツ間において統一へ向けた準備を進めつつ、国際社会の了承を得た上で、残された問題は「果たして東西ドイツはどのような方法で統一を達成するのか」についてであった。この問題を解決した統一条約では、基本法第二三条方式が採用され、西ドイツの基本法が統一ドイツの憲法となり、東ドイツ憲法が消滅するいわゆる「吸収合併方式」による統一が目指された（図6－5参照）。一九九〇年一〇月三日、この統一条約に基づき、東西ドイツは一つとなり、統一が達成されたのである。しかし、統一作業がすべて順調であったとは言えない。旧東ドイツ地域において国営企業の解体による失業率の悪化、それに伴う社会不安が残った。さらには、統一を進めるための経済負担が増す中で、旧東ドイツ国民に対して「オッシー」といった差別的な表現が生まれた。これらの状況を統一後のドイツ社会は「心の壁」が残っているとして問題視し、かつての二つの国民の相互理解の促進がその後の大きな課題とされたのである。

図6－5　「吸収合併」であったドイツ統一

ドイツ統一は，基本法第23条に基づいた「吸収合併」方式であった。このために，東ドイツが消滅したかのように受け止められた。この風刺画は西ドイツ首相コールの顔をした西ドイツが東ドイツを飲み込もうとしている様子が描かれ，吸収合併の実態を表現している。

出典：Wolf D. Gruner, *Die deutsche Frage in Europa 1800 bis 1990*, München 1993（表紙より）.

二一世紀に向けて――ヨーロッパの中のドイツ

ドイツ統一の達成という大きな功績によって高く評価され、一六年間という戦後最長政権を維持したコール首相であったが、しだいに失業率の悪化や国内における改革の遅れを批判され始めるようになった。そのような中で、中道左派と言われるシュレーダーが率いるSPDが一九九八年九月の連邦議会選挙に勝利し、緑の党と連立政権を組むことになった。これが、赤緑政権（SPD＝赤、緑の党＝緑）の誕生であり、この政権交代は当時のドイツ社会に新しい風を感じさせるものであった。というのも、この赤緑政権は従来のように前政権を構成した政党のどちらかが次の政権に残るのではなく、完全な入れ替えであり、同時に一九六八年の学生運動に端を発する緑の党が政権参加していたために、「六八年世代」の活躍が期待されていたのである。

その緑の党の政権入りは、これまで残されていた問題への積極的な対応を促した。その一つが移民問題への取り組み、つまり、二〇〇〇年における国籍法の改正であった。新国籍法は、従来の血統主義（両親のいずれかがドイツ人であることによってその子供に国籍を付与する）から出生地主義（八年間ドイツに滞在したものの子供にはドイツ国籍を付与し、二〇一四年には二重国籍も認める）へと転換させたものであった。さらには、二〇〇五年からの施行となる移住法においても、統合政策（ドイツ移住者を対象としたドイツ語コースの実施など）を行うことで移民を社会へと統合することが目指され、ドイツは移民国家への対応を本格化させていく。また、赤緑政権は当然のことながら環境政策を重視しており、とりわけ原発問題に取り組んだ。その結果、二〇二二年までに国内の原発一九基すべての廃止、新たな原発建設の禁止を決定した。つまり、脱原発へと大きく舵が切られたのである。そして環境税を徴収するなどの施策も行われ、環境政策を大きく前進させた。

また、この政権は外交・安全保障の分野においても従来にない政策を打ち出している。それが一九九九年のコソヴォ紛争への連邦軍の派兵であり、ＮＡＴＯ軍による空爆などの武力行使に初めて連邦軍の兵士が参加した。さらに、これまでは外交上アメリカとの関係を一貫して重視してきたドイツではあるが、二〇〇二年のイラク戦争の際にはフランスとともにドイツは派兵しないと明言した。これによって、アメリカとの関係は悪化したが、このシュレーダーの姿勢は国民の支持を得て赤緑政権の継続へとつながった。ただし、その後、ハルツⅣと呼ばれる失業保険の給付削減を中心とした社会保障制度改革を行ったが、この改革への批判はＳＰＤ党内でも強かった。とくに、ラフォンテーヌはＳＰＤから離党し、その後に東ドイツのＳＥＤの後継政党である民主社会党（Ｐ

ＤＳ）とともに左派党（Die Linke）を結成した。このために、シュレーダーはあえて信任案を否決させて議会を解散し、二〇〇五年九月に連邦議会選挙に臨むとした。

シュレーダーによる前倒し選挙で、彼が率いるＳＰＤはＣＤＵに敗北し、ドイツ史上初の女性首相メルケルのもとで大連立政権が発足した。ただし、この大連立政権は、左派党とは組まずに安定的過半数を維持するという条件を満たすための消極的選択の中から生じていた。また、政権の発足当初、政局運営において未知数であるメルケル首相に対する不安の声も大きかったが、彼女はＥＵのユーロ危機や原発問題への対応でそのリーダーシップを発揮し、国内外での信頼を獲得して自身の立場を盤石なものにしつつ、ヨーロッパのリーダーとなった。二〇〇二年にユーロが導入され、世界に通用する通貨として愛着が持たれていたドイツ・マルクと決別して以来、ドイツ経済は他のＥＵ諸国の経済が停滞する中においてもユーロ圏の中核国家として優位をたもっていた。ギリシアの財政赤字を発端とするユーロ危機が発生した際には、まずはギリシアに財政支援を、と主張するＥＵ加盟国に対して、メルケル首相はギリシア国内における財政改革を条件とした支援を強く要求した。これはギリシアからの大きな反発を呼ぶことになるが、他方でドイツのイニシアチブを軸としてユーロの安定と信用を獲得する方向付けがなされた。また、二〇〇九年一〇月以降は大連立政権からＣＤＵ／ＣＳＵ・ＦＤＰ政権へと連立を組み換えたが、地球温暖化の対応や経済界からの要請を受けて、原発の利用を延長して脱原発を見直す計画（長期エネルギー計画）へと修正していた。しかし、東日本大震災における福島原発事故によって国内で反原発運動が急速に高まり、事故直後の各州議会選挙で与党ＣＤＵへの支持が低下した。メルケル首相は急遽、従来の脱原発へと回帰することを明言し、反原発へと大きく傾く世論の支持を取り戻した。

二〇一三年九月の連邦議会選挙後、再び大連立政権へと戻り、二〇二〇年現在もこの政権を維持しているが、メルケル首相は二〇二一年での政界引退をすでに表明している。その背景には、二〇一五年に始まったヨーロッパ規模の難民危機に際して、主にシリアなどからの難民がドイツに大量に流入したことが、国内における移民・難民問題を先鋭化させたことにある。二〇〇五年以降は統合政策を実施し、移民国家としての取り組みを本格化させていたものの、多くの難民の流入はヨーロッパ各地で頻発するテロと相まって、ドイツ社会に不安をもたらした。人権を重視し、寛容な難民政策を求めるメルケルに対して国内の一部でしだいに反発は強まり、反移民・反難民を訴える「ドイツのための選択肢」（ＡｆＤ）といったポピュリズム政党が台頭した。結果的に、このＡｆＤが二〇一七年の連邦議会選挙では第三勢力へと躍進し、各州議会選挙においてもその勢いは止まることはない。メルケル首相率いる大連立政権は、移民問題への対応とポピュリズム政党の台頭といった問題を抱え、困難な政局運営を強いられており連立内の不協和音も聞かれるのが現状である。今後、激動のヨーロッパの中でドイツがどのようなイニシアチブを発揮して、内外でその責務を担うのかが注目されている。

（爲政雅代）

参考文献

井関正久『戦後ドイツの抗議運動』岩波現代選書、二〇一六年。

板橋拓己『アデナウアー――現代ドイツを創った政治家』中公新書、二〇一四年。

高橋進『歴史としてのドイツ統一――指導者たちはどう動いたか』岩波書店、一九九九年。

西田慎・近藤正基編著『現代ドイツ政治――統一後の二〇年』ミネルヴァ書房、二〇一四年。

森井裕一『現代ドイツの外交と政治』信山社、二〇〇八年。

ウルリヒ・メーラート『東ドイツ史一九四五－一九九〇』（伊豆田俊輔訳）白水社、二〇一九年。

第Ⅱ部

テーマから探るドイツの歴史と文化

衣食住からみるドイツ

（上）軍服の花婿とウエディングドレス姿の花嫁（出典：望田幸男『軍服を着る市民たち』有斐閣，1983年），（中）カレーソーセージのある風景（ベルリンの名物屋台「クノプケ」にて，南直人撮影），（下）木組みの家（ツェレ，北村昌史撮影）。

第7章

衣からみたドイツ史
――時代の趨勢を映す鏡

本章は中世から現代までのドイツにおける衣の歴史を取り扱う。服飾は歴史を研究するにあたって等閑視されがちな分野である。しかし、衣服は人間の生活に密着したものであり、そこにはその時代ごとの人々の生活文化や美意識、ジェンダー観といったものや、政治や経済の状況などが反映される。また、そのような生活に必須のものであるだけに、衣服は産業や貿易の発展とも深く結びついてきた。そのため、われわれは衣の歴史を通して、個々人の日常とそれを取り巻いていた大きな時代の潮流とのつながりを学ぶことができる。ところで、服装文化は決して一国内だけで成り立つものではなく、絶えず外国からの影響を受け、また同時に他の地域に影響を及ぼすものである。ここではそのようなグローバルな観点にも留意して、ドイツ服飾史を概観したい。

1　中世ドイツの服飾

変転する形態

八〇〇年にフランク王カールがローマの帝冠を教皇より授けられて皇帝となり、その後の西ヨーロッパ世界の基礎をきずいた（第一章参照）。カールはローマ風とフランク風の服装を機会に応じて使い分けていた。彼は麻布の下着の上から、絹で縁取りがなされた貫頭衣とズボンを着て、すねには脚絆を巻くフランク式のいでたちを好み、冬にはカワウソやテンの毛皮でできた胴衣と紫紺のマントを身につけた（図７－１）。しかし、ローマ教皇の前に出るときには、ローマ風の長い上衣と外套、靴を用いたという。こうした衣服の使い分けは、ローマ帝国とゲルマン人の文化が混在したフランク王国のあり方をよく表していたといえるであろう。

貫頭衣とズボンの組み合わせは、この時代の男性の衣服として一般的なものであった。マントもまた非常に好まれ、たいてい中央か右肩で留めて着用された。中世の貴族身分の人々にとってマントは儀礼上重要な衣服で、屋内や食事の席でもはおっており、温暖な季節でも脱ぐことはなかった。また、紫紺の染めは西欧では古代ローマ以来、高貴さの象徴だった。この色は貝を使って染められていたが、染色技術の未熟な時代には非常に高価で、

図７－１　典礼書にえがかれたカール（中央）の戴冠

図７－２　12世紀の服装

図７－３　13世紀の服装

図７－４　14世紀の服装

そのために高位の人間のみが使える色となったのであった。一二世紀には主にビザンツ帝国の首都、コンスタンティノープルで生産され、アレキサンドリアを経由して西欧にもたらされた。

一二世紀には上着は下半身をおおい隠すほど長くなった。男女ともに着られたが、女性用の場合は生地を多く使って幾重もの襞をつけ、袖口は漏斗状に広がっているという特徴があった（図７－２）。そして、身頃は体に密着させるために着装後に紐で締めていた。丈の長い衣服の形態は、ゲルマン民族の服飾文化からは大きく逸脱したものであった。この時代は十字軍の遠征などによってイスラム文化圏との接触が増え、その影響を受けて成立したともいわれているが、詳細は解明されていない。なお、現代の感覚と違い、当時は袖は必ずしも身頃と一体化したものではなく、複数の袖を用意して付け替えることもよく見られた。

一三世紀になると、上着の丈は相変わらず長かったものの、袖が男女ともに筒袖になった。また、上半身は体に密着し、下半身にのみ襞がつけられた。女性の場合は裾を引くほどの長さであるが、男性用はせいぜいくるぶしまでの丈であった（図７－３）。これはもともとは騎士が鎖帷子鎧(かたびら)の上に着ていた服である。前世紀の上着よりも簡便で動きやすく、このような衣服が広まったのは、商業の発展によって旅の機会が増えたからだとも考えられている。筒袖はしっかりと腕のシルエットをなぞっていたが、一三世紀にはまだボタンがなかったため、当時の人々は服を着るたびに、手首から肘までを糸で縫い上げて腕に密着させていた。

一四世紀から男性用の服装として、詰め物をした腰丈で長袖の上衣が、様々な身分で着られるようになった（図７－４）。この衣服の袖も、やはりしばしば取り外せるようになっていた。前世紀の衣服が鎧の上に着ていたものから発生したのとは対照的に、こちらは鎖帷子の下に着込むための軍用の衣服に由来するものであった。詰め物は当初は防寒や、敵から攻撃を受けたときの衝撃吸収効果を狙ってなされていた。また、これは農民の服としても着られていたという。合わせる脚衣には、毛織物を脚の形に裁断して縫い合わせたタイツ状のものが用いられた。これは上部を紐で上着のウエスト部分に結びつけて着用した。一五世紀になると、詰め物によるシルエットの誇張が見られるようになり、時代が下るとこの傾向はさらに加速していく。男性服の上衣と脚衣の分離した形式に対する、女性服の丈長のドレスという、このあと長く続くことになる西洋服飾の基本形式が、中世末期に登場したのであった。

衣服はどこから来たか

ところで、中世の人々はこれらの衣服をどのように調達していたのであろうか。この時代、庶民が新品の衣類を着ることはほとんどなかった。中世の衣料品の主要な素材はウール、リネン、絹、革、毛皮などだったが、いずれもきわめて高価だったため、彼らの着ている衣類は多くの場合、家族から受け継いだか、古着商から入手したものであった。しかし、洗濯や消毒などはされないまま転売されるのが当たり前だったので、古着はしばしば病原菌の温床であり、流行病の感染媒体となった。とくに、疫病で死亡した人物の着ていた衣服は危険だった。また、不要な衣類とは別に、中世には主君が臣下にお仕着せを与えることもよくあった。このような衣服の贈与は、両者の保護・被保護の関係を表す象徴的意味をもっていた。気前よく財産を与える行為は、騎士道精神の観点から賞賛されるものでもあった。

毛皮は中世には表に使われることはなく、もっぱら裏にはられて用いられていた。体をおおうマントには、リスなら三〇〇匹分必要であった。オコジョと、シベリアで捕獲されるリスと黒貂が最高級とされ、貴族たちに珍重されたが、ほかにもオオイタチ、子羊、ミンク、大山猫、キツネ、ウサギ、ビーバー、カワウソそのほかの様々な毛皮が使用された。なお、綿はこの時代のヨーロッパでは詳細が知られていなかった。古代ギリシアのヘロドトスは、この繊維は「木から取れる羊毛」であるといっていたが、そうした認識はドイツ語で綿をあらわす単語 Baumwolle に反映されている。Baum が木、Wolle がウールの意味なので、この単語には当時のドイツ人のイメージが、そのままのこっているといえるだろう。

2　近世ドイツの服飾

つくりあげられるシルエット

前世紀からの傾向であった詰め物による体型の誇張は、一六世紀にはさらに拍車がかかり、それにくわえて上衣にスラッシュを入れて下地をのぞかせることが流行った。この流行はヨーロッパ中に波及したが、初期に牽引していたのはドイツであった。ドイツ人を主体とした有名な傭兵ランツクネヒトたちは、こうした全身にスラッシュを入れたいでたちで戦場におもむいた（図7-5）。彼らの姿は当時の人々からしても奇異であったらしい。ヨーロッパ中を巻き込んで行われた三十年戦争期には、軍隊での制服の着用が見られるようになっており、中世のような個々ばらばらの戦装束ではない、統一された軍の制服としての軍服が、ヨーロッパではこの時期から徐々に一般化していった。一六世紀から普及した銃器の前には、重い甲冑で全身をおおったところで無力であっ

たため、軍装は軽装化がすすみ、布製の服を着ただけの姿が普通になる。

この時代の衣服の特徴は敬虔公として知られるザクセン公ハインリヒ四世の肖像画にも見ることができる（図7－6）。この画の中で着用されている服は袖が非常に太くつくられ、上半身のシルエットが強調されている。そして生地には大量のスラッシュがもうけられていて、そこから下地がのぞいている。このスラッシュは初期には体の動きを容易にするために、マチと同様の効果を狙って入れられていたが、あとには単なる装飾となった。合理性から出発した意匠が時を経て完全な飾りとなるのは、服飾史ではまま見られることである。

また、股間が膨らんでいるが、これはコッドピースと呼ばれる装飾である。もともとは股部分をおおうための実用的な衣類だったが、上衣の丈が短くなって腰が露出するようになると、装飾の意味を持ち始めた。一六世紀になると、上衣同様に体型を誇張する流行の影響がおよび、藁などの詰め物を入れて膨らますようになった。長い西洋服飾史でも、ここまで露骨に男性の股間を強調する意匠は珍しく、この時代特有のものである。さらに、

図7－5　ランツクネヒト（1513年頃）

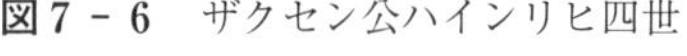

図7－6　ザクセン公ハインリヒ四世

図７－７　16世紀の襞襟のついた女性服

図７－８　18世紀前半の男性服
ブランデンブルク＝バイロイト辺境伯ゲオルク・ヴィルヘルム。

現代の感覚からするとなかなか理解しがたいかもしれないが、コッドピースは貨幣などの小物を入れるポケットの用途にも使われた。というのも、当時のヨーロッパではいまだポケットは普及していなかったからである。広まらなかったのは、それが暗殺用の短剣や銃器の絶好の隠し場所になると恐れられたからであった。胴を締めるコルセットと、下着を着こんで膨らませたスカートが登場したことで、この時代は女性服でも身体の誇張がさらに激しくなった。また、男女ともに盛装のさいは首の周囲をおおう襞襟をつけた（図７－７）。

フランスからの影響

一七世紀半ばには、男性服にもレースやリボンがふんだんに使われるようになる。一方で世紀末から一八世紀にかけて、体型を誇張する文化は廃れていき、身体へのフィットが重視されるようになった。男性用の服装としては、袖口に大きな折り返しのついた体にぴったりと沿う膝丈の上衣、袖つきの胴着、半ズボンが用いられた（図7-8）。この時代のヨーロッパにおける服装文化の中心地は、パリの宮廷に移り、ドイツの流行もその影響を強く受けていたため、貴族や富裕な市民の着る衣服はフランスのそれと似通っていた。やがて上衣の袖の折り返しは小さくなっていき、前裾は両脇に流れるような裁断になった。また、胴着からは袖がなくなり、丈も短くなった。上衣の前は開けて着るのが普通になり、洒落っ気のあるベストをのぞかせていた（図7-9）。刺繡による装飾性は前世紀から変わらなかったものの、フランス革命前にはよりシンプルなデザインが好まれるようになっていた。

一七〜一八世紀にかけての女性の衣服は、男性ほどにはシルエットの面での変化はなかったものの、素材はより軽快なものが好まれるようになった。また、男性衣服が体へのフィット感を重視するようになったのに対し、女性のそれはむしろさらに装飾性を追求していった。その典型的な例が、内側に着こんだ下着を使ってスカートを横に大きく広げる流行であった（図7-10）。この流行は一八世紀初頭にドイツからはじまり、フランス、イギリスなどへも広まった。

図7-9　18世紀後半の男性服（1780年頃）

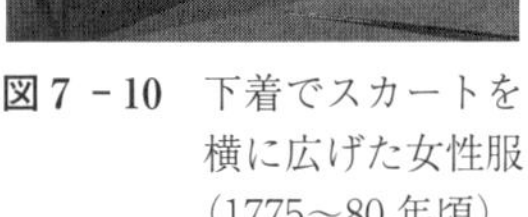

図7-10　下着でスカートを横に広げた女性服（1775〜80年頃）

また、この頃のドイツには、一六八五年のルイ一四世によるナントの勅令廃止に耐えかねたユグノーたちが、多く移住していた。彼らは新しい知識や技術をドイツにもたらしたが、服飾の分野もその例に漏れなかった。たとえばフランスに近い南西部のヴュルテンベルクでは、イギリス人牧師ウィリアム・リーの発明に由来する編機がユグノーによって持ち込まれ、靴下産業が勃興した。この機械は、手編みの場合は毎分一〇〇目程度しか編み上げられないのと比較して、一分ごとに六〇〇目という飛躍的な編み方の効率化を実現する、画期的なものであった。ユグノーの移住後、ヴュルテンベルクの靴下産業は急速に発展し、一八世紀初頭には編機の数は三〇〇台を数えるようになる。

生産拠点も順次拡大し、販路も国内市場から外国市場へと向かっていった。バーデン、バイエルン、プファルツ、スイス、ザルツブルク、ティロール、北イタリア、オランダ、ロシア、はては海を越えてアメリカにまで輸出されるようになった。図7－8や7－9のように、男性の靴下は今日とは異なって、外からはっきりと見える形で身につけるものだった。というのも、当時の感覚では、脚線美は女性ではなく男性に求められる要素だったからである（女性が他人に脚を見せることはなかった）。脚のラインをアピールするフィットした長い靴下は、男性の装いにおける必需品であり、西洋世界全域で大きな需要が存在していた。また、この靴下編機はユグノーを介して、ヴュルテンベルクだけでなく、ヘッセン、バイエルン、テューリンゲン、ザクセン、ブランデンブルクと、ドイツ中に広まった。ユグノーはプロイセンでは絹織物業にも関わっていた。

3　フランス革命から一八四八年革命時代の衣服

フランス革命以降、服飾文化の牽引者は徐々に貴族から市民層に移行していった。また、一八世紀に現れはじめていた男性服はイギリスを、女性服はフランスを範とする傾向は、一九世紀になると確固たるものになり、ドイツもその流れに従うこととなった。

一九世紀初頭の男性の服装には、地味な色彩の燕尾服にベストと半ズボンが用いられた（図７－11）。上着とは対照的にベストには鮮やかな柄や色彩が使われていた。また、仕立てはぴったりと体に沿うものがよしとされた。細身の長ズボンも好まれ、一八二〇年代から一般化していった。より脚のラインに密着させるために、裾部分に紐をつけて靴の土踏まず部分にひっかけるようにしたものも多く見られた。首元には麻、絹、モスリンなどでできた帯状の布をのり付けして結んだが、これは今日のネクタイの原型である。

フランス革命後、女性服ではコルセットは使わず、スカートを広げもしない、寸胴のシルエットで胸のすぐ下にウエストラインが来るドレスが流行った（図７－12）。古代趣味の影響をたぶんに受けたこの服の生地は、モスリンなど薄いものが好まれたが、極端な場合は肌が透けて見えるほどだったので、防寒用に上からはおるショールが流行した。とくにインドのカシミール地方産のカシミア製ショールが珍重されたが、高価であったためヨ

図７－11　19世紀初頭の男性服
画家アントン・グラフの自画像。

図７－12　ウエストラインの高い19世紀初頭のドレス
プロイセン王妃ルイーズの着用したもの。

ーロッパ各地で模造品が生産され、一九世紀の織物産業の発展を促す結果となった。このカシミア製ショールの流行は、一九世紀中にたびたび繰り返されることとなる。やがて絹などの地厚な生地が再度使われるようになり、一八二〇年代になるとウエストラインが下がってスカートの裾はまた広がっていった。そして、それに伴ってウエストの細さがふたたび重視されるようになったため、コルセットが復活した。また、とくに夜用の服装では胸元を大きく開けて、当時の女性の理想的体型とされたなで肩を強調した。

4　一九世紀後半から二〇世紀初頭の服飾

地味になる男性服と女性服の改革

一九世紀後半になると男性の衣服はさらに明るい色彩や装飾を失い、より地味になっていった。これは、華美な服装は「男らしくない」と考えられるようになった結果であった。男性は膝丈のフロックコートや、乗馬服を出自とするモーニングコートを日常着として着るようになる（図7－13）。フロックコートはもともとはプロイセン軍で使われていた軍服だったが、このデザインはイギリスで好まれ、民間にも紳士用の上着として広まっていった。やがて、宮廷でも使われはじめ、生地は暗色のものが普通となって、男性の昼間用の正装としてドイツをふくむヨーロッパ中で一般化した。イギリスのヴィクトリア女王の夫で、ドイツ出身のアルバート公はこの服を好み、それも流行の一因となった。そのため、アメリカではこの服はプリンス・アルバート・コートとも呼ばれる。フロックコートは地球の反対側にまで広まり、明治の日本でも正装として受け入れられるに至っている。モーニングコートは馬に乗りやすいように前裾部分を排除した上着であったが、この時代には普段着として使われるようになる。これらの上着には縞柄や格子柄のズボンを合わせたが、かつてほど細いものは好まれなくなった。一方、燕尾服は夜用の服になっていった。また、現代のスーツの原型が出現したのもこの時代である。ただし、上着、ベスト、ズボンの三点すべてを同じ生地でつくった服であるスーツは、当時の感覚では家の中などのくつろいだ空間で着るものであり、まだ仕事に着ていけるような服ではなかった。

女性の衣服は、胴を締めつけるコルセットや脚をおおい隠す長いスカートなど、体の動きを制限するデザインが依然として主流であった。一八五〇年代には、スカートの下に鯨のひげや針金が仕込まれた下着を着こんで、釣鐘状に大きく膨らませるスタイルが流行していた。その後、六〇〜八〇年代には後方部分だけを膨らませたバッスルスタイルが着られた。世紀末にかけて、このスタイルも廃れてスカートは自然に落ちるようになり、コルセットでウエストを限界まで細くして、対比によって胸と臀部を強調するS字ラインのドレスへと移行していった（図7－14）。シルエットの変化は激しいものの、一九世紀後半の女性服は総じて体形を誇張する、動きづらいものが普通であった。こうしたあまりに非実用的な服装は、女性が家の外で活動することを想定しない時代の風潮ゆえであったが、同時代からしばしば批判の対象になっていた。とくにコルセットで胴を締めつけすぎると、肋骨の変形や内臓圧迫といった健康障害をもたらす危険性があり、医師たちは問題視していた。初期のフェミニズム運動の中で、女性たち自身からもスカートやコルセットの改良、廃止の提言がなされた。

図7－13　19世紀後半のフロックコート
オットー・フォン・マントイフェル男爵。

他方、一九世紀末〜二〇世紀初頭は、ヨーロッパ中でスポーツが大流行した時代でもあった。テニス、乗馬、サイクリングなど「女性にふさわしい」と認めら

1850年代

1860〜80年代

19世紀末

図7－14　19世紀後半の女性服のラインの変化

れたものに限られてはいたが、多くの女性がスポーツを楽しむようになり、運動用としてこれまで男性のものであったズボンを身につける女性も現れた。鉄道網の発達によって遠隔地への移動が容易になったことで、レジャーも人気であった。余暇のアクティビティのための体を締めつけないシンプルで動きやすい衣服は、女性たちの「肉体の解放」の先駆けとなった。世紀転換期はまた、高等教育を受け、あるいは事務労働に従事する女性が少しずつ増えていった時期でもあり、ここにも自立したライフスタイルに適した動きやすい衣服への需要が存在した。こうした社会の流れの中で、女性服は徐々に肉体を拘束しないスタイルに変化していった。

生産と物流の変化

一九世紀後半は産業革命による生産力の上昇に支えられて、高級既製服を売る百貨店が出現し、新しい服を購入して流行に触れることができる人々が、それまでより増えた時代でもある。ドイツではゲルゾン百貨店やカイザー・バザールといった百貨店が有名であった。オーダーメイドとは別に高級既製服の選択肢ができたことで、中流層でも最新のモードに親しめるようになった。製造の中心地はベルリンで、誰にでもあうようにたっぷりとしたカッティングでつくられていた既製のシャツを、体にフィットするものに改良していった。基本的な体型を想定し、多くの人の体に沿うパターンを開発するためには、統計と応用数学の知見が用いられていた。当時、ベルリンには多数の既製服工場があったが、そこでの仕事はまだ、今日のように分業化が徹底されてはおらず、一人の女工が一点の衣服を最初から最後まで仕上げるのが普通であった。こうしてできあがった衣服は、ドイツ中の百貨店に出荷されていった。もっとも、上記のような服装の流行と直接的に関わっていたのは、貴族やある程度の金銭的な余裕のある市民だけだった。いくら百貨店が出現したといっても、当時の人口で最も多かった貧しい農民や労働者階級にとっては、衣服はまだまだ非常に高価なものであった。

技術的な面から見てみると、この時代には衣服製造に関して多くの革新があった。その代表はミシンの出現と合成染料の登場である。それまで手で行うしかなかった縫製作業が、ミシンによって格段に速くできるようになり、既製服の発展を支えた。イギリスの化学者ウィリアム・パークが先鞭をつけた合成染料の研究は、その後ドイツで発展し、一八六九年には茜色染料となる合成アリザリンが、八〇年には藍色のもとになる合成インディゴが開発された。合成染料の登場により、染色の価格が抑えられるようになった。天然染料は合成染料によって駆逐され、二〇世紀初頭にはほとんどが合成染料に置きかわっていた。皮革製造の分野では、一八五八年にドイツで発明された「クロムなめし」が一九世紀の終わりにアメリカで改良され、普及した。クロム溶液に原皮をつけてなめすこの手法は、タンニン成分の入った液につけこむ従来の方法では仕上がるまでに長ければ一年以上かかるところを、数週間以内に短縮でき、革の大量生産を可能にした。

図7－15　20世紀初頭に統一されたドイツ軍の軍服

軍需と新商品

一九世紀後半のドイツにおける服飾文化を考える上では、軍服も重要な位置をしめている。一八七一年に建国されたドイツ帝国は、戦勝の中で誕生した国家ということもあって、軍隊が強い威信をもっていた。皇帝や各邦の君主たちの正装も軍服であった。国民皆兵制を敷いていたため、男性の多くが軍服に袖を通したことがあり、当時の衣生活では軍服は身近であった（第三章・第四章参照）。将校の社会的地位は高く、その制服は権威を帯びていたので、予備役将校はしばしば軍服姿でポートレートを撮った。一九〇六年には、軍服の権威を利用して、中古の将校用制服を着用した男が身分を偽り、市庁舎から金をだまし取った「ケーペニックの大尉」事件がおこっている。二〇世紀を迎えると、邦ごとにそれぞれデザインがバラバラだった軍服は、フェルトグラウと呼ばれる緑がかった灰色のものに統一された（図7－15）。

ところで、先述したヴュルテンベルクの靴下産業は一九世紀に入ると衰退し、一八五〇年代以降はそれにかわってトリコット産業が勃興していたのだが、その一因となったのも軍であった。プロイセン軍が一八六六年にトリコット製の肌着を兵士に支給したのを皮切りに、ヴュルテンベルク軍もそれに続いたことで、同地のトリコット産業は軍需の恩恵を受けて発展していった。多くの兵士たちが除隊後もトリコット製品を買い求めたため、新たな市場も開拓された。軍需が繊維産業の成長を後押ししたり、軍隊生活を通じて人々が新たな服飾文化を受容する例は歴史上しばしば見られるが、これもその典型である。

さらに、一八八〇年代にはヴュルテンベルクで長らく編物製造を行ってきたユグノー系の一族であるベンガー家が、羊毛製健康下着の開発に着手した。一八七八年に、シュトゥットガルト高等工業専門学校のイェーガー博士は、保温性と通気性を兼ね備えた羊毛こそが最も健康によいという内容の論文を発表し、それを直接肌に身につけることを強く推奨していた。ベンガー家は彼と提携して、未漂白ウールによる健康肌着を売り出し、大成功を収めた。これはヴュルテンベルクの編物産業が、靴下製造からトリコット製品製造へと完全に転換する契機となった。一方、イェーガーの理論は海を渡ってイギリスにも紹介され、同地で未曾有のウール下着ブームを巻き起こした。

5　衣服からみた二つの大戦の時代

第一次世界大戦下の衣服

一九一四年に第一次世界大戦がはじまった当初、ドイツ兵は図7－15に見られるピッケルハウベという頭頂部にスパイクのついた革製のヘルメットをかぶっていたが、戦争が塹壕戦に移行し、頭上から無数の砲弾片が降り注ぐようになるとこれでは防御力が足りず、頭部を負傷する兵士が相次いだため、鉄製のヘルメットに切り替えられた。現代の軍隊では、頭部を守るためのこうしたヘルメットは各国で標準的な装備品になっているが、その起源はこの第一次世界大戦の戦場にある。このとき採用された鉄兜は、裾がなだらかに広がって後頭部をおおうつくりになっていた。このデザインはドイツ軍の新たなシンボルとなり、マイナーチェンジを繰り返しながら第二次世界大戦時まで使われた。また、同盟国のオーストリアでも用いられ、第一次世界大戦終結後には、ドイツから軍事顧問を招いていた中華民国軍でも採用された。そして二〇世紀末以降は、実用性の高さが評価されて日

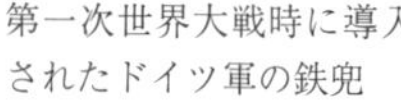

第一次世界大戦時に導入されたドイツ軍の鉄兜

日本の自衛隊で使用されているヘルメットの形状にもドイツ軍の影響が見られる

図7－16　ドイツ軍の鉄兜

本の自衛隊やアメリカ軍、中国軍、フランス軍など世界中の軍隊で使われるようになっている（図7－16）。

第一次世界大戦は史上初の総力戦となり、産業を支えるために国内のあらゆるものが動員された。多数の女性もまた、男性の出征によってあいた職場の穴を埋めるため、家庭の外で労働に従事するようになり、そのことが結果的に一九世紀後半からすすんでいた女性の社会進出をさらに促した（第五章参照）。それに伴って、女性の衣服にも変化が生じた。肉体の動きを制限するコルセットや長いスカートは完全に廃れ、かつてははしたないとされていたくるぶしの見える丈が普通になり、シルエットも体を締めつけず、自然にボディラインをなぞるものが定着していった。

ナチスと服飾

敗戦後、ドイツにはヴァイマル共和国が成立した。この時代は左右から過激な運動が展開され、政治は安定しなかった（第五章参照）。各政党は集会の防衛と敵対勢力への殴り込みのために独自の準軍事組織を擁しており、彼らはしばしばそろいの制服を着用した。そのような情勢の中、徐々に勢力を拡大していったのがナチスだった。その準軍事組織である突撃隊は円筒型の帽子、シャツのような形をした腰丈のジャケット、ネクタイ、ズボンのすべてが褐色の制服を着用したが、これは帝政ドイツの植民地守備隊の軍服を流用したものであった。突撃隊の制服がこのスタイルになったのは、敗戦による植民地喪失で不要になり売りに出されていたものを安く購入できたからという、いわば偶然の産物だったが、褐色はこのあとナチスのシンボルカラーとなった。また、総統ヒトラーの護衛部隊からはじまり、あとには突撃隊にとってかわることになる親衛隊は、形状はほぼ同じだが、髑髏の徽章のついた黒い制服によって区別された。彼らの制服は、シャツ型のジャケット以外がすべて黒で統一されていた。髑髏はドイツではナチス以前にもプロイセンの近衛騎兵連隊や、反共義勇軍などで使われていたモチーフで、エリート性やナショナリズム、反共産主義を連想させるものであった（図７－17）。ナチスと敵対関係にあった共産党の赤色戦線戦士同盟や、社会民主党系の国旗団といった準軍事組織も、独自の制服を着て政治闘争に明け暮れていた。

図７－17　ナチスの突撃隊と親衛隊の制服

一九三三年にナチ政権が成立して以降、ドイツではナチズムに基づいた国をつくるべく強制的同一化が行われた。それまでに存在したナチス以外の政党や労働組合、職能団体や種々の趣味的サークルなどがつぎつぎに解体され、ナチ統制下の組織に再編成されていった。また、ユダヤ系の企業は強制的に「ドイツ化」された。一九三〇年の時点で、繊維・衣料製品製造業の二三％、卸売業の四〇％、小売業の六二％がユダヤ系であり、製靴業界にも同様の傾向が見られた。ユダヤ人の比率が高かったのは、一九世紀初頭にゲットーから解放された彼らが、当時発展の途上にあったこれらの産業に大量に参入したためだった。一九三七年から三八年にかけて、これらの企業は実質的な操業停止状態に追い込まれ、三九年には街頭からユダヤ系の商店のほとんどが消し去られた（第五章参照）。

こうした時代背景の中で、制服はナチ支配の確立を視覚的に表す装置として機能した。ナチ政権下のドイツでは、突撃隊や親衛隊以外のナチスの関連組織も、それぞれ微妙に異なる制服をもっており、それらにはさらに階級に応じて徽章や腕章がつけられ、着る人の地位を一目瞭然にしていた。制服は着用者をナチ体制の中に序列づけ、また同時にそれを見る人に対しては、ナチスの統制が機能しているという印象を与える効果をもっていたのである。こうした視覚的なシステムは、ナチスにとって「敵」である強制収容所の被収容者に対しても用いられた。彼らは衣服に逆三角形の布製のタグを縫い付けられていたが、これらは色分けされており、どの色のタグをつけているかで、彼らがどのような「罪状」によって投獄されてきたのかが一目でわかるようになっていた。ナチスはまた、第二次世界大戦の開戦後には、ユダヤ人に黄色い六芒星のマークをつけることを義務づけた。視覚的な方法による個人識別のシステムは味方だけでなく、「敵」に対しても使われていたのである。

制服を着る立場にない人々の服装については、ヴァイマル時代と比較して、ナチ時代にも根本的な変化は生じなかった。女性は引き続きワンピースやスカートを身につけていた。男性に関しては、三つ揃いのスーツが標準的な衣服となった。かつてはオフタイム用の服であったスーツは、第一次世界大戦後には公の場で着ることができるものと完全に認められるようになり、ナチ政権下でもこれが使われ続けた。

窮乏の時代の衣生活

一九三九年にドイツのポーランド侵攻で第二次世界大戦の火蓋が切って落とされると、ドイツ軍は当初は戦いを有利にすすめた（第五章参照）。虐殺などの蛮行もふくめて世界中に強烈な印象を与えたためか、この時代のドイツ兵が着ていた軍服は今日、映画やアニメに出てくる衣装のデザインソースとして使われることがよくある。ある種の「スタイリッシュ」なイメージを持たれているといってもよいであろう。しかし、ドイツ軍の軍服の実態はどのようなものだったのだろうか。戦争初期までは、かなり凝ったデザインであった。たとえば最初、陸軍の軍服の襟や肩章はボディとは色の違う別布でつくられていた。また、胸ポケットは容積を増やすためにマチがつけられ、さらにフラップが波状の曲線にカットされた、非常に手間のかかるつくりになっていた。だが、大戦がすすむにつれて、軍服に美的価値を求める余裕はなくなっていった。一九四〇年以降は生産工程の簡略化のため、まず実用性には一切関係のない襟の別布が廃され、のちにはポケットのマチやフラップの曲線カットもなくなった。こうしたややこしいデザインは、生地の浪費や生産効率の低下を招くだけでなく、未熟練工が製造するには不向きだという事情もあった（図7－18）。

開戦当初の軍服　　襟の別布やポケットのマチが簡略化された1940年以降の軍服

図7－18　第二次世界大戦時のドイツ軍の軍服

素材の面では、四三年以降は原料のウールの不足が深刻化し、レーヨンの混紡率を上げて補うようになったが、それによって耐久性や保温性が悪化していった。そして四四年にはついに、スフ（ステープルファイバー。木材パルプから絹に似せて人工的に作られた繊維で、水に弱い）に少しの再生ウール（中古のウール製品をほぐして再び繊維に戻したものや、製造時の余り糸を原料にしていて、通常のウールより強度が低い）が入っているだけという、非常に粗悪な素材が使われるようになる。大戦期後半のドイツ軍は、現実にはスタイリッシュどころか火の車状態であった。

こうした物資の欠乏は、もちろん銃後でも同様で、早くも一九三九年の一一月には衣料切符制度が導入されている。切符は一年に一〇〇ポイント分支給され、繊維製品を購入する際には決められた点数分の切符が必要になった。一九四一年からは革製品も対象となる。物資を節約するために、家庭内で古着や余り布をリフォームして新しい服に作り替えることが推奨された。こうした作業を行ったのは女性たちであった。党公認の女性雑誌には、不用品を新しい洒落た服にリフォームする方法についての記事が、頻繁に掲載されていた。

6　戦後ドイツ社会と衣服

大きく変わる服装文化

戦後のドイツは東西に分断されたが、西ドイツではしばらくのあいだは旧来の保守的な社会が維持されていた。たとえば大学の場合は、教授が行う講義ではネクタイを締めて正装した講師や助手たちが前列席に陣取り、かしこまって聞いているという調子だった。若い助手が赤いセーターを着てネクタイを締めずに出席しただけで、勇敢な人物だと話題になるほどであった。一方で、一九五〇年代にはアメリカ映画の影響などからジーンズが若者の憧れの的になり、アメリカ兵ののこした古着をはく者が現れた。そして、学生運動をはじめとする六〇年代の動乱の中で保守的な社会規範が崩れていくと、ジーンズは徐々に当たり前の服としてドイツ社会に受け入れられていった。

東ドイツでは衣服はほかの多くの文化と同じく統制の対象であり、ジーンズも敵対するアメリカの文化として警戒されていたが、人々のファッションへの欲求を完全に抑圧することはできなかった。一九七一年には、アメリカのリーバイス社製ジーンズの輸入を政府が公式に許可している。以降、エルピコやヴィーゼントといった東ドイツ製のジーンズも製造されるようになったものの、若者たちは「安っぽいコピー」だとしてあまり好まず、「ほんもの」のリーバイス製ジーンズへの憧れはやまなかった。八〇年代には東ドイツ社会でもジーンズは受け入れられ、自由ドイツ青年団のパレードでもジーンズ姿の参加者が普通に見られるようになっていた。

東西分断に伴って、西ドイツには連邦軍、東ドイツには国家人民軍という別個の軍隊が存在するようになった。両者はそれぞれＮＡＴＯとワルシャワ条約機構に属し、互いを仮想敵としていた（第六章参照）。しかし、同じドイツの軍隊だけに、その軍服には似通っているところもあった（図７－19）。西ドイツ軍の服装はアメリカ軍から強い影響を受けており、ナチスの悪印象が強烈だったこともあって、第一次世界大戦以来の特徴的なデザインの鉄兜や、親衛隊が使用していた迷彩服は長いあいだ使われなかった。ふたたび採用されるのは、一九八〇年代以降である。しかし、襟章などには旧来のドイツ軍のデザイン的特徴をいくらかのこしていた。一方、東ドイツ軍は建軍当初こそソ連軍の影響が色濃い軍服を採用していたが、徐々にかつてのドイツ軍を彷彿とさせるものになっていった。西と東のドイツはともに、自由主義陣営と社会主義陣営内でそれぞれ強力な国家だったが、一方ではアメリカやソ連の強い影響下に置かれ、フリーハンドで動くことはできないという微妙な立場でもあった。ドイツ軍独自のデザイン上の伝統をのこしつつ、一方で同盟国からの影響も強く受けている軍服は、当時の東西ドイツが置かれた状況を

70年代の西ドイツ軍将校の軍服

70年代の東ドイツ軍将校の軍服

図７－19　襟章などに旧ドイツ軍の面影をのこす東西ドイツ軍の軍服

反映したものであったといえよう。

素材の面での戦後の衣服の大きな特徴は、化学繊維が大量に使用されるようになったことである。一九三〇年代にはナイロンが、五〇年代にはポリエステルやアクリルといった合成繊維が開発され、最新の素材として使われるようになった。安価に製造可能なこれらの原料は、衣服の価格低下に大きく貢献した。また、たとえばナイロンには特筆すべき防水性があったため、水着やアウトドアウェアなどの飛躍的な機能向上を可能にした。一方で、生分解性のない合成繊維がマイクロプラスチックとして蓄積されることで、地球環境の破壊につながるという指摘もあり、近年の環境意識の高まりとともに問題になっている。

ほかの先進国と同様、戦後のドイツでも「プライベートの時間になにを着ていようが個人の自由である」という価値観がだんだんと受け入れられるようになり、かつてのような身分や階級、性別や職業によって規定された服装規範の圧力は弱まっていった。一九六八年を頂点とした学生運動の盛り上がりや、第二波フェミニズムの興隆等を通じて、既存のあるべき女性像が徐々に修正を迫られた結果、女性が太ももをさらすことや、ズボンをはくことが普通になっていったのは、とくに大きな変化であったといえるだろう。

グローバル化の中で

一九八九年にベルリンの壁が崩壊し、ドイツはふたたび一つの国となった。冷戦後の時代で衣服に起きた最も大きな変化は、圧倒的な価格の低下である。しかも、二一世紀になって台頭してきたいわゆるファストファッションは、単なる安かろう悪かろうではなく、ある程度の品質や洒落っ気をたもちながら、圧倒的な低価格での販売を実現した。多くがＳＰＡ、アパレル製造小売業と呼ばれる業態をとり、素材調達、企画開発生産、物流、在庫管理、販売までを世界的規模でみずから行うことに特徴がある。ファストファッションという名称は、グローバルに展開するマクドナルドなどのファストフード企業になぞらえてつけられたもので、日本のユニクロやスペインのＺＡＲＡなどが代表的である。

現代のドイツでは、ある程度の規模の大きな都市ではたいてい、スウェーデンの世界的ＳＰＡ企業であるＨ＆Ｍが目抜き通りに店舗を構えている。絶えず流行を分析し、それをおさえた服を即座に企画して、工賃の安い地域で大量に、かつすばやく製造して、世界中で販売するというこのシステムは、大金をもたない庶民でも最新のファッションを楽しめるようにするものとして、二一世紀初頭以降大きな支持をえた。これはときに「ファッションの民主化」とも表現される。一九世紀以降、既製服産業の発達は常にモードにアクセスできる人間の数を増やし続けてきたが、ファストファッションの登場は、そのような流れの一つの到達点といえるであろう。一方で、このような業態は世界中の服飾文化の画一化・無個性化や、低価格化の追求に伴う発展途上国の労働者に対する搾取、長く使いつづけることを想定しない衣服の大量生産による地球環境への過大な負荷などが、懸念されている。現代の衣服産業は、その規模が流通においても生産量においても、歴史上かつてないほどに巨大化しただけに、負の側面に対する批判もまた厳しくなっているといえる。

（福永耕人）

参考文献

徳井淑子『図説　ヨーロッパ服飾史』河出書房新社、二〇一〇年。

能澤慧子『モードの社会史』有斐閣選書、一九九一年。

深井晃子監修『増補新装カラー版　世界服飾史』美術出版社、二〇一〇年。

山下英一郎『制服の帝国　ナチスＳＳの組織と軍装』彩流社、二〇一〇年。

Ortenburg, Georg u. Prömper, Ingo: *Preussisch-deutsche Uniformen von 1640–1918*, München, 1991.

第8章

食からみたドイツ史——ジャガイモから健康食まで

1　ドイツの食文化の基本的特徴

ドイツはヨーロッパ大陸のほぼ中央部に位置し、その食文化はヨーロッパ北半分の食文化との共通性が大きい。しかし、ドイツはその地政学的位置ゆえに近代以降における歴史の展開の中で独特の発展の道をたどり、そのことはドイツの食の歴史にも反映している。したがって、食からドイツの歴史を読み解くことは、ヨーロッパ史さらには世界史の中にドイツを位置づけることにもつながる。

ドイツを含むヨーロッパ北半分の地域における食生活の基礎は、糖質を供給する穀類とジャガイモ、主にタンパク質の供給源となる肉類と乳製品から成り立っている。それに加え、タンパク質源としての豆類や魚介類も重要であり、根菜類を中心とした野菜、リンゴやベリー類などの果物も一定の役割を担っている。さらに、料理という点からは調味料や香辛料が求められるし、脂肪分もおいしく食べるために不可欠である。また、コーヒーやアルコールなどの嗜好品も生活に潤いをもたらす。ヨーロッパの北半分では、主に麦類から（後にはジャガイモからも）作られる醸造酒や蒸留酒が消費されてきた。

しかし、こうした説明はきわめて静態的かつ画一的なとらえ方であり、現実の食文化はもっと多様で流動的なものである。食文化は歴史的に形成されてきたものであり、食生活のあり方は時代によって大きな変化をとげてきた。本章では、そうした視点からドイツの食文化がどのように形成されてきたのかを考察する。なお検討の対象は一七世紀から現代までに限定したい。この約四〇〇年間の食の変遷が今日のドイツの食文化に決定的な影響を与えたといえるからである。

2　ジャガイモとコーヒーからみたドイツの食

全般的食料不足とジャガイモ

まず最初に一七・一八世紀のドイツにおける食の歴史を考えてみよう。この時期のヨーロッパ全体の食の状況をみると、持続的な人口増と気候の寒冷化などの悪条件の下で食料需給が逼迫し、飢饉や食料不足が深刻化していた。そうした中で新大陸から伝来した新しい作物が徐々に普及し、また農業における新しい知見や技術が導入されはじめるなど、近代的な食料経済への道も拓かれつつあった。ドイツにおいても事情は同じで、一七世紀前半の三十年戦争によって経済が縮小し、いくぶん人口減少による食料需給逼迫の緩和はあったとはいえ、全般的には食料不足は継続していた。その状態は一八世紀の人口増によっていっそう悪化し、結局一九世紀前半までは長期的な食料不足の時代が継続した。

そうした状況のもとで、新大陸からヨーロッパに導入された様々な飲食物がドイツにも入ってくることになる。食料不足の克服に最も貢献したのは、糖質を豊富に含むジャガイモであり、後にはドイツの食文化を象徴する存

図8－1　ジャガイモ栽培を視察するフリードリヒ大王（後世の絵画）

出典：南直人『〈食〉から読み解くドイツ近代史』ミネルヴァ書房，2015年，20頁。

在となる。しかし、南米アンデス高地を起源とするこの作物が定着するまでには紆余曲折があった。新奇な食物として警戒され、様々なマイナスイメージを負わされたため、栽培面でも栄養面でも非常に有益な作物であるのに、それが普及するにはかなりの時間がかかったのである。

しかし、一八世紀に頻発した飢饉の中、ジャガイモが痩せた土地でもよく育ち寒い気候にも適応できることがしだいに認識されるようになる。ジャガイモの有用性は、フリードリヒ大王のような啓蒙専制君主から農村在住の民衆啓蒙家に至るまで、「上から」強力に宣伝された。さらに、一九世紀初頭のナポレオンの大陸封鎖などに起因する農業の危機的状況も追い風となった。ジャガイモは単位面積当たりの人口扶養力が大きく、飢饉対策として有効であると同時に、逆に食料価格が下落する農業恐慌の時期には蒸留酒の原料としても活用され、ちょうどこの時期の北ドイツにおける蒸留酒の消費拡大の波と結びついて、商業作物としても受け入れられていく。

ただジャガイモの歴史はその後順調に展開したわけではない。一八四〇年代中葉には、このジャガイモの疫病と凶作に起因する全ヨーロッパ規模の飢饉が生じ、大量の餓死者と移民を出したアイルランドほどではないにせよ、ドイツも深刻な社会不安に見舞われる。これが一八四八年革命の一つの導火線となったことは、すでにジャガイモへの依存が相当すすんでいたことの証左でもある。しかし一九世紀後半以降は、ジャガイモの生産は順調に拡大して、飢えた貧民向けの食材というイメージも徐々に薄まっていった。市民層にも受容されるようになり、ドイツの「国民的」食物としての地位を確立する。

「コロンブスの交換」とコーヒー

食の歴史をグローバルにみていくと、一六世紀以降新大陸からヨーロッパに紹介された作物は、ジャガイモの他、トウモロコシ、トマト、トウガラシ、カカオ、落花生、インゲン豆など、数えきれないほどの種類がある。逆に旧大陸原産でヨーロッパの食文化を劇的に変革したものも、コーヒー、茶、砂糖などいくつも挙げられるし、逆にヨーロッパや旧大陸から新大陸へ大量に導入され、新大陸側の生態系も含め大きな変化をもたらしたのが、小麦、大麦、米、様々な家畜類などである。こうしたすべてのことを含めて考えると、一六世紀以降、地球規模で植物や動物（微生物レベルまで）の交流が開始され、それが各地の食文化のみならず、環境や生態系も変化させたのである。この現象は時代の代表的な人物名にちなんで「コロンブスの交換」という用語で説明されることが多い。

ここでは、ドイツの食文化を特徴づけるもう一つの要素であるコーヒーに着目したい。一般的にはドイツをイメージする飲料はビールであるが、消費量の大きさで考えると、ジェンダー差がきわめて大きいビールよりむしろコーヒーの方が「国民的」飲料とするのにふさわしい。しかも、コーヒーの生産と消費の変遷は、近世から近代へのドイツの歴史と深く結びついている。すなわち、分裂状態が長く続き、統一国家形成が遅れたという事情である。その結果ドイツは、大航海時代以降に展開された海外での植民地獲得競争に参入することができず、他の西欧諸国の植民地で、奴隷労働によって大規模に生産される、砂糖やコーヒーなどの世界商品の供給において不利な立場に置かれたのである。

ドイツにおけるコーヒー受容の歴史についてかんたんに触れてみよう。東アフリカのエチオピア高原を原産地とするこの作物は、紅海を越えてアラビア半島へ伝わり、イスラム圏で普及、一六世紀には最盛期を迎えたオスマン帝国内で人気を拡大し、イスタンブルなど各地でコーヒーハウスが開設された。一七世紀には地中海を経てヨーロッパに伝わり、ヨーロッパ各地で急速に普及する。ドイツでは、一六八〇年前後に外国貿易の中心地ハンブルクやブレーメンでコーヒーハウスが設立された。その後一八世紀の前半には、北部・中部ドイツの都市の市民層の間でコーヒーが普及し、世紀後半には、農村や民衆層にもそのコーヒー飲用の習慣が波及していった。

しかしそこには致命的な弱点があった。先述したように、植民地を持たないドイツの各領邦は自前でコーヒーの供給ができなかったからである。それゆえ、ドイツでのコーヒーの普及には、二つの特徴的な現象が付随することとなった。その一つは、ちょうどコーヒーが庶民レベルまで普及し始めた一八世紀の後半に、北部・中部ドイツのいくつかの領邦でコーヒーの消費を抑制・禁止するような政策が打ち出されたということである。その内容は領邦ごとに異なり、コーヒーのための器具すべてを破壊せよといった極端なものから、高額の納付金と引き換えにコーヒーを独占的に焙煎する特権を授与するといった財政目的のものまで様々であった。しかし実際には闇取引が横行し、これらの政策はほとんど効果なく終わった。

もう一つが代用コーヒーの開発であり、これは大きな成功を収めた。一八世紀から一九世紀にかけて、ドイツでは純粋なコーヒーよりむしろ代用コーヒーの方が多く消費されていたともいえるからである。その代用コーヒーの材料には様々な「国産」の植物が利用された。最も成功したのは炒ったチコリの根を利用するチコリコーヒーである。一七七〇年頃に、退役軍人のハイネと宿屋経営者フェルスターという二人の人物によって、チコリコーヒーの商業的生産が始められた。彼らはブラウンシュヴァイクとベルリンに工場を建設し、「プロイセンコーヒー」として商品を宣伝して成功を収めた。こうした代用コーヒーはナポレオンによる大陸封鎖も追い風となって生産を拡大し、一九世紀を通じて、ドイツ中・東部を中心に産業としての地位を確立していった。植民地を持たずコーヒー貿易に参入できないドイツ特有のコーヒーのあり方を象徴する現象といえよう。

ただし、一九世紀末ごろになると、コーヒー生産国としてのブラジルの大躍進とあいまって、一八七一年に新興の統一国家となったドイツが、一転してヨーロッパ最大のコーヒー輸入国へと成長していった。同時に、コーヒー輸入やコーヒー焙煎に関わる産業が急成長し、代用ではない本物のコーヒーの消費が市民層はもちろん労働者層の間でも拡大する。そうしたことを背景に、コーヒーがドイツの「国民的」飲料としての地位を確立していくのである。

3　工業化・都市化による食の変容

「食生活革命」

さて、前節で述べたように一七世紀から一九世紀半ばまでのドイツは、全般的にみて人口の増加に食料生産が追いつかない時代であった。しかし、一八四〇年代中葉の飢饉と食料不足の時期を境として食の歴史は新しい段階に入る。以前は、人口が増加すると食料供給レベルが低下し、とりわけ肉の供給量が減少したのだが、人口増加を上回るような食料供給が可能となり、肉の供給量も増加するようになった。つまり食料供給構造における根本的変化が生じたのである。

グローバルな視点からみると、蒸気力と冷凍技術などが結合した新たな長距離輸送の可能性が開かれ、安価な新世界の食料資源をヨーロッパ諸地域が利用できるようになったことが大きい。ドイツにおける食の歴史研究のパイオニアであるハンス・Ｊ・トイテベルクは、そうした事情を総合して、「農業革命・輸送革命・保存革命」という三つのレベルでの革命的な技術革新により食料供給が安定的に上昇したとし、これを「食生活革命」と名づけた。ドイツの場合、東部の農業利害を代表する勢力の力が大きく、安価な食料の輸入がスムーズに実現したわけではなかったが、一九世紀後半には全体として食料事情は改善していった。

食の工業化

一九世紀は工業化と都市化によって特徴づけられる。ドイツにおいては、一八五〇年代から本格的な工業化が開始され、世紀末にかけて大きな経済成長を実現したし、世紀前半からすでにみられたことではあるが、人口の都市への集中がますます進行した。こうした中で、単なる食料需給バランスの改善だけではなく、生産から消費に至る食をめぐる諸事情においても大きな変化が生じた。

一つは食品生産分野における工業化である。食品製造における近代的な工業技術は、ドイツでは一八二〇年代の製粉工程への蒸気機関の導入から始まる。さらに、パン生地を捏ねる工程でも蒸気力が導入され、それと筒形連続オーブンを組み合わせることで、工業的なパン製造が行われるようになった。ベルリンでは一八五六年に最初の製パン工場が建設され、この工場だけで市全体のライ麦パン需要の三分の一をカバーできるほどの大量生産が可能となった。

先に触れた「輸送革命」と「保存革命」（トイテベルク）をもたらした冷蔵・冷凍技術の革新もまた、食品生産や食品流通に大きな影響を及ぼした。ドイツに関連して注目すべきは、これによって醸造過程での低温が必要とされる下面発酵のラガービールの大量生産が容易になり、ビール産業の大規模化をもたらしたことである。

さらに工業化によって新しいタイプの食品が生み出されたことも、食生活の革新をもたらしたといえる。その代表は缶詰やインスタント調味料である。その方向での工業的食品の開発は、じつは一八世紀の軍事用糧食開発にさかのぼる。たとえば、貯蔵や輸送が可能な乾燥肉粉末の製造実験が行われたり、蒸気圧力釜を用いて骨から滋養に富んだゼラチンが作られたりしている。缶詰は、一九世紀初頭にフランスのアペールによって原理が発明され、イギリスでそれを応用して製品化された。長期保存ができ大量に安定供給できるので、軍事や海事用に普及していった。ドイツでは、缶詰は高級食材に限定され家庭用としてはあまり普及しなかったが、二〇世紀に入り、厳格な食肉検査のため米国産の豚肉輸入が事実上停止したことを背景に、国内産の小型ソーセージ缶詰が人気をあつめるようになった。

インスタント調味料の開発も重要である。最初に市場に登場したのは、化学者として有名なユストゥス・リービヒが開発したリービヒ肉エキスである。南米の安価な牛肉を利用したこの商品は、当初は主に軍隊や病院で利用されたが、その後一般家庭でもスープの素として広く利用されるようになった。しかし一八八〇年代には、カール・ハインリヒ・クノールやユリウス・マギーが、豆粉や乾燥野菜、デンプン粉をベースにしたより安価な即席スープの素を開発、新奇な広告を駆使した販売戦略で、結局リービヒ肉エキスを駆逐することとなる。

さらに、バターの代用品として開発されたマーガリンも工業的食品として重要である。フランスでメージュ＝ムーリエが発明し、一八八〇年代にオランダ資本のもと、ドイツで生産されるようになったこの商品は、植物性油脂を利用する新技術導入により、二〇世紀初頭にはドイツ国内で大量に消費されるようになる。その他、人工的な乳製品としてはコンデンスミルクも挙げられる。

図８－２　マーガリンの広告
出典：南直人『世界の食文化⑱ドイツ』農文協，2003年，149頁。

都市化の下での食の変容

都市化がもたらした食生活の変化もまた非常に大きかっ

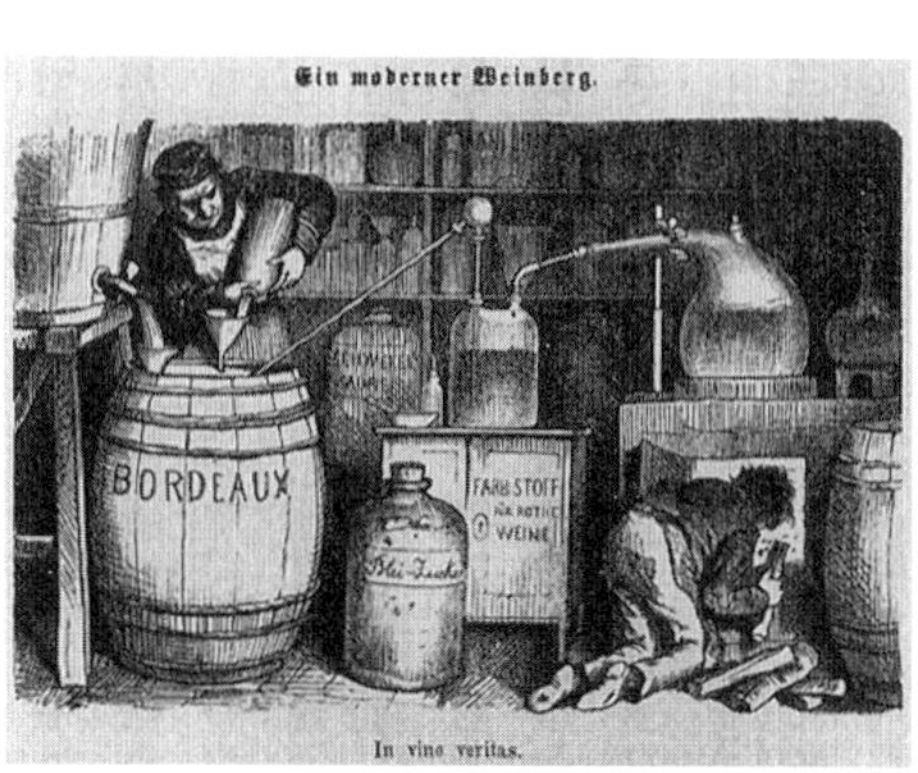

図 8－3　ワインの偽装の風刺画

出典：南直人『〈食〉から読み解くドイツ近代史』208 頁。

た。ドイツの人口は一八七一年から一九一四年の間に大幅に増加し、人口二〇〇〇人以上の都市に住む住民数はほぼ倍増した。最も人口が増加したのはほかならぬ首都ベルリンで、東部諸地域から仕事を求めて流入する人々によってこの間に人口は三倍となり、きわめて劣悪な住宅状況が蔓延していた（第九章参照）。食の分野に注目すると、膨大な人口を抱える都市への食料供給システムの構築が焦眉の課題となる。ベルリンを例にみると、水路、陸路、さらには新たに敷設された鉄道によって膨大な食料が市内へと運び込まれたが、一九世紀後半の遅い時期まで、その食料品を住民へ配分する施設は露天の週市に限られていた。ようやく一八八〇年代に、アレクサンダー広場に卸売と小売の両機能を備えた屋根付きの中央市場が建設されるなど市場改革がすすめられ、九〇年代には露天市に代わって一四の屋内小売市場が市内各地に設置されるようになった。

しかし現実には、それ以外に様々な食品小売業が都市の中に存在しており、都市住民の需要に応えていた。貧しい住民たちは、街頭の小規模なコーナーショップで食料品や生活必需品をツケで購入していたが、低所得層向けの消費協同組合もあり、安く購入することができた。こうした協同組合から発展した百貨店の一部は大規模化し、やがて豪華な建物に入って消費の殿堂のような地位へと上昇する。また、コーヒーや輸入食品などを販売する専門店も登場し、その一部はチェーン店として発展していく。さらに、富裕層を顧客とする高級食料品店もあり、生鮮食品や高級デリカテッセンなどを販売した。

レストランに代表される外食の場の拡大も、都市化による新たな生活スタイルを象徴するものとなった。ドイツ帝国創立に伴う経済ブームによって、ベルリンなど大都市で新しいホテルやレストランが開業し、旧来の外食の場である居酒屋の一部もワインを提供するレストランへ転換した。こうした食ビジネスの発展を代表するのが、ユダヤ系企業のケンピンスキーで、一九〇七年にベルリンの中心部に巨大飲食複合施設を建設するなど、ドイツにおける贅沢な美食を象徴する存在となった。

工業化と都市化の進行の下で、生産と消費の場が乖離していくにしたがって、食の外部化が生じてくる。様々な新しいインスタント食品はパッケージされ中身が見えにくくなる。そこで大きな役割を果たすのが消費者に商品情報をもたらす広告であり、また商品の中身と質を保証する商標やブランドである。先に触れたクノールやマギーはまさに大量の商品広告によって即席スープの素という商品を宣伝したし、小型ビスケットのライプニッツ・ケクスや、家庭用の少量包装のベーキングパウダーを売り出したドクター・エトカーなども、商標によって人々の消費行動に訴えかけて成功した。

このような食の外部化は、他方で食品偽装という深刻な問題も生み出した。商品の匿名化が進むにつれて、増量や着色、保存のための有害物質の添加が広く行われるようになり、社会問題化することとなる。これを解決するためには、食品流通への法的規制と食品の品質基準の確定、食品検査体制の整備が不可欠であったが、ドイツでは一八七九年の「食品法」制定以降、二〇世紀に入っても長期にわたってこうした努力が積み重ねられていく。

食に関する新たな言説と実態

その問題とも関連するが、食の領域での科学化が進展したのもこの時代の特徴といえる。先に触れたリービヒの弟子筋にあたるカール・フォイトやマックス・ルプナーなどが、カロリーの概念を提起するなど人体の維持や運動に必要な栄養素の研究を進展させ、自然科学的方法で食物を分析する栄養学や食品化学といった学問分野が成立していった。その下で、食品偽装防止とも関連しつつ、食品検査の業務に携わる専門家を育成する制度が整えられるようになった。また、こうした食の科学化とも手を携えて、科学的に「正しい」知識を民衆層に普及させようという食教育の試みも、一九世紀末ごろから活発に行われるようになる。この動きは、労働者層の現状への不満の顕在化に対して、彼らの食生活を改善することでその不満をそらせようという政治的な意図を含んだものであったともいえる。いずれにせよ、「食」が政治の領域でも重要なテーマとなりつつあることを反映した動きといえよう。

一般的には一九世紀は市民の時代とされる。ドイツにおいても、簡素さや静穏さを尊重する一九世紀前半のいわゆる「ビーダーマイヤー文化」は、まさに市民的感覚そのものを代表していたし、世紀後半には市民層の社会的・文化的影響力はますます拡大していった。食においてもその傾向は明白で、貴族的な虚飾を排した質素で実質的な料理が、「市民的」料理としてスタンダードな地位を確立した。経済的な力をつけた市民層の食の好みが、ドイツの料理のあり方に大きな影響を及ぼしたのである。こうした傾向を象徴するのが、一八四五年に初版が出たヘンリエッテ・ダヴィディスの料理書である。この料理書は彼女の死後も数十版も重ねて刊行され、アメリカへ移民する人々が持参するなど、ドイツを代表する料理書とみなされるようになった。

他方、労働者の食の状況はどうであろうか。世紀前半は大衆貧困が蔓延していたが、世紀後半へと進むにつれ、経済成長や実質賃金向上など状況の改善がみられ、平均的には労働者の食生活は、大きな格差を伴いつつではあるが、徐々に向上していった。そのことは、二〇世紀初頭に初めて全国規模で実施された家計調査からも判明している。一九〇七年に帝国統計局が実施した「低所得家庭の家計調査」と翌年金属工組合が実施した「金属労働者三二〇家計の調査」の二つがそれで、食物消費レベルをみると量的にはほぼ満足する水準となっている。ただしこれはあくまで上層の労働者家庭に限定された調査である。多くの下層の労働者や失業者は貧しい食生活を強いられていたし、家庭内での格差（父親は肉を食べられるが残りの家族はパンのみといった）もまた大きかった。

最後に、この時期の工業化や都市化の進展に対するアンチ・テーゼとして、食に関わる新しい言説や運動が広がっていったことも指摘しておきたい。それは自然への回帰を指向し、健康や若さを強調する考え方であり、都市や物質文明、近代科学を否定する。知識人や教養市民を中心に広がったこの運動は、一般的に「生改革」運動と称され、医療分野では近代医学を批判する自然療法運動としてあらわれる。食に関しては、肉食や飲酒、肥満を物質文明の生み出した害悪であるとして批判し、ヴェジタリアン的食生活や身体運動・食事療法（ダイエット）を推進することになる。全粒粉パンや朝食用シリアルなどの健康食品の開発にもこの運動は貢献している（第四章参照）。これらの思想や運動は、知識人の一部にある程度の影響を及ぼしたが、この時代全体としてはマージナルな存在にとどまった。ただ長期的には、まさに現代の食に関するものの考え方にも大きな影響を与える潮流であり、ナチ党によるそれの「悪用」（後述）も含め、その歴史的意義は決して小さなものではない。

4　二つの世界大戦とドイツの食

第一次世界大戦下の食

二〇世紀前半はドイツにとっては戦争の時代であった。そのことは食の歴史にもくっきりと刻印されている。世紀転換期ごろのドイツにおける食の状況は、社会的格差や食品偽装など諸問題を抱えつつも比較的安定していた。しかしそうした状況は、一九一四年の第一次世界大戦の勃発とともに崩れ去ってしまう。苦難の時代が始まるのである（第五章参照）。

戦争は国民すべてを巻き込む総力戦となり、食生活もまた大きな影響を被る。ドイツにとって致命的だったの

図8－4　第一次世界大戦下で食料の買い出しに行く子どもたち
出典：南直人『世界の食文化⑱ドイツ』189頁。

は、食料供給のかなりの部分を輸入に依存していたにもかかわらず、イギリス海軍による海上封鎖によって食料輸入ルートを断たれたことであった。政府は、短期戦を予想して食料供給の長期的な見通しを持っていなかったため、食料品の流通規制の導入などの対策が遅れてしまい、買い占めや価格高騰などによって民衆の食生活に大きな損害がもたらされた。

すでに一九一四年秋には穀物備蓄の不足が明らかとなり、翌年初頭にはパン用穀物の備蓄が底をついた。家畜用の飼料も不足し、無計画な家畜の食肉処理が行われたため（「豚殺し」）、結局肉や乳製品などの動物性食品も深刻な不足状態に陥ってしまった。こうした国民全体の生存に必要な食料が不足するといった事態に直面し、主要食品の配給制度が導入されるようになったが、未経験の制度を実施するノウハウの不足もあり、現場は混乱状態が続いた。ジャガイモだけは、当初は十分な供給量を確保できたため、穀物や肉の不足を補うためのジャガイモを利用した代用品が工夫された。とくに「戦時パン（K-Brot）」と呼ばれたジャガイモを添加したパンには特別な「愛国的」意味が付与された。しかし戦争の長期化とともにジャガイモも不足するようになり、一九一六年一月には配給制が導入されるようになる。さらに同年秋には凶作のためジャガイモの収穫量が大きく落ち込んだため、一九一六年末から翌年にかけて、ドイツは未曾有の食料危機に見舞われ、この年の冬の特別な寒さがそれに追い打ちをかけた。「カブラの冬」と呼ばれたこの時期に、ドイツ人は家畜のエサとみなされていたルタバカ（スウェーデンカブ）で飢えを凌がねばならなくなり、このことは彼らの人間としての誇りを傷つけた。

戦争末期になると食料供給は最低ラインとなり、ジャガイモだけは戦前に近い水準を確保できたものの、他の主要食品の配給量は戦前の消費水準の数分の一といったレベルにまで落ち込んだ。多くの人はほとんど飢餓状態に置かれ、おりから全世界規模で蔓延したインフルエンザの影響もあって、餓死や飢餓に起因する病死も含め、数多くの犠牲者が出る事態となった。こうした状況の下、前線でも銃後でも人々の不満は極限にまで膨らみ、最終的に水兵の反乱をきっかけにドイツ革命が勃発、敗戦に至ることとなる。結局ドイツは、前線での戦闘自体ではなく、銃後の国民に食を保証できるかどうかという点で敗北した。その意味で食が戦争の帰趨を決めたともいえる（第五章参照）。

一九二〇年代の食

敗戦後のドイツは、政治的な不安定に加え、ハイパーインフレーションと失業の嵐が吹き荒れ、食料事情は戦時中に比べてもさらに悪化した。ヴェルサイユ条約によって、多額の賠償金や大幅な領土喪失といった過酷な条件が課せられたことも合わせ、こうした苦難はドイツ人にとってトラウマとなり、とりわけ後にナチスが主張した「生存圏」の拡大という構想を後押ししたことは否めない。

食料事情自体は一九二三年の通貨改革によるインフレの鎮静化ののち、二〇年代半ばの相対的安定期には改善した。一九二七年から翌年にかけて、先に触れた一九〇七年や一九〇八年に行われた家計調査をより大規模化し、より信頼性を高めた家計調査が全国規模で実施されたが、それによると、ジャガイモ、肉、ミルク、卵などといった主要食品の消費量はほぼ戦前の水準を超えるまでになったことがわかる。こうしたことを背景に、「黄金の二〇年代」と称されるような、華やかな飲食の風景が展開されたのもこの時期であった。

一九二〇年代はまたモダニズムが進展した時代でもある。食の分野におけるモダニズムは厨房の改革に代表される。調理のための労働を軽減するため、作業効率を重視した動線の工夫や、エナメルやステンレスといった新しい材料で作られた機能的な調理器具、電気やガスといった近代的な熱源、これらによって調理作業の合理化と簡便化がめざされた。その代表はコンパクトで機能性を最大限追求したフランクフルト式厨房である。これは女性建築家シュッテ゠ロホツキーが一九二六年に開発したモデルで今日のシステムキッチンの先駆けといえる（第九章参照）。

ナチ体制下の食

さて、一見華やかで安定したように見えた一九二〇年代後半の状況は二九年の世界大恐慌で暗転し、失業と貧困、暴力と混乱の時代が始まる。その中でナチ党が権力を獲得し、急速に全体主義的独裁体制を築きあげた。食の領域もナチ体制の毒に侵されていくことになる。しかし、食に関するナチ党のイデオロギーをみると、様々な主義主張を寄せ集めたもので、特段何か注目すべき新しい要素があるわけではない。彼らの思想の最大の特徴は、ユダヤ人差別を軸とする人種主義と、戦争による東方侵略を前提とする「生存圏」構想にあったが、どちらも食の領域と深く結びついていた。人種主義は「健全な」ドイツ国民の育成を目標とする。そのためには食や身体が重視されるが、そこではナチ党は、先に触れた一九世紀末に広まった「生改革」運動から多くのアイデアを流用した。また「血と土」を重視した彼らは、農本主義思想をベースに東方に拓かれるべき「生存圏」による食料自給をめざした。

こうしたナチ党の食イデオロギーのシンボルといえるのが「全粒粉パン」である。これは近代的な製粉技術によりフスマや胚芽を除去した白パンに対するアンチテーゼとして、生改革運動の中で開発された「自然な」パンで、「全粒粉パン」という用語の初出は一九一〇年とされる。こうした色の黒いパンは、第一次世界大戦の際の劣悪な食を想起させ、人々の間では否定的にとらえられていたが、ナチ政権はこれをドイツ民族の「健康」とリンクさせ、権力獲得後はこれを宣伝するキャンペーンを展開した。もちろんその背後には、戦争準備のための食料の節約という意図があり、一九三九年には「帝国全粒粉委員会」なる組織をつくって、その生産と消費を強力に推進した。こうして全粒粉パンはナチ政権によって国民的シンボルに祭り上げられることとなる。

もう一つナチ政権の食政策を象徴するのが「アイントプフ」である。直訳すると一鍋料理ということになるが、これも新発明ではなく昔から伝えられてきた庶民的な煮込み料理である。すでに一九三三年一〇月から「アイントプフの日曜日」が導入され、日曜日にハレのご馳走ではなく質素な一鍋料理を食べ、浮いた金を困窮者のための事業に寄付せよという「愛国的」キャンペーンが開始された。ヒトラー自身が「アイントプフ」を食べる写真が新聞に掲載されたり、そのための特別なレシピ集が刊行されたりと、食の次元からナチ体制への支持を醸成しようという意図が露骨に示されているが、こうした政策は、結局、戦争に向けて食料消費を個人レベルでも統制していこうという動きにつながっていく。

一九三九年九月のドイツ軍によるポーランド侵攻によって第二次世界大戦が始まる。それと相前後して、食料や燃料、衣服の配給制度も開始された。第一次世界大戦時の教訓からナチ政権は、食が軍民共に士気を維持するために決定的に重要であることを認識しており、パン屋に対し全粒粉パンの販売を義務化するなど、全体主義的な食料供給・消費統制のための政策が準備され、実行されていった。食料配給量も、場所や職種ごとの必要栄養量を計算しつつ規定され、栄養学などの近代科学を戦争遂行のために利用した。

もちろん戦争の長期化とスターリングラードでの敗戦以降の戦局の悪化に伴い、食料供給はしだいに困難さを増していったが、全体としてはドイツの食料供給システムは、第一次世界大戦時とは異なり、最後の数カ月に至るまで崩壊しなかった。ただしこれはドイツ本国のみの話である。ナチ政権は、占領国、とりわけ東方の占領地域からの徹底した食料収奪によって本国の食料供給の安定化を図ったのであり、それは不幸なことに成功をおさめた。占領地の住民の犠牲の上に、ドイツ本国の住民は食料を確保できたのである。それにもかかわらず食料確保が困難になってくると、ナチ政権は「不必要な食べ手」、「望ましくない食べ手」への栄養提供をカットするようになる。最大の犠牲者は、当初はゲットー、後には強制収容所に収容されたユダヤ人住民であり、そこでは多くの収容者が餓死を余儀なくされていった。「ホロコースト」は食の分野でも無慈悲に実行されたのである。

5　食からみた戦後の二つのドイツ

占領期の食

戦後ドイツは東西に分裂する。食の状況もまた東西で異なった道をたどることとなった。敗戦直後の状況は悲惨で、都市は廃墟と化し、電気や水道などのインフラは破壊され、国外からの被追放民による人口増加もあって、食料難は戦時中よりもむしろ深刻化していた。戦時中の配給制度は継続し、占領軍当局がそれを運営したが、配給量は大きく減らされた。外国からの食料援助や無料の学校給食の導入などはあったが、食料不足の解消にはほど遠く、ヤミ市場が拡大していき、人々は生き延びるためあらゆる手段に訴えるしかなかった。

他方、東西冷戦の激化は最前線のドイツを揺さぶり、東西分裂はますます明確になっていくが、その大きな契機となったのが、一九四八年六月に実施された西側占領地区の通貨改革である。これは食の状況を大きく変えることにもなった。隠匿されていた大量の物資が店頭に並べられるようになり、西側の住民たちは実際に購入できなくとも、消費への欲望を刺激された。この通貨改革によって東西分裂は決定的となり、翌年、東西両ドイツがそれぞれ国家として誕生したが（第六章参照）、食の状況は東西で大きく異なる道をたどった。西ドイツにおける食生活の水準は一貫して上昇したが、取り残された東ドイツでは食料事情の好転はずっと遅れることとなった。

西ドイツにおける食の変遷

西ドイツでは、建国一年後の一九五〇年に早くも食料配給制度が廃止され、食料は自由に流通するようになった。一九五〇年代には、高度経済成長（「経済の奇跡」）のもと、貧困状態から急速に抜け出すことができた人々は、ひたすら物質的な豊かさを追い求め、その様子は「大喰らいの楽園」などと揶揄されるまでになった。五〇年代後半になると、現代的な大衆消費社会への傾向が食の領域でも出現する。その象徴的存在がテレビの料理番組である。とりわけ一九五三年から始まったクレメンス・ヴィルメンロートの料理番組は一九六四年まで一〇年以上続いた。彼はインスタントの材料を大いに活用しつつ、一〇～一五分間料理のライブショーを展開した。代表的料理の「トースト・ハワイ」（パンの上にハム、チーズ、パイナップルを載せグラタン風に仕上げたもの）にみられるように、彼は異国風の創作料理や外国の料理を次々と紹介していった。

西ドイツにおける食生活は、一九五〇年代に量的に変化したとすると、一九六〇年代には質的な変化を遂げた。自家製の保存食品が缶詰に取って代わられ、冷凍食品の消費量が大幅に伸びた。その背景には家庭用の冷蔵庫の急速な普及があり、六〇年代半ばにはすでに全世帯の半分以上、六〇年代末には九割近くが冷蔵庫を保有していた。セルフサービス方式の食料品店は、すでに五〇年代に出現していたが、六〇年代には急成長し、これによって人々の買い物行動は大きく変化した。大量生産の安価な食品を自由に選択して購入するという、アメリカ的な消費スタイルが西ドイツで定着した。

こうした変化は一九七〇年代にも継続し、いっそう加速化する。象徴的な出来事が、一九七一年ミュンヘンでのマクドナルド一号店の開店であるが、ハンバーガーだけでなく、ホットドッグやコカ・コーラ、アメリカンピザ、ポップコーンといったアメリカ的食文化を代表する飲食物が、とくに若者の食生活に根づいていった。

しかし他方で、この頃になると、物質的な豊かさやスピード、簡便さを指向するのとは異なった価値観も登場してくる。一九六八年の反体制的な抗議運動の噴出を受けて、自然環境保護や女性解放といった新しい主張が力を増し、食の分野にも大きな影響を及ぼすようになる。ちょうど一世紀前に「生改革」運動が広がったのと同じような現象が生じたともいえるが、その裾野はずっと広がった。有機農産物や全粒粉パンのような「自然食品」の人気が高まり、その専門店といえる「レフォルムハウス」で販売されるようになった。

外食産業に目を転じると、一九六〇年代以降、大資本によるチェーン展開がすすんでいった。その代表的存在が「ヴィーナーヴァルト」である。このレストランチェーンは、ブロイラーを使ったチキン料理を安く提供するスタイルで一世を風靡した。一九五五年にミュンヘンで一号店が開設され、一〇年後には一七四店、八〇年代初頭には一五〇〇店以上というように、急速に成長していった。他方、こうした大衆的なレストランではなく高級レストランの世界では、フランス料理の優位性のもとで、一九六〇年代半ばからミシュランガイドがドイツのレストランの評価を開始し、六九年に初めて星付きのレストランが登場した。巨匠ポール・ボキューズのベストセラーがドイツ語に訳され、有能なシェフたちはヌーベル・キュイジーヌを指向する一方、一九八〇年代になると国産食材を使用する「新ドイツ料理」が模索されるようにもなる。

また、食生活のレベルが向上していくにつれて、肥満など豊かさに伴う弊害も意識されるようになり、より軽く健康的な食事を指向するダイエットブームが拡大していくこととなる。一九七三年には大手食品企業のユニリーバが最初のダイエット食品を販売し始めたが、多くの加工食品において、砂糖の代わりに人工甘味料を使用したり、低脂肪バージョンが提供されるようになるなど、食品をめぐる新しい傾向がしだいに広がっていった。このように西ドイツにおいては、経済成長に伴う豊かな食生活が実現し、逆に飽食がもたらす弊害も意識され、健康やダイエットといった豊かさの別の側面へと関心が向かっていった。では、東ドイツの方はどうだったのであろうか。

東側の食事情

東ドイツでは、配給制度が一九五八年まで存続したことに示されるように、食料事情の改善は順調にはすすまなかった。それにもかかわらず、社会主義の理想を追い求める東ドイツ指導部は、ソ連モデルに沿った国営農場の創設や農業の集団化を強引に推進する。そうした硬直した政策は、結局食料生産の大幅な減少や食料不足を招き、事態は悪化、ついには一九六一年、東西の交通を遮断するため「ベルリンの壁」建設へと追い込まれることとなった（第六章参照）。

ただ、これによって西側市場から切り離された結果、東ドイツ社会には一定の安定がもたらされることとなる。一九六三年までに食料供給は正常化し、基礎的食料については確実に入手できるようになった。飢える心配はなくなったといえる。ただ安定はしたものの、他の社会主義国と同様に、平等という建前とは異なり、少数の政治エリートが権力と高級食品を独占して、一般民衆からかけ離れたぜいたくな生活をおくるという状況が固定化し、民衆の不満が蓄積されることとなる。

食品の流通や小売部門は大きな問題を抱えており、これが日常生活における民衆の不満の大きな要因の一つとなっていた。計画経済に伴う流通や分配における柔軟性の乏しさ、顧客サービスの劣悪さ、競争の欠如ゆえの労働意欲の低下などがその原因といえる。一般商店では基礎的食品は安く十分な量が供給されるが、それ以外の食品の選択の幅は乏しく品質も悪かった。そこで、高価格でぜいたく品や西側の商品などを販売する様々なタイプの特権的な小売店（エクスクィジート、インターショップ、デリカートなど）が導入された。こうして東ドイツの消費者は、一九七〇年代末にはおおよそ三つの階層（一般労働者や年金生活者など外貨を得られない人々、少し高級な店舗で買い物ができる人々、わずかな特権的エリートたち）に分かれることとなった。

外食産業もまた西ドイツに比べると貧弱であった。レストランは数多く存在したが、提供可能なメニューは限られており、サービスは最悪であったと多くの人が記憶している。ただし個人経営の外食店の中には例外的に成功したものもあった。現在でもベルリンの中心部でソーセージの名物屋台を営業しているクノプケはその一つである。また、西側の技術を導入してブロイラー生産に取り組み、西ドイツのヴィーナーヴァルトを模倣した「ゴルトブロイラー」というチェーン店が、一九六七年に最初の店を出して大きな成功を収めた。

全体として比較すれば、西ドイツの人々は経済成長によって裕福さを手に入れ、自由に食を選択し、グローバルな食文化に触れていった。それに対し東ドイツ市民は、飢えに苦しむことはなかったとしても、選択の幅が極端に制限され、一部を除いては外国の食文化に触れる機会は乏しかった。こうした異なった食の世界が展開された両ドイツは、一九九〇年に再統一することとなった。ドイツの食の歴史は新しい局面を迎えたのである。

グローバル化時代のドイツの食

東西ドイツの統一から三〇年以上が経過した。この間に、旧東ドイツ地域への市場経済の導入、ＥＵ成立と欧州統一通貨ユーロの導入、グローバル化のいっそうの進展、ＢＳＥ騒動に代表されるような食の安全性への懸念の拡大など、食の歴史に影響を与える様々な出来事が生じた。ドイツの食文化は、スシの普及やアジア・エスニック料理の流行にみられるように、ますますバラエティが拡大する一方、食品小売業の再編など食の画一化の方向も強まっている。他方で、環境や健康に配慮した食生活への指向は完全に社会に定着し、自然食品や有機農産物の人気はますます高まっており、大手スーパーやドラッグストアの店頭でもふつうに「自然で健康的な」と銘打った食品が購入できるようになった。ドイツ人の食生活は、一世代前と比べより軽くより健康的になっている。それにもかかわらず肥満傾向は深刻で、一〇年前の調査ではあるが、ドイツ人男性の三分の二、女性の二分の一は肥満傾向とされ、その比率は年齢と正比例、学歴・所得とは反比例の関係にある。

こうした状況下で、現代のドイツの食を特徴づけるとどのようになるのであろうか。これも一〇年以上前のデータだが、ドイツ人が最も好んで食べる料理として次のようなものが挙げられている。ミートスパゲティ、トマトスパゲティ、シュニッツェル（カツレツ）、ピザ、ルーラーデン、アスパラガス、ザウアーブラーテン、ラザーニャ、ステーキ、ヌードルのチーズグラタン、ロールキャベツ、魚料理、カスラー、ホウレンソウ料理、ケーニヒスベルク風肉団子（ホワイトソース煮）、チリメンキャベツ（肉とジャガイモを添える）。

今ではこの中にスシが入るかもしれないが、異国のものと自国のものがほどよく混ざり合い、伝統的であると同時に現代的でもある。さらにすでに数十年前からドイツ社会は移民を受け入れ、その移民の食文化もまた現代ドイツの食文化の一部となっている。こうした食の分野での異文化共存がドイツ社会の未来を指し示すものであることが望まれる。

（南　直人）

参考文献

ヴィルヘルム・アーベル『食生活の社会経済史』（高橋秀行・中村美幸・桜井健吾訳）晃洋書房、一九八九年。
ビー・ウィルソン『食品偽装の歴史』（高橋進訳）白水社、二〇〇九年。
Ｗ・シュトゥーベンフォル編『グリム家の食卓』（石川光庸・石川サスキア訳）白水社、二〇〇〇年。
野田浩資『ドイツの森の料理人――知られざる食と文化』教育出版センター、一九九七年。
藤原辰史『カブラの冬――第一次世界大戦期ドイツの飢餓と民衆』人文書院、二〇一一年。

藤原辰史『ナチスのキッチン――「食べること」の環境史』水声社、二〇一二年。

ポール・フリードマン編『【世界】食事の歴史――先史から現代まで』（南直人・山辺規子監訳）東洋書林、二〇〇九年
（特に第七章、ハンス・J・トイテベルク「近代的消費者時代の誕生」）。

南直人『世界の食文化18　ドイツ』農山漁村文化協会、二〇〇三年。

南直人『〈食〉から読み解くドイツ近代史』ミネルヴァ書房、二〇一五年。

Ursula Heinzelmann, *Beyond Bratwurst: A History of Food in Germany* (Foods and Nations), Reaktion Books, 2014.

第9章

住からみたドイツ史——木組みの家・賃貸兵舎・モダニズム建築

1　住宅の地域的多様性

二〇〇八年、二〇世紀の集合住宅の土台を作ったことが評価され、一九一〇年代〜二〇年代にかけてベルリン郊外に建設された六カ所の集合住宅群が、「ベルリンのモダニズム建築群」としてユネスコの世界文化遺産に登録された。このことが示すように、ベルリンは現代日本でマンションやアパートと呼ばれる住宅様式の発祥の地の一つである。本章では、ドイツの住宅の歴史を紐解き、今から一〇〇年ほど前に誕生した住宅のあり方の歴史的意義について考えたい。

住宅の歴史を考える際にまず考慮しなければならないのは、手に入る建材、気候、風土、生活習慣のちがいから、住宅には地域ごとの多様性が顕著にみられることであろう。

南欧の住宅は石造りが通例であるのに対して、ドイツの住宅としてはまず木組みの家（英語では halftimber、ドイツ語では Fachwerk）を紹介したい。木材で枠を作り、間を漆喰やレンガで埋め、外構とするものである（第Ⅱ

部扉図参照）。一見するとおしゃれでかわいい外観に見えるが、実際は、建材として石が手に入りづらく、それに加え、建材として使える大きさの木材も十分手に入らない状況のもととられた建築様式である。伝統的に農村ではこうした木造による住宅が基本であったが、家屋が密集していた都市では、防災のために石造りとすることが奨励されていた。

建材は、石にせよ、木材にせよ、それ相応の大きさのものなので、遠隔地から運ぶよりも、近場で調達できる建材で建物を建てることになる。気候や風土もちがい、ドイツ国内の住居の地域差は大きい。たとえば、農家の形状にしても、中部ドイツでは、住居、納屋、家畜小屋が別々で庭を取り囲む形であったが、北部と南部では、それらが一つの建物にまとまっている。木組みの家も、大雑把に言うと、北のほうではデザインがシンプルであり、南のほうになると、フランス、イタリア、オーストリアといったドイツより南の国々の影響で、漆喰に絵を描いたり、装飾をつけたりで、より華やかな雰囲気になる。

アルプスに近い降雪量の多い地域では屋根の勾配が緩く、逆に雨が多く、風も強い北のほうでは勾配が急といわれている。そうした勾配と手に入りやすい素材との関係から、藁、木材、スレート、瓦で屋根がふかれることになる。

以上のような概観を念頭において、本章ではヴァイマル期に集合住宅に関する新しい動きを作り出したベルリンをとくに取り上げて住宅の変遷をたどりたい。

2　一九世紀前半までの住宅

中世から近世までの住宅

ドイツの北東に位置するベルリンは一三世紀前半から史料に言及されるようになるが、当初の住宅といえば、木造の切妻屋根の一戸建てであり、密に建物が建っていたわけではなかった。一六世紀ごろには、しだいに建物も密に建てられていく。そこで建物相互の関係を調整するために制定されたのが、一六四一年の建築条例である。一九世紀半ばまで通用していたこの建築条例では、建物の高さや構造といった個々の建物ではなく、隣接した建物との距離や位置関係について規定されていた。

建築条例は、一七世紀から二〇〇年間同じであったが、その間、ベルリンの住宅の構造は変化している。一七世紀に集合住宅が通例となり、二階建てか三階建てで、同じような住居を縦横に積み上げた構造であった。入り口が二つ並んで設けられ、一つが一階の、もう一つが二階以上の住民のための入り口であった（図９‐１）。

一八世紀になると、ベルリンでも人口が増えはじめ、建物の構造も変化を見せる。建物は四階が通例となる。道路に面した建物だけではなく、側翼や裏屋といった形で敷地の奥のほうも住宅として利用されはじめたのもこのころである。建物の平面の大きな変化は、階段室の導入であろう。それまでは階段は各住居の構造に組み込まれていたのに対して、住居の外にもっていったといえる。建物の住民が増えるにつれ、階段の昇降をおたがいにできるだけ気にならないようにしたのである（図９‐２）。

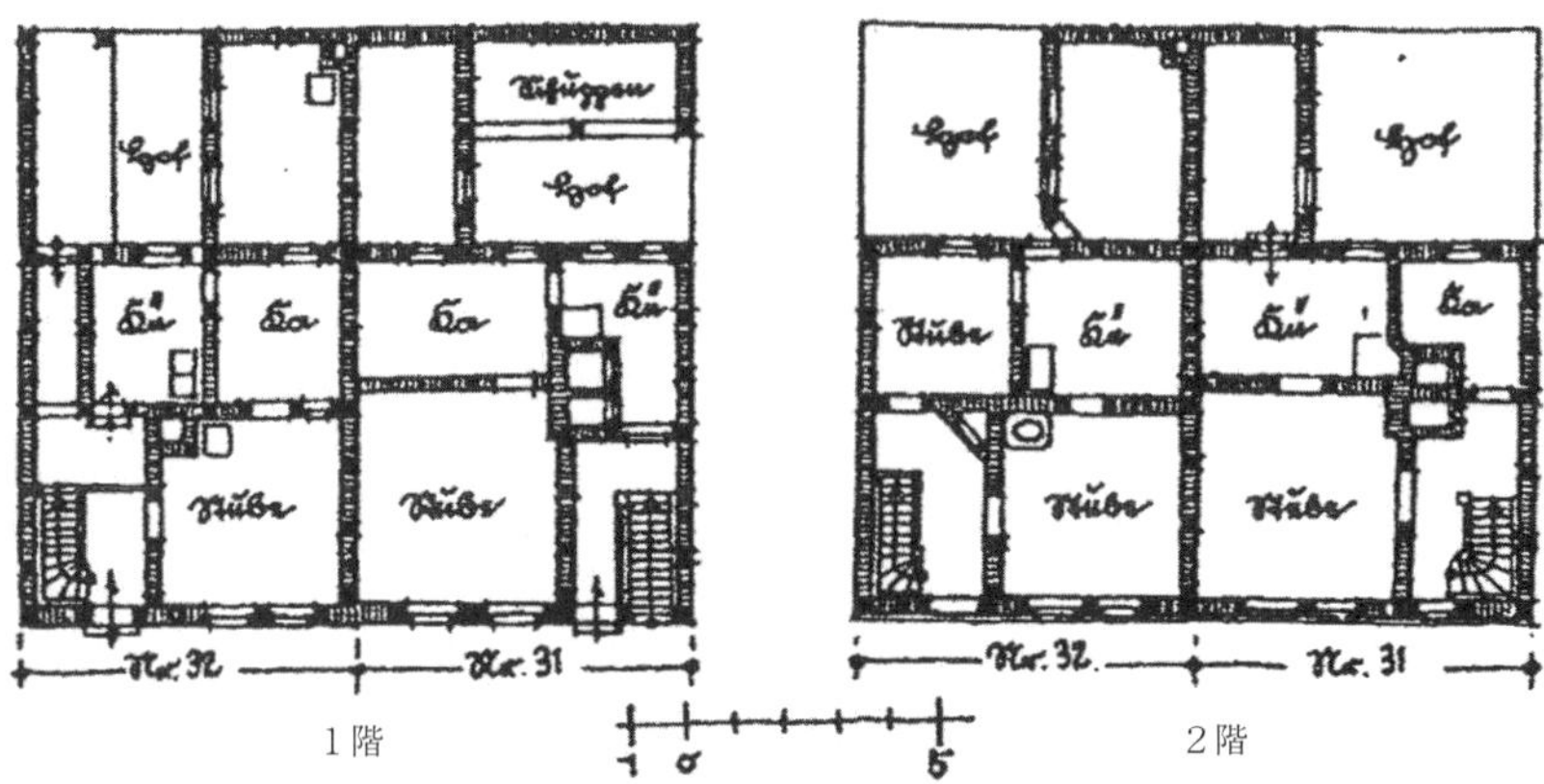

図9－1　2～3階建ての集合住宅（17世紀）

出典：Heinz Ehrlich, *Die Berliner Bauordnungen, ihre wichtigsten Bauvorschriften und deren Einfluß auf den Wohnhausbau der Stadt Berlin*, Berlin-Charlottenburg 1933, S. 13.

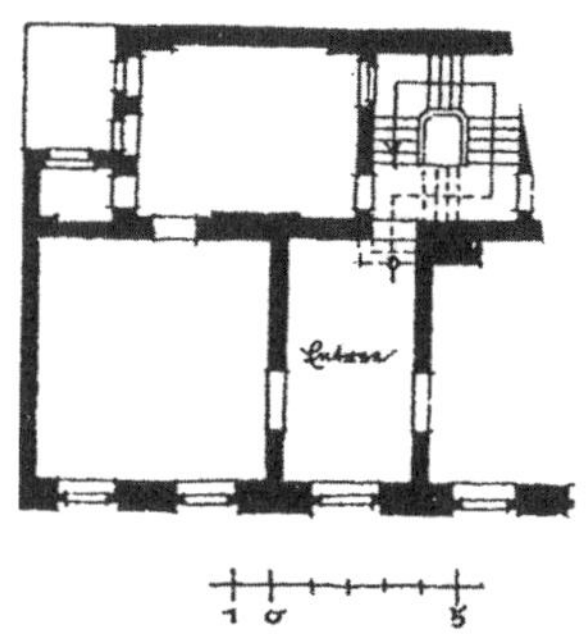

図9－2　階段室の導入（18世紀）

出典：Heinz Ehrlich, *Die Berliner Bauordnungen, ihre wichtigsten Bauvorschriften und deren Einfluß auf den Wohnhausbau der Stadt Berlin*, Berlin-Charlottenburg 1933, S. 26.

一九世紀初頭のベルリンと住宅

一九世紀前半になると、一八世紀以来の傾向が定着したことにより、建物の構造上の問題が発生する。建物のすぐ隣にも別の建物が建つので、ベルリンの集合住宅では建物の側面に窓はもうけられない。そのため、正面の建物と側翼の角の部分に窓のない部屋が生じる。風通しや日当たりの点で問題があるので、当時からこうした状況を発生させないような工夫が試みられるが、二〇世紀に至るまで本質的な問題は解決されないままであった。

一九世紀初頭のベルリンの人口一七万人は、現在の感覚からいえば、それほど大きい感じはしない。とはいえ、当時のヨーロッパでは例外的に大きいロンドン（一一〇万人）とパリ（五五万人）はともかく、ベルリンは、この二大都市に続くウィーン（二二万五〇〇〇人）やアムステルダム（二〇万人）に匹敵し、第五位の人口数を誇っていた。ドイツ語圏では、ウィーンに次ぐ第二位の人口数であるが、他に当時五万人を超えていたドイツの都市はハンブルク（一三万人）、ミュンヘン（五万四〇〇〇人）、ドレスデン（六万五〇〇〇人）、そしてケルン（五万人）をあげられるのみである。首都が他の都市を圧して人口が多いという状況は他のヨーロッパ諸国でも変わらない。

都市空間の広がりの点でも当時の都市はそれほど大きくない。ベルリンは、都市の周囲を市壁が取り囲んでいた。これは、防御のためではなく、市門を通過する貨物から税金を徴収するために設けられたものである。この市壁に囲まれた空間は、ほぼ四キロ四方の範囲に収まる。これは街の端から反対の端までほぼ一時間で歩いて行けることを意味する。当時馬や馬車も利用されていたが、徒歩で都市内の移動はほぼ十分であっただろう。都市景観の点でも一九世紀初頭のベルリンでは、市壁の外側はほとんど開発されず、市壁内部も農地、家畜小屋、狩猟場が多く残り、都市といいつつ、農村のような部分が存在した。実際に建物が建っていたのは、市内でも西寄りの地域に限られ、人々の生活空間は四キロ四方よりもさらに狭かった（図９－３）。

そこに建てられていた集合住宅であるが、現代のそれとはよって立つ社会的基盤が異なる。単純化していえば、

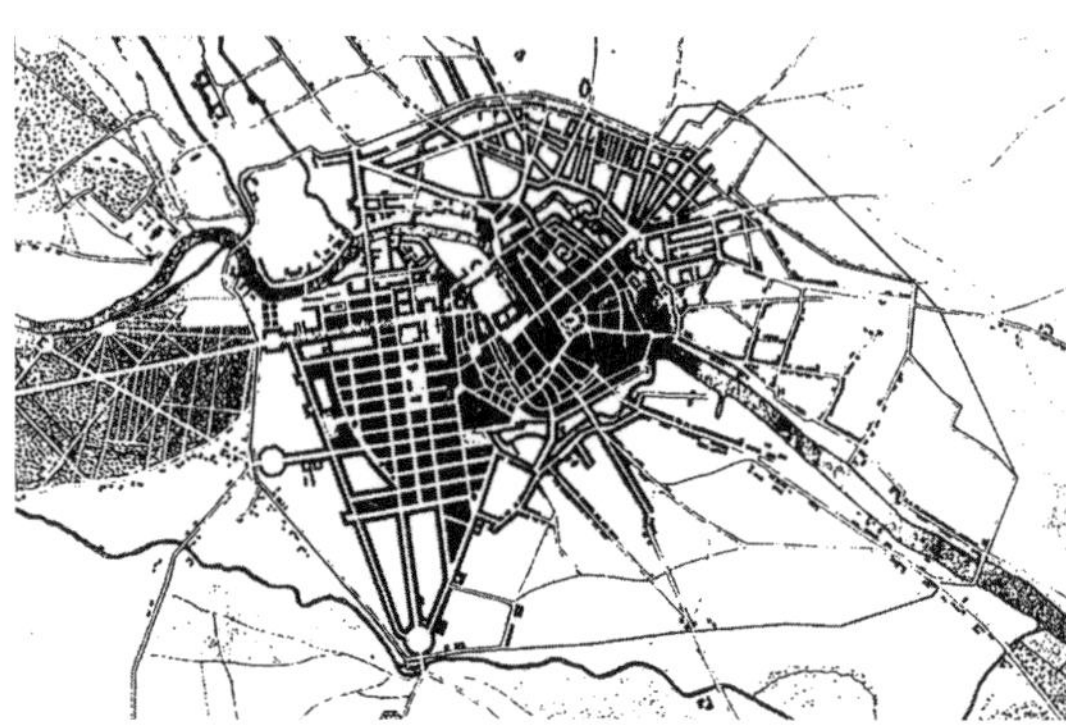

図９－３　19世紀初頭のベルリンの建設状況（黒い部分が建物）

出典：Horant Fassbinder, *Berliner Arbeiterviertel, 1800–1918*, Berlin 1975, S. 159.

街並みこそ形成されるが、別々に建てられた建物が並んでいるにすぎない。現代の住宅と異なり、上下水道、電気、ガスなどはつながっていない。水は、川や井戸で汲まれ、オーブンとストーブ兼用の装置の燃料である薪は近くの林からとり、そして照明に使うランプの油やろうそくは購入される。それらは、住民の手によって自分の住居まで運ばれる。住居のある階が上になるにつれその労苦は大きくなったであろう。人間の排泄物や残飯は、路上に捨てられていた。排泄物については後程説明するが、残飯は路上で放し飼いになっている家畜が食べていた。現代なら様々な管や線のネットワークによって機能している供給や排除のシステムがなく、基本的にそれらは人力によって担われていた。

一九世紀末までは通勤の習慣もそれほど広まっていなかった。手工業者は、住宅に自分の作業場を設け、工場労働者は、職場を変えたら、働くことになる工場の近くに引っ越すので、基本的に職住一致、あるいは職住接近が原則であった。通勤通学や娯楽のための公共交通機関や自動車・自転車の利用を前提とする現代の住宅とは様相が異なる。

手工業者の住居においては、親方の家族だけではなく、徒弟や職人といった家族以外のものも一緒に居住していた。工場労働者の住居でも、自分の家族だけの収入では家賃を払えないので、部屋をまた貸ししたり、ベッドだけを借りる人を受け入れたりで、一つの住居に家族以外の人がいるのが普通であった。これに対して、市民層の住居では、基本的に一つの住居には一つの家族だけが住む生活が定着していた。

3　都市化による影響

人口増加

一九世紀を通じてヨーロッパの都市人口は増加し、二〇世紀初頭になるとかなりの人口を抱える都市が出現する。たとえば、ベルリンでは一九世紀初頭の一七万人が、一〇〇年後には二〇〇万人を超える。この結果、人口の面でいえば、ヨーロッパは、一九世紀初頭の段階ではいまだ農村中心の社会であったのが、二〇世紀初頭になるとその関係は逆転する。

人口増加に伴い、それまでの都市における生活が不可能になり、新たな都市生活のあり方が求められるようになる。一九世紀から二〇世紀に変わるころには新たな都市社会が構築され、その後その都市社会でとりいれられた様々な機構や慣習が農村社会にも広がっていく。上下水道、ガス、電気、公共交通機関の整備がこうした背景のもと進められた。これを「都市化」という。

ベルリンの人口の変遷を確認しておけば、一八一〇年の一六万二九七一人が、五〇年には四一万八六九〇人へと四〇年間で二・五倍に増加しているが、人口増加のスピードは世紀後半に加速する。七〇年には、五〇年の倍近い七七万四四五二人になり、ドイツ統一に伴い一年間だけで五万人増加して七一年には八二万六九三七人になる。その後も人口は急速に増加し、七七年には一〇〇万人を超え、一九〇五年には二〇〇万人を突破する。一九一三年の二〇八万二一一一人が第一次世界大戦前の最高であり、一〇〇年間で人口は一三倍になった。ヨーロッパの大都市でこれに匹敵する人口増加率を示した都市はない。こうしてみると、ベルリンでは、都市化に伴う様々な現象がとくに鮮明に表れたと考えられる。

排泄物の処理

こうした人口増加のために従来の都市生活のあり方が成り立たなくなったのは自然の成り行きといえる。それを人間の排泄物の処理を通じてみていく。

一九世紀初頭に建てられた住宅の典型的な例の図面を見ていただこう（図9－4の右上）。下のほうが道路であり、その道路に面した建物の真ん中の階段室を挟んで左右に住居がある。左のほうの住居は、階段室から入って順に玄関兼台所、比較的小さな部屋、そして道路に面した大きな部屋からなる。右の住居は、道路に面した建物だけではなく、敷地の奥のほうに延びる構造物にも広がり、左側の住居よりかなり大きい。さらに奥に延びる構造物の後ろのほうに比較的小さな住居があり、一つの階に合計三住居はいっている。当時のベルリンでは四階建が標準であった。一階（ヨーロッパ流には地上階）には、裏庭に荷車などが入っていける通路があるので、この階の住居数は他の階より一つ少なくなる。したがって、この建物には、一一住居設けられていたことになる。

この図面をよくみると、建物の中にトイレはない。当時のベルリンでは多くの建物でトイレは裏庭に設けられていたようである。これだと上の階の住民は急な用には間に合わない可能性があり、しかも当時はまだ階段などには照明はなく、夜は自分がもっていたランプやろうそくで前を照らしながら昇降することになる。住民にとって裏庭のトイレは不便だったはずである。当時の人々は、簡易便器や穴あき椅子を使って室内で用を足し、排泄物を窓から道路や裏庭に向かって捨てるのが通例であったようである。これに加え、裏庭のトイレから排泄物を荷車で運ぶこともあるが、石畳の道路を走り、かなり揺れるので中身が路上に散乱した。

これは、現代人の感覚からすれば、異常事態かもしれないが、実はそれほど大変なものではなかったと考えられる。この点を憶測を交えながら説明したい。

第一に、実際、ひっきりなしに排泄物が上から降ってくるわけでもないし、生活道路に常に人通りがあるわけ

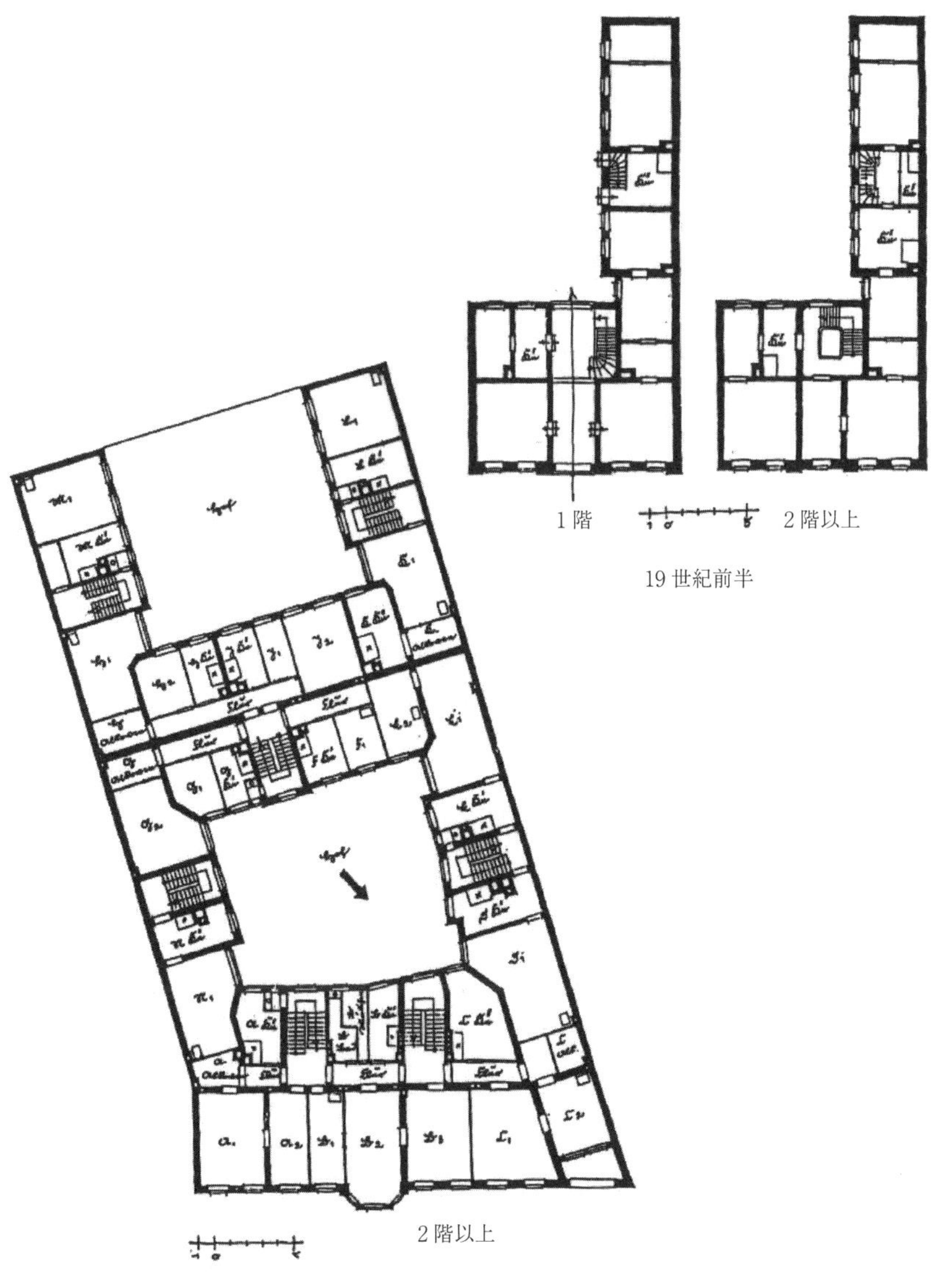

19世紀後半（1870年代）

図9－4　19世紀前半と後半の集合住宅

出典：北村昌史『ドイツ住宅改革運動』71頁。

でもなかろう。通行人が頭から排泄物をかぶるような事態はそれほど頻繁におこっていたとは思えない。第二に、日本とちがい空気が乾燥していたヨーロッパでは、路上にある排泄物も比較的早く霧散霧消してしまい、それほど気にならなかったかもしれない。自然の浄化作用の範囲内でおさまっていたのであろう。第三に、当時は都市内でも路上で家畜が飼われており、そこここに家畜小屋があり、また馬車などで馬が通行している。したがって、街中に動物そのものやその排泄物の発する臭気も漂っていたはずである。最後に、風呂に入る習慣のなかった当時のベルリンの人々もそれ相応の臭いを放っていたであろう。こういう状況だったので、人間の排泄物が路上に放置されても見た目も臭いも、それほど違和感はなかったと考えられる。

このような排泄物の処理のあり方は現代のそれと大きく異なる。これは、一九世紀初めから現代までの間に排泄物の処理に大きな変化があったことを意味する。これから見ていくように、その変化はほぼ一九世紀の末までには完了しているのである。

4　水洗トイレ定着の背景

嗅覚革命

こうした変化を考える手掛かりをあたえてくれるのが、臭いに関する感性の変化を論じたフランスの歴史家コルバンの著作『においの歴史——嗅覚と社会的想像力』（一九八二年、邦訳、藤原書店、一九九〇年）であろう。彼は、フランス、とくにパリのブルジョワたちの残した文献を分析し、一八世紀後半から一九世紀前半にかけて「嗅覚革命」があったと主張する。それまでは、排泄物の臭いや汗の臭いは、それほど認識されていなかったのが、これ以降は「悪臭」と認識されるようになる。悪臭をおさえるために下水道や公衆浴場が発展する。「嗅覚革命」に伴い臭いに対する好みも変化し、それまでの動物性のきついものではなく、植物性のさわやかなものが好まれるようになる。

こうしたコルバンの主張は、若干後の時期になるが、ベルリンについてもいえる。ここでは、ベルリンを舞台にこの「革命」の背景を二つの点から探りたい。

コレラ流行

一つ目の要因は、一九世紀を通じて断続的にみられたコレラの流行である。発症すると下痢やおう吐などを繰り返し、脱水症状になり、肌が青黒くなるので、当時、コレラは「青い恐怖」と呼ばれた。もともとはインド北方地域の風土病であったが、一九世紀になってから世界的に流行する。ヨーロッパでの最初の流行は一八三一年であり、ベルリンでも三一〜三二年、三七年、四八〜五〇年、五二〜五五年、六六年などと断続的に流行した。度重なる流行の結果、ヨーロッパ全体で細菌学の発展を見、コレラ菌を特定したのはベルリンの医学者コッホであった。

コッホのこの発見は一八八三年のことであり、最初の流行以来それまでヨーロッパの人々は「青い恐怖」について様々な要因を想定してきた。病気を起こす物質が自然に発生するという説や、悪い空気や水の淀み、汚物などから悪い物質が発生し、それがコレラを引き起こすという説などが、コレラの原因として考えられた。想定される原因はなんであれ、路上に散乱する排泄物とコレラの流行が結びつけられるのは自然な状況であった。

二つ目は、人口増加により自然の浄化作用が利かなくなったことであろう。この点、住宅の構造の変化と絡んでくるので具体的に説明しておこう。

交通機関

ベルリンで公共交通機関の整備が本格的に進むようになるのは、一八七〇年代以降であり、運賃が下がり一般の人々が公共交通機関を利用できるようになるのはもう少し後、世紀転換期以降である。とはいえ、ベルリンの都市空間が四キロ四方に収まる範囲にとどまっていれば、徒歩で用が足りた。

一九世紀半ばの段階ではベルリンの住民が利用できる交通手段としては、タクシーにあたる辻馬車のほかは、一八四六年に開業した乗合馬車のみであった。一〇年間で路線が五から一三に増え、六四年には別々に運営されていた路線を統合する乗合馬車会社が設立された。とはいえ、乗合馬車の運賃が高く労働者は容易に利用できず、他方裕福な人の中には様々な階層の人と空間を共有することに抵抗を感じる人がいた。日常的な交通機関には程遠かった。運賃が下がるにつれ一般大衆も利用できるようになってきたが、休日に郊外に出かけるためのものであった。

一八六五年には道路上に敷かれたレールの上を走る鉄道馬車が営業を開始した。石畳の上を走る馬車に比べて、スピードも出せ、屋根の上にも人を乗せるなど、乗車定員も増やすことができた。鉄道馬車は、ベルリンの中心部と郊外を結ぶ交通機関となった。

イギリスで最初の鉄道が営業を開始して直後の一八三〇年代以降、ベルリンでも長距離鉄道が開業し、世紀半ばには七つの鉄道がベルリンを起点に延びていった。これらの鉄道は、当初は、市内交通には用いられなかった。そもそも、当時の鉄道はベルリン市内まで入ってきておらず、線路があったのは人気もまばらな地域であった。その地域の一番市内寄りに終着駅が設けられた。ところが、七つの終着駅間に線路の連絡はなく、ベルリンを乗り継ぎ点としてさらに遠くに行く旅客や貨物の運用に不便が生じた。そこで、五一年から七つの終着駅を結ぶ連絡鉄道の建設がはじまった。終着駅を直接結ぶことが意図されたので、路線も市壁のすぐ外を取り囲む形で建設

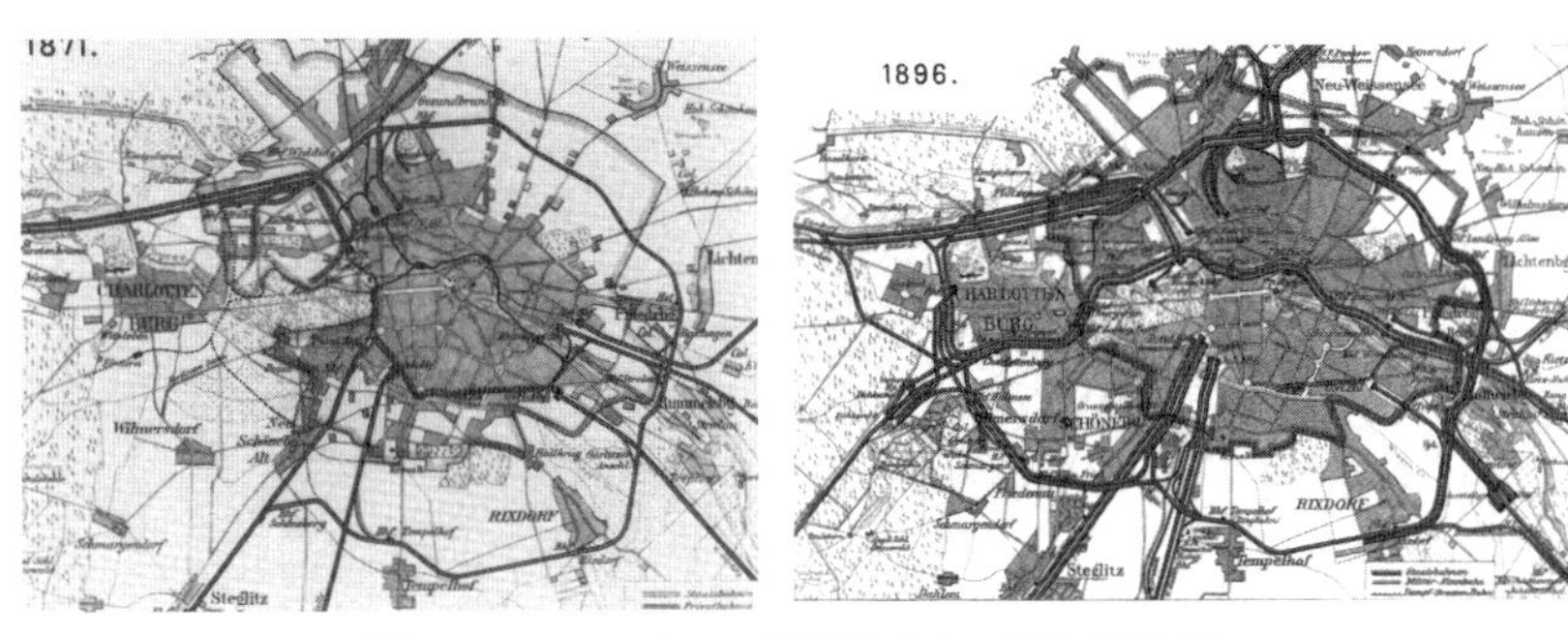

図9－5　ベルリンの鉄道網（1871年と1896年）
出典：Wolfgang Ribbe (Hg.), *Geschichte Berlins*, München 1987, S. 735.

が進んだが、建築予定の地域の中に開発のはじまった個所もあり、工事は順調に進まなかった。結局、七一年に工事は中止となり、線路は撤去された。この年に撤去されたのは、別の環状鉄道の一部が、より外側に開業したからであるが、これについては後ほどふれる（図9－5）。

都市空間の飽和と建物の大型化

一八六〇年代になると市壁で囲まれた空間はほぼ建物で埋め尽くされ、増大する人口を吸収する住宅の建築は、従来の都市空間外にその場を求めるようになる。六二年には市壁を囲む空間の道路網を定めたホープレヒト案が出され、六〇年代後半には市壁が解体された（第四章参照）。ところが、公共交通機関が通勤の足として利用できない段階では、住居の立地を、就業機会を提供する市内からそれほど遠くに求めることはできない。ベルリンでは住宅建設は従来の都市空間に直接接する地域で行われた。その際、一つひとつの建物を大型化することで住宅需要の拡大に対応した。住宅用の建物は一九世紀を通じてしだいに大型化していく。この点、建物の大型化ではなく、都市空間を広げ、一戸建てを何軒かつなげた形の住宅を建てることにより住宅需要の増大に対応したロンドンとは状況が異なる。

すでに一八二〇年代には、ベルリンの北、市門であるハンブルク門を出てすぐそばに「ファミーリエンホイザー」と呼ばれた、一つの土地区画に二〇〇〇人以上が住む集合住宅群が誕生していた。この建物は、一九世紀中葉に認識された悪住環境の象徴となり、この種の建物を増加させないことを目的の一つとして住宅改革運動が展開する。

建物の大型化の傾向に対応するために、一八五三年に二世紀ぶりに建築条例が改定された。建物の高さが、前の道路の幅との関係で規定された。六〇年にふたたび建築条例が改定されたが、その際建物の奥に設けられるスペースを五・三四メートル四方より広くするようにと規定された。これは、ドイツ最初の組織的消防組織であるベルリン消防署（五四年設立）でも用いられた消防ポンプが旋回するのに、これだけ必要であったからである。ところが、この広さがあればよいと解釈された。その結果、六〇年代から建てられた住宅用の建物では、敷地の裏の空間も目一杯住宅として利用されるようになり、また世紀前半では四階建てが新築の建物の通例であったのが、七〇年頃には五階建て以上が当たり前になる。

賃貸兵舎

こうした建物を当時の人々は「賃貸兵舎」と呼んだ。兵舎のような建物が賃貸されているという認識である。その後、賃貸兵舎が増殖していく状況は、批判の対象であり続ける。とくに敷地の奥に建物が立て込むので通風や採光の点で問題があると認識された。他方、賃貸兵舎の庭は、子供の遊び場、井戸端会議、祝祭のためにも用いられ、住民間の人間関係に重要な役割を果たしていた。

賃貸兵舎の具体例が、図9‐4左下に示した一九世紀後半の典型的な建物である。これだと一つの階に一二住居あり、それだけで世紀前半の建物とほぼ同じだけの世帯が入居できることになる。それが、五階建てになるので、世紀前半の典型の建物よりも五倍の人間が住んでいたことになる。エレベーターが住居用に普及していない一九世紀の段階では、道路の往来が気にならず、階段の昇降もそれほど負担ではない二階（ヨーロッパでは一階）

の家賃が一番高く、上の階にあがるにつれ家賃は下がっていた。

この図面の建物にはまだ各戸にトイレは設けられていない。五倍の排泄物が一つの土地区画から出てくることになる。しかも、庭にも捨てられたはずなので、通風や採光のよくない状況のもとでは、かなり深刻な事態が発生したであろう（図９－６）。

臨界点に、具体的にいつ到達したのかはわからないが、ある時点でベルリンの人々は路上に排泄物が捨てられることに耐えがたくなったのであろう。一八四〇年代頃から道路上の排泄物が耐えがたいという記述が文献に出てくるようになる。

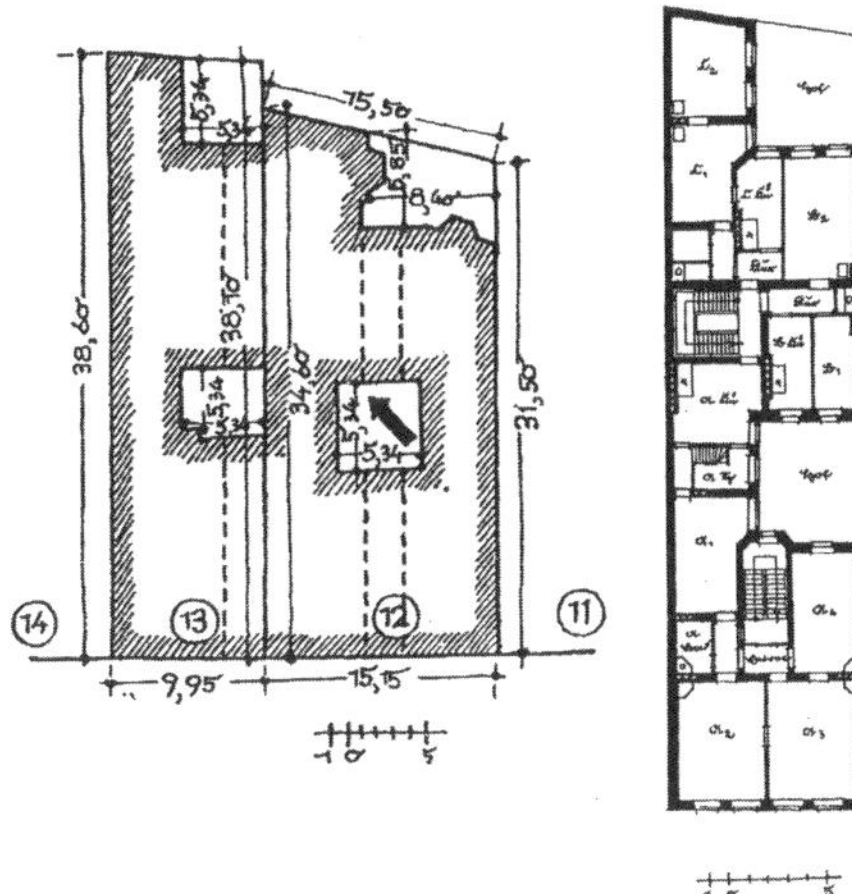

奥に5.34メートル四方だけの空間を確保した賃貸兵舎（右の図面が左の図の⑬の建物）

賃貸兵舎の密集した地区の航空写真

図９－６　賃貸兵舎

出典：〈図面〉Heinz Ehrlich, *Die Berliner Bauordnungen, ihre wichtigsten Bauvorschriften und deren Einfluß auf den Wohnhausbau der Stadt Berlin*, Berlin-Charlottenburg 1933, S. 28.
〈航空写真〉Brian Ladd, *The Ghosts of Berlin: Confronting German History in the Urban Landscape*, University of Chicago Press, 1997, p. 102.

5　ライフラインの整備

上水道の整備

そこでベルリンでまず考えられたのは、上水道を整備して、その水で道路を洗浄するという発想であった。ベルリンでは井戸水が比較的良質で量も確保できたので、飲料水の供給が目的であったのではない。ところが、当初は市民の間に水道の普及へのコンセンサスは生じない。もともと井戸水に満足していたので、市財政、ひいては自分たちへの負担を意味する上水道の設置には関心を示さなかったのである。道路の状況も慣れてしまえばなんとか我慢できたのであろう。またコレラの流行も過ぎてしまえば、排泄物に対する危機感も薄れたのであろう。ベルリン市がコレラ対策に積極的な対策を恒常的にとるようになるのは、ようやく五度目の流行である一八六六年の流行がおこってからのことである。

こうした状況に転換をもたらしたのが、一八五〇年代のベルリン警視庁長官ヒンケルダイである。このころまでのヨーロッパでは「警察」という語は、現代の日本語よりもはるかに広い範囲を示しており、犯罪の予防・取り締まりだけではなく、街中の秩序一般の維持を意味していた。道路の管理などもベルリンでは国家の官庁である警視庁の管轄であり、道路清掃に使う上水道の整備も警視庁が推進していくことになる。これに対して、当時、日本の市役所にあたる市参事会の仕事はかなり限定的であった。

一八五二年にヒンケルダイは市参事会に水道の整備を提案する。その後、ベルリン・ウォーターワークス・カンパニーという会社と、飲料水や洗浄水の供給について二五年契約を締結することになる。会社の名前が英語であることからもわかるように、これはイギリスの会社である。当時、こうした都市化に伴う新しい技術の先進国は、ヨーロッパ最大の都市ロンドンを抱えるイギリスであった。ベルリン市内を東から西にシュプレー川が流れているが、市内からみて上流のシュトラウ門のすぐ外に浄水場が設けられた。契約締結四年後の一八五六年に水道供給が開始された。この水道水は、消防署の消火活動にも用いられた。

ところが、上水道の設置は順調に進んだわけではない。一八七五年に、水道管につながっている土地区画の数が五七であったというデータが残っている。ベルリンの公益性への関心をそれほどもたない外国の会社であったために、採算の合う地域でしか水道管の敷設を行わなかったようである。こうした事態に直面して、都市当局が、自分で水道を管理する必要性を認識するようになり、契約の終了より前の七三年に水道の管理はベルリン市当局が行うようになる。

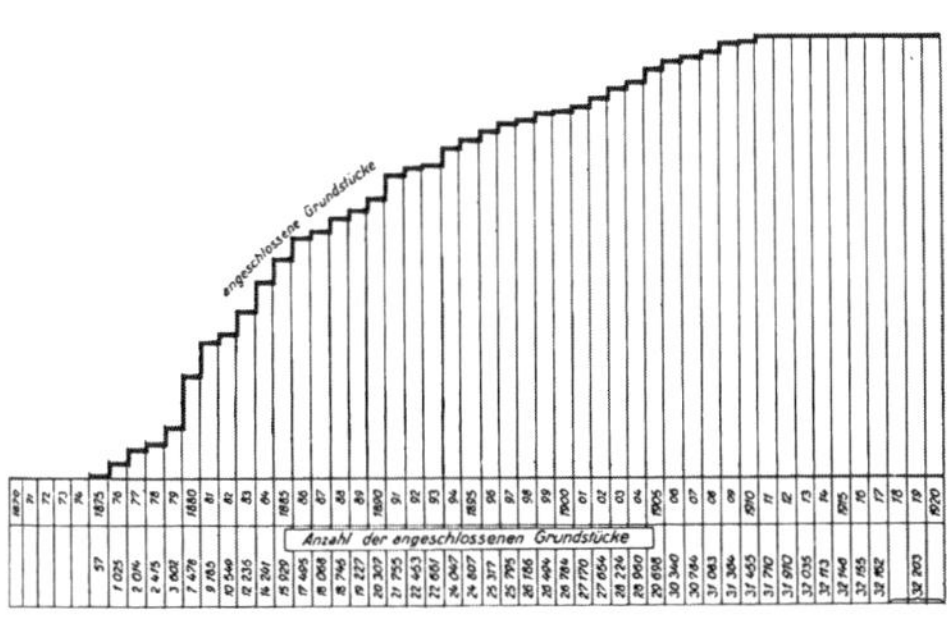

図９－７　ベルリンの上水道の発展（水道管が接続している土地区画数のグラフ：1875～1919年）

出典：Sigrid Stökel, Säuglingssterblichkeit in Berlin, in: *Berlin-Forschung I,* Berlin 1986, S. 231.

グラフ（図９－７）に示したように、その後水道の設置は急速に進む。一八七〇年代はまだその発展は緩やかであったが、八〇年代に急速に水道が普及するようになり、そして九〇年代には市内のほぼ全部の土地区画に水道が供給される。統計に残っているのが、土地区画単位での水道管の普及なので、各住居にどの程度水道管が導入されていたのか断定的なことはいえないが、かなりの住居で住居の中まで水道管が来ていたものと推測される。

市当局がこの時期に積極的に水道事業を進めた背景には市の財政事情の改善もある。ベルリンでは、一八〇八年の都市条例によって市民参加による行政制度が整えられる。この行政が直面した大きな問題は、一九世紀初頭のナポレオン軍によるベルリン占領がもたらした負債であろう。ナポレオン軍の占領に伴う諸費用は、ベルリン市に課せられ、市はそれを借款を受け入れることで対応した。その借款の返済にめどが立ち、市の財政に余裕が生じたのがようやく六〇年代になってからであった。

下水道の整備

時間を水道の供給開始の時点に戻すと、限定的であったとはいえ、水道管が敷設されたことで、この水を使って道路を洗浄しようという試みが実際になされたようである。洗った水と汚物は側溝に流すことにしていたのだが、側溝に入りきらなかったり、下流の詰まっている個所であふれ出たりで、かえって道路を汚してしまうことが明らかとなる。それで、汚水を流す装置として下水道が必要であることが認識される。

一八六〇年にベルリンに下水道を設置するための委員会が設けられた。九年間にわたって審議が繰り広げられた。これだけ時間がかかったのは、汚水をそのままシュプレー川に流す「自然排水」の考え方と、汚水をろ過して自然に戻す「人工排水」説が対立していたからである。汚水を直接川に戻すと問題の解決にならないということはすでにパリやロンドンで示されていたが、「人工排水」のほうが費用の面でかなり高くつくことから、なかなか決着を見なかったのであろう。最終的には「人工排水」説が勝利し、七六年には最初の下水管が住宅に設置された。その後八六年までに全市域に下水道網が整備され、九〇年代には全住宅に下水管がつながったとされる。水道に遅れて整備がはじまったのだが、最終的には下水道は上水道と歩調を合わせて発展したのである。一八八〇年代に上下水道がともに急速に整備された背景には、この頃には排泄物を路上に捨てることが限界を完全に超えていた、という事態を想定できよう。

この時構築されたベルリンの下水システムは地図のようなものである（図9-8）。市内を五つの地区に分け、

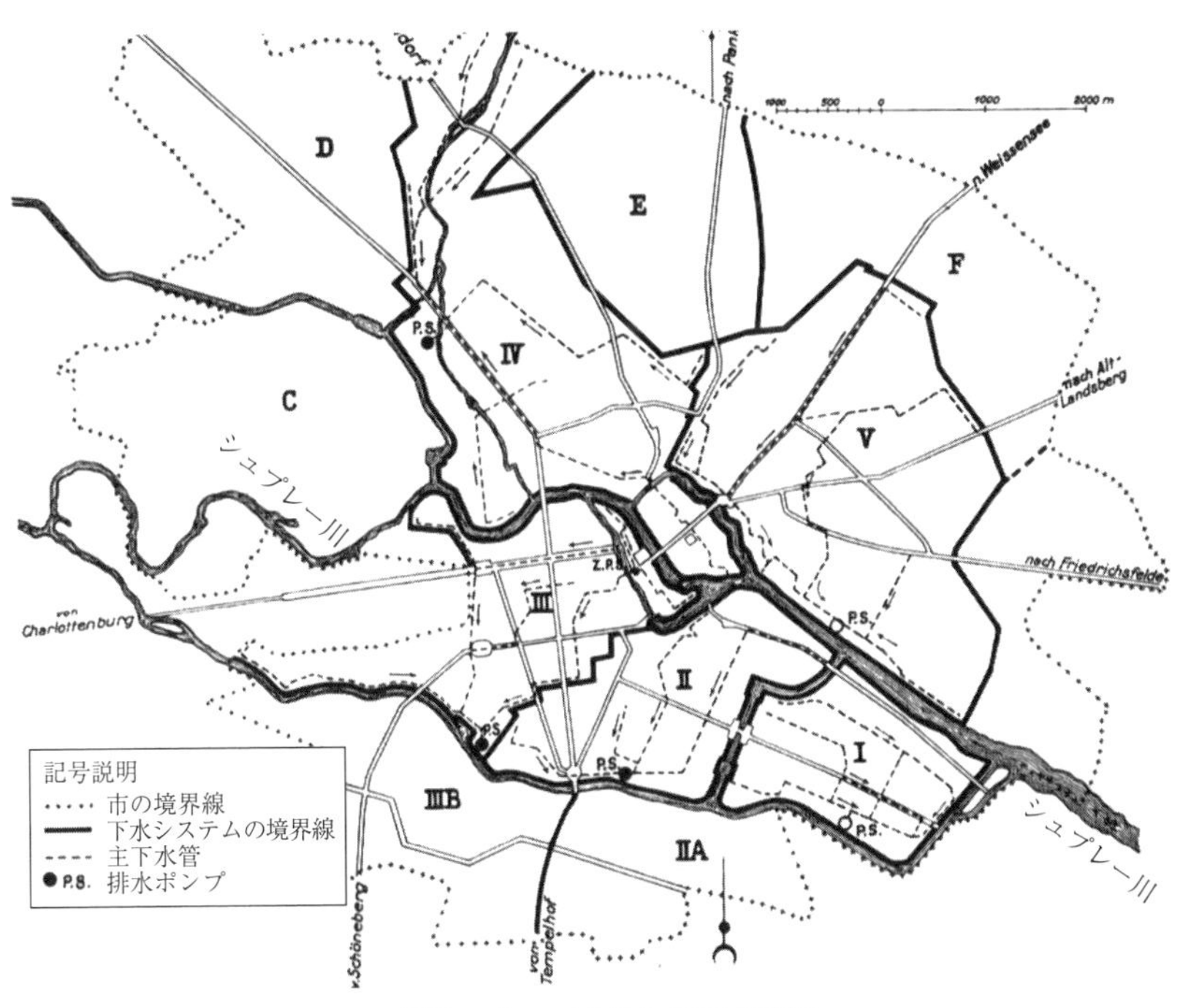

図9－8　ベルリンの下水道網

出典：川越修「日常生活の中の〈近代〉都市」見市雅俊ほか『青い恐怖　白い街——コレラ流行と近代ヨーロッパ』平凡社，1990年，262頁。

その地区ごとに排水ポンプを中核として下水管を設置し、そのポンプで汚水を汲みだす。汲みだされた汚水はろ過された上で、汚物の部分は肥料として利用し、水は農業用水に利用される。下水灌漑農場が設けられる。水は直接川に流されるのではなく、畑を介して自然に戻されるのである。

水まわり文化の誕生

こうして上下水道が整備されるのに伴い、住居内に新しい「水まわり文化」が誕生する。上下水道の管や蛇口、そして風呂が家庭の中に入り、水洗トイレが導入される。水洗トイレにより、排泄物が路上に放置されず、速やかに処理されることが可能になったといえる。

水洗トイレの導入がもたらした変化

は、排泄物の処理の点だけではない。トイレという場所が、明確に住居の中に存在するようになった。上水道と下水道の管が来ている場所に個室としてトイレという場所が設計の段階で組み込まれるようになったのである。もとからあった建物についても改造してトイレを住居の中に設けるか、階段の踊り場など、住居の近くにトイレを作るようになっている。水洗トイレによってようやく、集合住宅のそれぞれの住宅にトイレという空間を設けることが可能になった。住宅の間取りに大きな変化がもたらされたといえる。

住宅につながるのは、上下水道だけではない。ガスは、もともと道路照明を目的として、一八二五年にイギリスの会社と契約して導入が図られるが、採算のとれない地域には積極的に導入しないという、のちの上水道の導入の際に発生した事態を先取りしたような対応がとられた。これも、一八四七年の市営化後急速に普及し、家庭内の照明にも用いられるようになる。一八八四年には電気が、最初から市営で導入される。

こうして、世紀転換期には様々な管や線が住宅につながり、上の階に住む人間であればより切実に感じたであろう労苦から、ベルリンの人々は解放されたのである。

交通機関の発展と建築条例

公共交通機関も帝政期ベルリンで発展を見せる。

ドイツ統一前後のベルリン南西部のリヒターフェルデの住宅開発の際、開発業者が鉄道会社と交渉して、住宅地のための駅を開業させた。ベルリン中心部との交通を確保して郊外住宅地を発展させようという試みであるが、こうした動きが定着するのは二〇世紀に入ってからである。その背景にあるのは交通網の拡充である（図9‐5）。

すでにふれた環状鉄道の三分の二は一八七一年に完成し、残った南西部の三分の一はその六年後の七七年にできた。ベルリン市内に鉄道を通す試みもみられる。七五～八二年にかけて中心部を流れるシュプレー川沿いに鉄道が建設された。川沿いに作られたのは、地上に建設可能な場所がそこしか残っていなかったからであったが、長距離鉄道と市内鉄道で複々線であった線路はカーブが多く、スピードを出せないという問題があった。世紀転換期には馬車鉄道から路面電車への転換が進んだ。路面電車は、八三年にベルリン郊外のリヒターフェルデで開通したのが、世界初である。路面電車の路線の拡大は順調に進み、一九一四年には市内で一三〇路線と路面電車が市内交通の中核となった。一八九七年には地下・高架鉄道の建設がはじまったが、建設費がかかったために運賃が高く、基本的に経済的に余裕のある人々の乗り物であった。

こうして二〇世紀に入ってベルリンの公共交通機関網が充実してくるが、これに通勤用運賃や定期の導入が図られ、徒歩にかわって公共交通機関が都市内交通の中核の位置に躍り出たのである。

建物を規制する建築条例も帝政期では一八八七年と九七年の二回改訂された。とくに、九七年の建築条例では、建築を認められる建物の面積の割合について元の市壁の内と外で差をつけるように規定された。それまで市内で一律であった建築条例に対して、ここにゾーニングの発想の萌芽が見られたといえる。とはいえ、帝政の段階では賃貸兵舎の建築を完全に防ぐことはできず、賃貸兵舎の建築が不可能になるのは、一九二五年の建築条例によってである。これは、住居用の建物を道路に面したものに限定すると規定している。すでに建てられた賃貸兵舎はそのまま用いられたので、第二次世界大戦の戦禍を耐えた賃貸兵舎は、現在でもベルリンの住宅として無視できない役割を果たしている。

ライフラインのネットワークの意義

以上、ライフラインのネットワークがベルリンに構築されたが、住宅や都市の歴史の中のその歴史的意義について二点ほど強調したい。

まず、都市社会の一体性を醸成するために道路が果たすようになった役割を指摘したい。たとえば、ベルリン市内の大部分の道路の下に上下水道網が張り巡らされた。道路の下には、上下水道の他に、ガス管や電気線など本章で取り上げた管や線が埋められたのみならず、消防の通報機網、電信用の線、電話線などもあった。これらのものは一九世紀になって設置された。都市内の道路は、それまでは路上が通行や生活の場であったのが、地下のレベルでも都市全体をつなぐ網の目としての機能を果たすようになった。住宅もこの網の目を前提に機能する

〈路上〉ベルリンのシュピッテル広場の光景（1909 年）

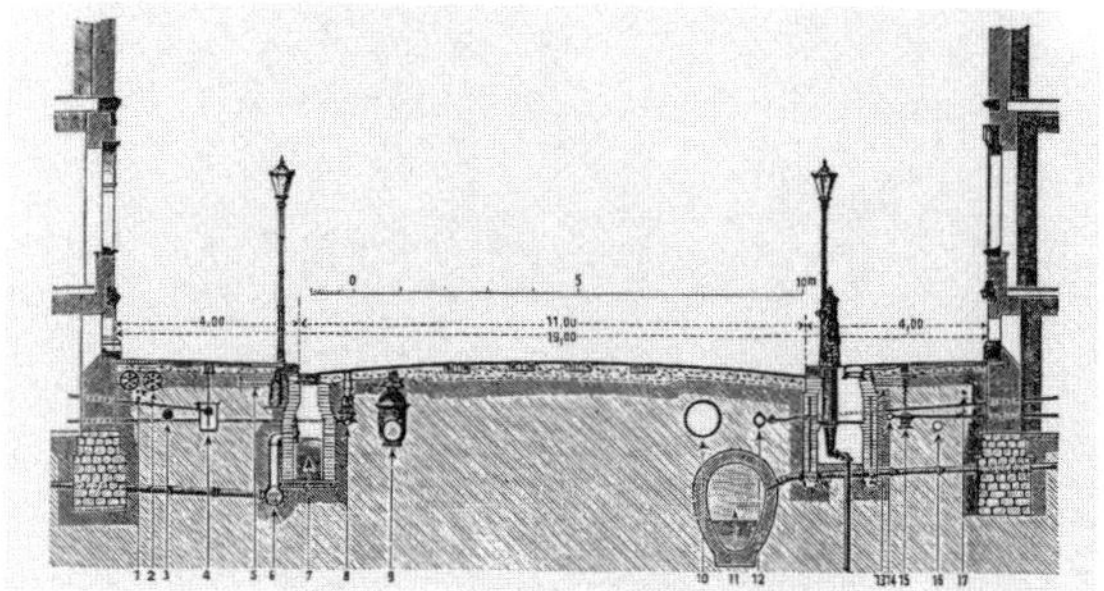

〈地下〉水道管，下水管，ガス管，電話線などが道路の下に埋設されている状況

図 9 － 9　道路の機能

出典：〈路上〉Jochen Boberg, Tilman Fichter und Echhart Gillen (Hg.), *Exerzierfeld der Moderne. Industriekultur in Berlin im 19. Jahrhundert*, München 1984, S. 131.
〈地下〉Jochen Boberg, Tilman Fichter und Echhart Gillen (Hg.), *Exerzierfeld der Moderne. Industriekultur in Berlin im 19. Jahrhundert*, München 1984, S. 175.

ようになっている（図9-9）。

次に、住宅内の立ち居振る舞いの細かい部分にも公権力が関与することが前提である社会が、誕生したことも指摘しよう。人間は排泄する際に、それまでは完全に自力で排泄物を処理できたのが、上下水道を管理する行政という他人の手を借りなければならなくなった。他のライフラインについても同様である。基本的な人間としての所作が、他人に依存して行われている状況の不安定さは、現代日本でも大地震や大雨のような災害に直面すると実感されるであろう。

6　二一世紀までの展開

ライフラインの整備は、ドイツ住宅のその後の発展にも重要な役割を果たした。冒頭にふれたように、ヴァイマル期に今日の集合住宅の土台となる住宅地が開発されるようになる。その際建てられた鉄筋コンクリートを建材とした直線的なデザインの建物は、木材、石、レンガによるそれまでの集合住宅とは一線を画す。建物の外観にとどまらず、こうした集合住宅では、最初から水洗トイレや風呂が備えられているものが多く、またフランクフルト式厨房と呼ばれるシステムキッチンが考案される。住居にこうした設備を設けることが可能となったのは上下水道、ガス管、電線といったものが各住戸に接続したからである。

住宅建築用地も、公共交通機関の発展を背景として市の中心部から比較的離れたところにも求めることができるようになり、より土地価格の低い地域に住宅地が建設された。

ヴァイマル期の新しい住宅地も、一九世紀以来の都市化による社会の変化の産物なのである。これに加え指摘したいのは、こうした住宅建設で利用する、壁のパネルやドア・窓など様々な調度の製造における工業化であろう。これにより、安価かつ大量生産が可能になり、建設作業の規格化が容易となった。建物の外観の規格化としては、屋根を平らにしたこともあげられよう。ヴァイマル期の新しい建築の傾向を嫌うナチスは、政権獲得後四五度の傾斜の切妻屋根を本来のドイツ的なものとして称揚する。

この点と関連して、この頃から建材として鉄筋コンクリートが用いられるようになったことが重要である。それまで建物の基本的な構造を作る建材は、重量的に重く、容量的にかさばるものであったが、セメント、鉄筋、砂利、水とばらした状態で運搬可能となり、どこでも同じ鉄筋コンクリートという建材を利用できるようになった。そのため、二〇世紀以降、世界の住宅からしだいに地域的特殊性が失われていくことになる。

第二次世界大戦の戦禍を経た戦後の住宅建設も、ヴァイマル期に誕生した集合住宅のあり方を基本的に継承したものとなる。その際、大戦前の集合住宅ではデザイン上の工夫がなされていたが、戦後になると直線的で無機質な設計の高層住宅が目に付くようになる。高層建築が可能となったのは、住宅用のエレベーターが普及したからである。エレベーターにより、帝政期に見られた階数ごとの社会階層の相違は解消された。

戦後しばらくは、戦争で失われた住宅ストックの再建や東方からの被追放民などによる住宅需要の増大に対応するために、住宅の量的充足が中心となる。その際にも集合住宅が中心となった。こうした傾向は、戦後ドイツの「社会的住宅建設」を規定した第一次住宅建設法（五〇年）にも表れている。西ドイツでは、そうした住宅の量的充足が達成された五〇年代になると、キリスト教民主・社会同盟の政権のもと第二次住宅建設法（五六年）により、住宅政策の重点が一戸建てに移され、それを受けてモータリゼーションの進展に伴い郊外住宅地の建設が進んだ。

東ドイツでは住宅の所有形態について、自治体住宅行政などにより建設された人民所有住宅、組合住宅、そして持ち家の三形態に分類されるが、個人による住宅所有も認められていた。そうした中で住宅建設の中心は、べルリン東郊のマルツァーンといった郊外に建てられた無機質な高層住宅群であった。他方、帝政期の住宅は住宅ストックとして残っていたが、十分に手が入れられないものが多かった。

統一後、東ドイツ時代には手入れが施されなかった帝政期の集合住宅のリノヴェーションが行われたりして、東西ドイツの住宅の質の差は縮まった。二一世紀になってからは、ドイツの大都市の中心部にはおもに裕福な階層が住むようになり（ジェントリフィケーション）、またゲーティッド・コミュニティと呼ばれる他者を極力遮断して安全を図るような住宅が見られるようになった。これらは比較的資産のある人々の住まいのあり方であるが、他方既存の文化資本としての住宅も活用しつつ、様々な社会的背景をもつ社会集団を受け入れるような形での街づくりも行われるようになっている。

（北村昌史）

参考文献

芦部彰『カトリシズムと戦後西ドイツの社会政策——一九五〇年代におけるキリスト教民主同盟の住宅政策』山川出版社、二〇一六年。

大場茂明『現代ドイツの住宅政策——都市再生戦略と公的介入の再編』明石書店、二〇一九年。

樺山紘一監修『ヨーロッパの家　三　オランダ・ドイツ・スイス・オーストリア』講談社、二〇〇九年。

川越修「日常生活のなかの〈近代〉都市」見市雅俊・高木勇夫・柿本昭人・南直人・川越修『青い恐怖　白い街——コレラ流行と近代ヨーロッパ』平凡社、一九九〇年。

北村昌史『ドイツ住宅改革運動——一九世紀の都市化と市民社会』京都大学学術出版会、二〇〇七年。

中野隆生編『二〇世紀の都市と住宅——ヨーロッパと日本』山川出版社、二〇一五年。

アンドレアス・ベルナルト『金持ちは、なぜ高いところに住むのか——近代都市はエレベーターが作った』（井上周平・井上みどり訳）柏書房、二〇一六年。

第10章

学校からみたドイツ史
――社会におけるその機能

ドイツ教育史といえば、ふつうまず思い浮かべるのは様々な教育学者たちの名前であろう。しかし、本章でドイツ教育思想の歴史や教育哲学を論じることはしない。ここでの目的は「学校からドイツ史をみる」ことである。では、いったいどのように学校からドイツ社会をみようというのか。ここではまず、前提として「学校」を社会の中の一機関として考え、社会におけるその機能をあきらかにすることとする。

しかし、社会における学校とはいったいどのような存在か。それは、政治、経済、社会構造や文化などの社会領域から寄せられた諸要求が集中する結節点である。同時に、学校とはこれらの領域に対して反対のベクトルをもち、様々な影響を与える可能性のある装置で、社会の発展に大きな影響を与えうるものでもある。これら学校のもつ機能をさらに明確にしようとするならば、「学校の歴史」を次の二つの分野にグループ分けすることができる。

① 教育の制度化に関する歴史的考察（教育制度、学校類型の教育内容、就学率、卒業と資格付与）

② 教育政策をめぐる紛争とその解決（経済的利益代表、教育者や学校卒業者の固有の関心）

これによって、教育の構造的把握（前者）と事件的叙述（後者）を明確に区分しながら、整理を図りたい。このことを基調にして本章では「学校から」ドイツ史を概観してみたい。

1　中世から一八世紀までの学校

中世の学校

中世初期には、教会立学校や聖堂参事会付属学校、修道院付属学校などが存在したが、そのすべてがラテン語を修得するための学校であった。ドイツ文化圏におけるこれらの学校は「自由七科」（文法、修辞法、弁論術＝下級三科、算術、幾何学、天文学、音楽＝上級四科）を教える機関とされたが、実際の教授内容は、ラテン語文法の反復練習に終始していたのである。

一三世紀ごろになると、これらの学校の教師と学生が、自由な教育と生活共同体をめざすようになり、そこに「大学」が成立する（「教師と学生の大学」）。さらにその教育内容は神学と法学に分化し、当時の大学は聖職者と法職者を教育するようになっていった。この二つから独立していたのが医学部であり、これら三学部がいわゆる「上級学部」を形成していた。そして、上級学部に入学するためには、下級学部（学芸学部）で優れた成績をおさめることが条件となっていた。学芸学部では、かつての教会付属学校で教えられていた自由七科と同じ内容が教えられていたが、その教育内容は「バカラリウス」「マギステル」の二つに区分されていた（この称号は現在でもフランス〔バカロレア〕やドイツ〔マギスター〕で残っている）。

このように、ラテン語はすでにこのころ重要な科目であったが、ラテン語を学ばない「ドイツ語学校」も都市において出現する。それは都市の商人や手工業者の子弟に読み書きや算術を教える学校であり、そこでは

「算術教師（レッヒェンマイスター）」や「学校教師（シュールマイスター）」と呼ばれる教師が教鞭をとっており、彼らはあきらかに学芸学部の教師とは異なる種別のものたちであった。

宗教改革から一八世紀までの学校

そして一六世紀、ルターの宗教改革が行われたころ、まだ学校と大学に明確な境界線を引くのは難しかった。だが、教育制度については宗教改革の影響のもと、教育社会史的に重要な転換が見られた。それは教育制度が国家の手に委ねられた、という点である。領邦教会制度が確立したのち、教会に付属した学校も諸侯が管理すべきである、とルターは考えたのであった。

また、ルターが聖書をドイツ語に翻訳したことで、特権的な階層のみならず一般大衆や農民へも学習をさせようとする動きが出てきたことは注目すべきである。聖書と読本の授業は不可分であり、このことはドイツ語が書き言葉となった、という社会史的意義を有するのである。

一八世紀になると、近代国家は教育を自らに奉仕させる機関と位置づけ、官吏を養成し、市民に実業・商業教育をほどこす、あるいは農民を軍務へと駆り出すための規律を植え付ける、といった役割を学校に与えたのである。

なお、一八世紀はしばしば「教育の世紀」と呼ばれる。そしてこの時代に出現した「啓蒙主義」という考え方と「教育」は、ドイツ教育史の中でこの時代において、世俗化された意味での教育が出現しつつあったことを示すキーワードである。

ちなみに、カトリックの諸地域では、学校は一五三四年に設立されたイエズス会の影響下にあり、同会が定めた学習要領「学校とまなび（ratio et institutis studiorum）」は数世紀にわたって使用され、それは一八世紀に教皇クレメンス一四世がイエズス会を解散するまで続いたのである。

2　一九世紀の学校

「はじめにナポレオンありき」（ドイツの歴史家ニッパーダイ）といわれるように、ナポレオンのヨーロッパ侵略がドイツ史にあたえた影響は絶大なるものだった。教育の観点では、ドイツ社会が近代へ移行するにつれ、それまでの血統に基づいた伝統的な身分制度が、国家（官吏）志向の職業身分制度へと変化したことが重要である。その契機はナポレオン戦争におけるプロイセンの敗北であり、これによりプロイセン改革が着手され、この変化を大きく後押ししたのである。この時代の社会における学校の機能に注目すれば、ここから一九世紀末までに教育システムが形成される過程が見られることが特筆に値する。「プロイセン改革」の中で教育についての責をになったヴィルヘルム・フォン・フンボルトは、一八〇九年に学校計画を策定し、その中で教育の三つの「自然的段階」を示した。それが、初等、中等、高等教育ということができる。では以下、それら教育段階に分け、一九世紀の学校を概観していこう。

初等教育

この段階の「民衆学校」という名称は一八二〇年ころようやく広まっていくが、これは新教が優勢な北ドイツにおいてのことである。カトリックの南ドイツやオーストリアでは、これらの学校は「基礎学校」あるいは「普通学校」と呼ばれた。そして、このころの初等学校が抱えていた最大の課題は、就学義務、教師の法的地位そして初等学校の学校監督についてであった。学校監督については教会にその業務が委託されたが、あくまでもこれは国家からの委託ということになり、学校は国家の監督下におかれていることを意味した。また、当時の就学率であるが、一八一六年ころでも五四％程度であった。ただしこれには地域差が大きく、ザクセンでは八割が就学していた。逆に西プロイセンでは約四割、ポーゼンはさらに低い、という数字があきらかになっている。だが、プロイセンにおいては一八四六年ころにはその数字は七八％にまで上昇した。就学義務については、一六・一七世紀以来の懸案だった、就学義務の徹底を実現する手段が登場した。一八二五年から地域の警察の求めに応じて初等学校の「退学証明書」提示が義務づけられたのである。これに人口増が伴って、初等学校の教員不足や教室不足、授業時間数の増加という影響が出てくるようになった。公的資金の初等学校への投入は、一八〇〇年からの七〇年間で三倍から四倍になったという推算もあるほどである。

もっとも、プロイセン各地における識字率をみれば、就学率の向上に反してまだまだ低い数字が割り出されている。これは、東へいけばいくほど低くなり、ドイツ帝国が成立した一八七一年ころでもケーニヒスベルクの一帯では約七四％、ダンツィヒ周辺では六四％であった。プロイセン西部ではこの数字は相対的に高くなり、ハノーファー一帯で九四・三％、コブレンツ一帯で九四・八％である。プロイセン全体では八六・三％であった。

中等教育

一八世紀末、プロイセンでは種々雑多な学校群が見られ、一七八七年に高等学務委員会が組織されることにより、学校形態が一定の方向へまとめられる方向性が定められた。またナポレオン以後のプロイセンにおける中等・高等教育改革はその主導者ヴィルヘルム・フォン・フンボルトの名をとり「フンボルト改革」として知られているが、彼がプロイセン内務省文部局長であったのはわずか一年間であり、彼の理念は現実に阻まれた部分も多かった。彼が理想を実現しようとした学校＝ギムナジウムは、国家＝地方自治体の管理下にあった。そして、

表10－1　ギムナジウム標準カリキュラム（1812年）

	Ⅰ（3年）	Ⅱ（2年）	Ⅲ（2年）	Ⅳ（1年）	Ⅴ（1年）	Ⅵ（1年）	計
ラテン語	8	8	8	8	6	6	76
ギリシア語	7	7	5	5	—	—	50
ドイツ語	4	4	4	4	6	6	44
数　学	6	6	6	6	6	6	60
自然科学	2	2	2	2	2	2	20
歴史・地理	3	3	3	3	3	3	30
宗　教	2	2	2	2	2	2	20
ヘブライ語	(2)	(2)	—	—	—	—	(10)
製　図	—	—	2	2	3	3	12
習　字	—	—	—	—	4	4	8

出典：Paulsen, Friedrich, *Geschichte des gelehrten Unterrichts auf den deutschen Schulen und Universitäten vom Ausgang des Mittelalters bis zur Gegenwart*, Bd. 2, 1921 Berlin/ Leipzig, S. 292. より作成。

「教授能力試験」が導入されたことにより、文献学者＝ギムナジウム教師と神学者の教育が分離し、中等学校の修了試験としてアビトゥーアが導入された（一八一二年）ことなどが、フンボルト改革の特徴として挙げられる（ギムナジウムのカリキュラムは表10－1参照）。とくに教員の資格試験と生徒の修了試験の導入は、学校の標準化を促進した。その後、中等学校は一九世紀中に資格標準化の影響により、表10－2のように分化していくこととなる。

中等教育から高等教育への接続であるが、ギムナジウム標準カリキュラムにより学校の標準化が促進されたものの、ギムナジウムが大学への進学権を独占するまでにはそれからあと二〇年ほどの時間を必要とした。一八三四年までは大学が独自の入学試験を受験することも可能であり、非アビトゥーア取得者にもある程度大学進学の門戸は開かれていた。一八三四年以後は、化学などの例外を除いて大学進学はもっぱらギムナジウム修了者（アビトゥーア取得者＝ギムナジウムの上級段階〔三年〕に在籍、修了した者）に限定され、ここにエリート教育における「ギムナジウム体制」とも呼ぶべき制度が一応の整備を見ることとなり、「複線化＝三分岐制度」（ギムナジウム、実科ギムナジウム、高等実科学校）の基本形が完成したのである。

とはいえ、「理論的な」システム化は複数の中等学校が存在する大

表 10－2　中等学校の分化とシステム化

学校種別	就学年数	教授する言語
ギムナジウム	9	ギリシア語，ラテン語，フランス語
プロギムナジウム	7	ギリシア語，ラテン語，フランス語
第一種実科学校（1832）→実科ギムナジウム（1882）	9	ラテン語，英語，フランス語
実科学校（1832）→高等市民学校（1859）→実科プロギムナジウム	7	ラテン語，フランス語
第二種実科学校（1859）→高等実科学校（1882）	9	英語，フランス語
都市学校・市民学校（1832）→九年制でない第二種実科学校（1859）→実科学校，高等市民学校（1882）	7	英語，ラテン語（選択）

出典：P・ルントグレーン『ドイツ学校社会史概観』晃洋書房，1995 年より作成。

都市にのみ見られる現象である。地方都市にはギムナジウムが一校しか存在せず、通学する生徒は三年、六年、九年とそれぞれの目的に従って通学したケースも多かった。逆に、全寮制でドイツ語圏各地から生徒を集めるいわゆる「進学校」も存在したのである。このような学校では遠隔地出身の生徒が八割近くを占めるものもあった。このような状況から、学校を「ハードな」機関と見るよりは、「教育資格付与」というソフトなしくみがあり、地域の特性に応じてその「ハコ」があった、と理解するのが妥当であろう。

職業教育

ドイツ経済が発展するとともに、職業教育機関の充実も進んだ。一八四三年に商業に従事する人間は職業人口の二%程度であったものが、世紀末には一一・四%に達していた。商業関係の学校としては一年志願兵制度取得者（ギムナジウムへ六年間通学したものが得られる資格。通例三年間を要する兵役を一年に短縮でき、終了後は予備役将校の資格を得られる）を入学条件とし、商業関係の授業に重点をおいた高等商業学校や、商業教育と普通教育課程を併存し、修了者に一年志願兵制度を付与する商業実科学校などがあった。一九世紀末のドイツでは、高等商業学校が一四校、商業実科学校が三六校存在した。この商業教育にも地域差があり、プロイセンよりもザクセンやバイエルンでの学校制度のほうがはるかに充実していたようである。

大学

フンボルトの理念では中等教育と高等教育に明確な違いが与えられた。大学においては教師と学生は教え教えられる関係ではなく、学生もまた自ら研究を行い、教師はそれを支援する存在である、というものであった。この考えにしたがえば、フンボルト的大学は、それまでの大学と明らかに性格が異なるものであり、ここに大学理念の断絶が見て取れるのである。かつて自由七科を教授していた学芸学部（哲学部）であるが、フンボルト的大学においてはその役割をギムナジウムの上級段階に譲ることとなり、哲学部は、ギムナジウムの教師を養成する権威ある、医学、法学、神学といったかつての上級学部と肩を並べる存在に発展したのである。ちなみに、大学進学率はプロイセンを例にとれば同一年齢の一・〇二五％（一八六四年）、一・五三％（一八八一年）、一・八一％（一九〇〇年）とごく少数の者にとどまり、そのエリート的性格は明らかであった。また、ギリシア語・ラテン語という古典語教育に大きな重点をおいたギムナジウムから独占的に学生が供給されることで、大学は人文主義的な色彩が非常に濃いものになった。このような大学から生み出されたのがその古典的教養をバックグラウンドとして成立する「教養市民層」であるが、のちに工業国家として急成長するドイツ帝国の中で、非教養市民である「技術者」からのチャレンジを受けることとなる。

また、既存の大学とは別の組織として、工業教育を行う工科大学や商学教育を担う商科大学が出現した。工科大学は一九世紀前半にかけて各地に設立された工業学校が発展し、一八七〇年代にそれらが次々と「工科大学」を名乗るようになったものである。一九世紀末には九つの工科大学（ベルリン、ハノーファー、アーヘン、ミュンヘン、ドレスデン、シュトゥットガルト、カールスルーエ、ダルムシュタット、ブラウンシュヴァイク）が存在し、二〇世紀に入ってからさらにプロイセンがダンツィヒ、ブレスラウの二工科大学を設置した。また、商科大学は工科大学よりかなり遅れて一八九八年、ライプツィヒとアーヘンに開学した。その後、一九〇一年にケルンとフランクフルト、一九〇六年にベルリン、一九〇七年にマンハイム、一九一〇年ミュンヘン、一九一五年にケーニヒスベルクにそれぞれ商科大学が設置された。商科大学入学者は多様であり、ギムナジウムのアビトゥーア取得者や、高等商業学校の卒業生、あるいは職業経験のあるビジネスマンなどであった。その学生数は第一次世界大戦開戦直前で一万一〇〇〇人（工科大学）、二七〇〇人（商科大学）にまで増加した。工科大学は世紀末に博士号授与権獲得運動に成功し、大学と「一応」の同格化を達成した。これ以外の高等教育機関として農業大学二校、林業大学二校、獣医学アカデミー二校とカトリックの司教セミナー五校、行政アカデミーが一校存在した。

学校の卒業資格と職業資格――資格社会の成立

ドイツ帝国は「プロテスタント的、教養市民的エートスに規定された中流市民層の国家」ということができるが、その基盤を形成する装置となったのが学校であり、職業の「学術化」であった。また、このプロセスが進行することにより、学校でカリキュラムなどの統一化が促進され、地域的差異が縮小していくこととなる。こうして一九世紀末までに学校システム（学校の修了資格）が整備されると、それら学校で得られた資格が職業資格と結合するようになる（もっとも、就職後のキャリア形成については研究が進んでいない）。典型的な例を挙げると大学卒は公務最上級職、アビトゥーア修了者は公務上級職、一年志願兵制度取得者は公務中級職、八年制民衆学校卒業者は公務中下級職などといったふうである。このような「資格社会」の出現は、近代ドイツに特徴的であったといえよう。

このように「アカデミック」な職業人が生産されるようになるが、とくに特徴的なのが医学と化学であると言

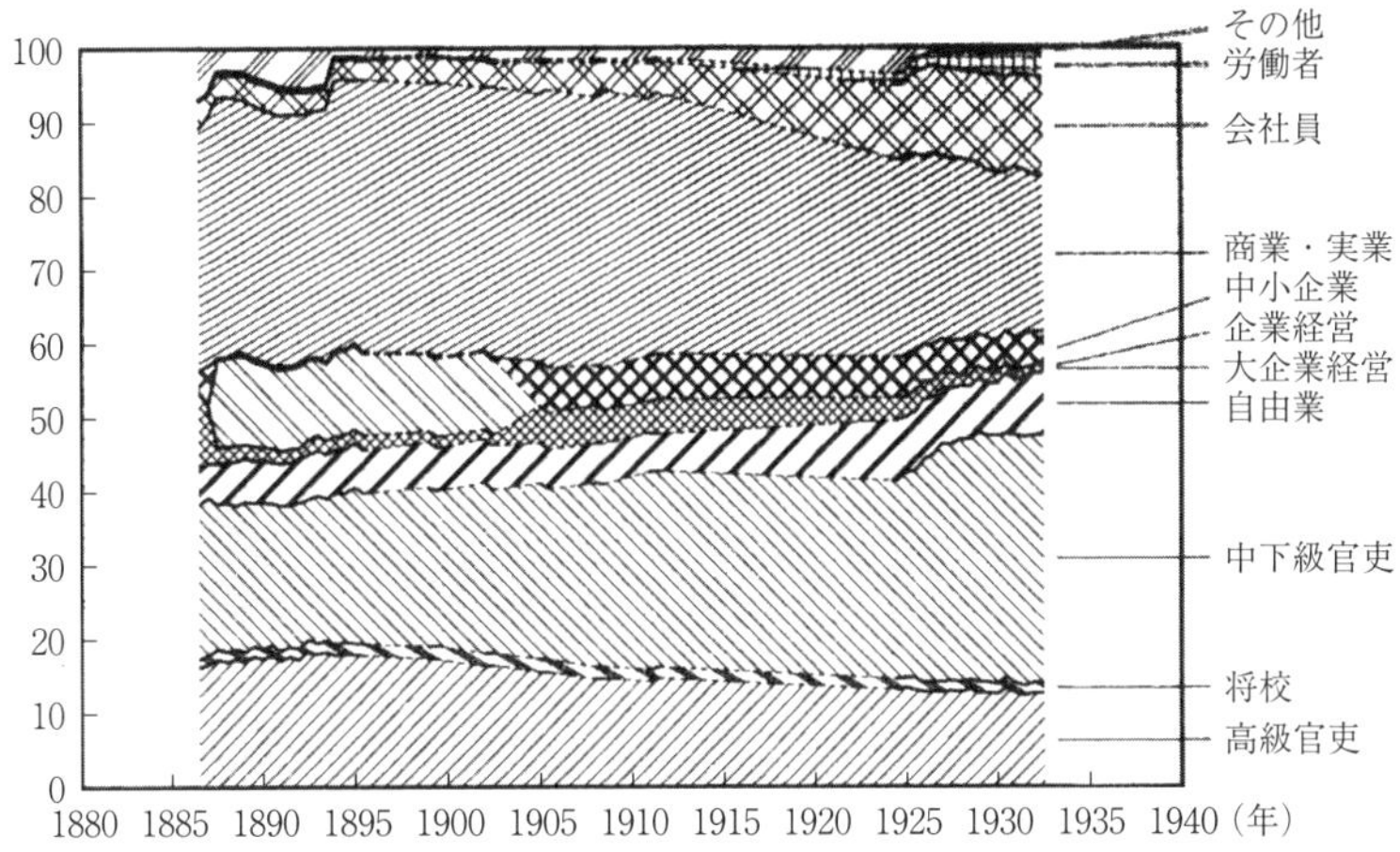

図10－1　プロイセン大学生の社会的出自

出典：Titze, Hartmut, *Das Hochschulstudium in Preußen und Detuschland 1820-1944*, Göttingen 1987, S. 228

える。世紀末から二〇世紀初頭にかけて、大学で取得された博士号の中で、この二領域が占める割合はかなり高かった。そのうち化学は化学企業（BASF、ヘキスト、アグファ、バイエルなど）で雇用される学卒技術者の需要を反映した数字である。化学企業は専用の研究室を備え、大学、工科大学との共同研究、人事の交流などを積極的に行う、いまでいう「産学連携」のはしりとさえいえる状況にあったためだ。

このような資格社会が整備されると、学校は、人々の社会的上昇の道具となる。前近代的な特権階層である貴族は当初、このような「学校化」にアレルギーを示していたが、その後積極的にこの制度にコミットすることにより、自らの社会的ステータスを確保する路線に転換した。しかし、大学進学者の出身階層を見ると（図10－1）、その社会的上昇に成功するのは中級官吏、学校教師の子弟であり、一九世紀初頭から見れば、教養層の「再生産」はこれらの階層出身者により、やや後退したともいえよう。

人文─実科論争

だが、一九世紀後半に、ドイツは急激な工業化を経験した。その結果、旧態依然として古典語の教育を続けるギムナジウムに対して、時宜に適した教育を提供すべき、という論調が巻き起こった。一八八二年に出された中等学校の教授課程改革では、ギムナジウムにおける古典語の割合が減少し、自然科学系の授業時間が増加した。

この前後にギムナジウム関係者と実科教育を擁護する人々の間で「人文─実科論争」という争いが起こっている。このような学校改革の議論が高潮する中、政府もこの問題を傍観してはいられなくなった。そこで、一八九〇年・一九〇〇年の二度にわたり、学校関係者を集めた会議が開催された。第二回の会議が終了してから二年後、ギムナジウム以外の二系列の学校にも大学への進学権が認められた。高等教育レベルでは、工科大学に博士号授与権が与えられ、この論争には一応の終止符が打たれた。

3　ヴァイマル期とナチス期の学校

第一次世界大戦後から第二次世界大戦が終了するまでのドイツ（一九一八〜四五）は、先進的な民主制をもつヴァイマル共和国、そしてナチスの全体主義的支配という両極端に社会が振れた時期である。ヴァイマルの学校制度は「民主主義における多元主義」という性格であらわすことができ、ナチスの時代は、ナチ的な理念に基づく「統一」「画一化」された教育がめざされたのがその特徴である。つまり政治情勢と同様に、学校制度も大きい揺れを経験したことになる。では、初等、中等、高等教育にわけ、この時代の学校と社会の関係を考察してみよう。

初等・中等教育

ヴァイマル共和国の連立内閣を構成した社会民主党、中央党、民主党の三党によるいわゆる「ヴァイマル連合」は、国家や社会の民主化をめざして学校改革に乗り出した。子供たちがその社会的出自にかかわらず、教育を通じて能力を開花させ、キャリアを形成できる学校制度を実現するよう、ヴァイマル連合は企図したのである。そのために、これまでのような複線型ではなく、統一的な学校システムが志向された。この「統一学校」という理想を実現するために、ヴァイマル共和国成立前から、のちのヴァイマル連合に属することとなる各政党の間では様々な交渉が行われた。それは「ヴァイマルの学校妥協」として知られている。その結果、ヴァイマル憲法第一四六条には「公立学校は系統的に組織される。すべての児童に共通する基礎学校のうえに、中間学校と中等学校が置かれる。この学校のしくみは職業生活の多様性にしたがうものとし、児童が学校へ受け入れられるにあたり、両親の経済状況や社会的地位、あるいは宗教的属性ではなく、素質および個人の希望を基準とする」と定められた。この結果、一九二〇年に基礎学校法が制定され、同様の規定が盛り込まれた。さらにヴァイマル憲法第一〇条では「国家は、立法により以下の項目を定めることが可能である（中略）二、大学を含む学校制度および学術図書館制度」と規定されており、連合の一角を占め、連邦志向であった中央党はこの条文を盾に、諸州が独自の教育改革に着手しようとすることを阻止しようとした。ここにもヴァイマル政治の中央集権的志向が見て取れよう。

学校の統一を謳ったヴァイマル政府であるが、初等教育の現場を見れば、それは理想とはほど遠いと言わざるをえない。ヴァイマル憲法一四五条において初等教育は八年間と定められたものの、バイエルンでは七年間であった。また、この時期において初等教育ではほとんど改革らしい改革に着手することもできていなかった。プロイセンでは一九二一年に初等教育の指導要領の指針が出されたが、それぞれの学校において裁量の余地は大きかった。その結果、地方の初等学校と大都市のそれとの間では、状況に大きな差があった。いずれにせよ、第一次世界大戦終了後、複合学級の学校が六〇％近くにのぼり、その状況は一九三一年になってもほとんど変わっていなかった。学級あたりの生徒数は四〇人から五〇人の学校が三三％、五〇人から六〇人の学校が一七％、七％の学校では六〇名を超えていた。

また、当時初等教育改革に際して学校関係者が問題視したのは、基礎学校の通学期間が一年延長されたことであった。とくに中等教育進学をめざす子弟の保護者および、ギムナジウムの教員がこの改革に激しく抵抗し、その結果一九二五年に法改正がなされ、この規程は事実上骨抜きにされたのである。同様に中等教育進学を考える関係者に重要であったのは「予備学校」をどうするか、ということである。平等・公平を重視するヴァイマルの教育政策では、ギムナジウム進学の独占的ルートであったこの学校が問題視され、その廃止がめざされたのである。予備学校とは、ギムナジウム下級段階に附属したかたちの、エリート養成の特権的な学校であり、ヴァイマル連合の教育改革プランでやり玉に挙げられたものだ。そして、ヴァイマル憲法第一四七条に「私立の予備学校はこれを廃止する」と明記されるに至った。ところが実際には廃止されず存続した予備学校があり、ナチ体制下の一九三五年に実施された帝国教育省の調査によれば、予備学校三二九校（教員八〇九名、生徒数総計一万四四二〇名）が存在していた。これらの学校は「中間学校」として届け出をすることにより、廃止を免れていたからである。

ナチ期になると、初等学校は一九三七年の法令で全国的に統一され、ヴァイマル期に議論された問題は、ここに独裁的な方法で決着をみたのである。初等学校だけではなく、ヴァイマル期のリベラルな教育政策はナチ期にすべて転換された。もっとも、ナチ期においては学校外の共同体教育が重要視されており、ヒトラーユーゲントの組織は若者の世界観に大きな影響を与えた。ヒトラーユーゲントは貧富の格差なく、みな同じ制服を着用し、同じ活動をし、そのことが多くの青少年を引きつけた「独裁の中の平等」というアンビバレントな存在であった。なお、ヒトラーの民族共同体理念を実現するためのエリート養成機関としていくつかの学校が設立された。国民社会主義教育施設（ナポラ）やアドルフ・ヒトラー校、親衛隊が運営したユンカーシューレなどがそれであるが、いずれもナチ党の幹部養成施設としては機能していたとはいいがたい学校群である。

大　学

ヴァイマル期の高等教育においてまず注目すべき特徴は女性の進学率の上昇である。一九世紀末は女性が大学へ正規入学すること自体が難しく、第一次世界大戦前の数年間でも女子学生は全大学生の三〜六％程度であったが、一九二〇年代からその数は増加し、一九三〇年代初頭には二〇％弱にまで増加したのである。また、世紀転換期の中等教育改革により、この時代にはギムナジウムを経由して大学へ入学する学生の数は著しく減少したのである。

ナチ期に入ると「職業官吏再建法」がドイツの大学に大きな影響をあたえた。一九三一年から三六年までにドイツ全土の大学で正教授三一三名、員外教授一〇九名、私講師三二二名が免職となった。この事態の中でアインシュタイン（物理）、ブーバー（神学）、ホルクハイマー（哲学）、フロイト（心理学）、マンハイム（社会学）など著名な研究者が次々と亡命し、ドイツの学術界は大きな打撃を被った。

4　戦後（西）ドイツの学校

第二次世界大戦後、ドイツはソ連、アメリカ、イギリス、フランスの戦勝国にそれぞれ分割占領され、一九四九年にはソ連占領地区が東ドイツ、それ以外の占領地区が西ドイツとして新国家が成立した（第六章参照）。東ドイツは社会主義体制のもと、それまでとはまったく異なる新しい学校制度が構築され、全児童を対象とする一〇年制の普通教育総合技術上級学校が設けられた。他方、西ドイツでは各占領地区が異なる占領方針を打ち出し、新国家成立後もそれぞれの地区で戦勝国の影響が残った。さらに、連邦国家体制を敷く西ドイツでは州に教育の権限（文化高権）があたえられ、教育政策にも地域的差異があきらかになっていく。一九九〇年に東西ドイツが再統一し、教育制度が旧西ドイツのものに統一されたことを受け、本章ではこの時代について、旧西ドイツを中心に見ることとする。

占領期の教育（初等教育）

ポツダム協定では、戦後ドイツにおいて教育からナチ的、軍国主義的要素が徹底的に排除されなければならない、と定められていた（第六章参照）。そのため、「再教育」に取り組むにあたり、教員や授業内容、教科書が刷新されることとなった。だが、連合軍はこの再教育を「すべての生徒に同一の教育機会を提供する」公正な学校システムの基盤として理解をしたのである。

しかし、各占領地区でその占領方針に大きな違いがあったこと、ポツダム協定が定めた再教育の方針を実施する機関として、大きな権限のない連合国管理理事会が指定されたこと、基本的に連邦に教育の権限が認められたことで、教育の多元主義が様々な問題を投げかけていた。たとえば宗教的に多様性のある西ドイツにおいて、戦後の初等教育で学校を宗教別に編成するかどうか、ということが問題となった（表10－3）。さらに、アメリカとイギリスの占領地区では、激しい反対に遭いながらもいくつかの州で六年制の基礎学校が導入された。このような多様性を調整するものとして、常設各州文部大臣会議（ＫＭＫ）を設置することとなった。

表10－3　宗教別にみた西ドイツの初等学校（単位：%）

	1950	1955	1961	1965	1969
共同体学校	59.3	39.7	43.5	45.9	75.1
新教系学校	12.9	17.5	17.1	16.7	5.4
カトリック系学校	26.7	42.9	39.3	39.4	16.3
その他，種別不明	32.0	0.0	0.1	0.0	3.3
総　計	100	100	100	100	100

出典：Helmut Köhlner, Peter Lundgreen, *Allgemein bildende Schulen in der Bundesrepublik Deutschland 1949–2010*, Göttingen 2014, S. 30.

表10－4　西ドイツにおける学生数の増加（単位：千人）

	学生数（ドイツ人・外国人）	大　学	専門大学
1960	291.1	246.9	44.2
1965	384.4	308.8	76.0
1970	510.1	421.0	89.5
1975	840.8	695.6	145.2

出典：Führ, Christoph, Carl-Ludwig Furck（Hrsg.）, *1945 bis zur Gegenwart. Erster Teilband Bundesrepublik Deutschland*, München 1998, S. 417より作成。

大学生の増加と大学の新設、奨学金と授業料の問題

第二次世界大戦後、ベビーブームが見られたのは各国共通の現象である。それを受けドイツでは一九六〇年におおよそ三〇万人であった大学生は、一五年後の一九七五年に三倍弱の八四万人となった（表10－4）。この時代、多くの大学が新設されたのは、こういった学生の増加を背景としている（表10－5）。また、大学生が増加したことは、学生運動を端にはじまった新しい社会運動の受け皿（知的職業につく者の増大）に貢献し、ドイツ社会が変革していくためのインフラを形成したといえる。

大学の授業料廃止と奨学金の充実化は、経済的格差による進学の不利益を解消し、若者の間で社会的出自による格差を解消するための前提条件として重要な案件であった。奨学金は一九五七年に奨学金（貸与・給付）が定められ（ホネフ・モデル）、これが一九七一年に施行された連邦奨学金法へとつながった。授業料については、一九七〇年ころ、ハンブルク市や西ベルリン市でその廃止を訴える学生によるボイコット運動が活発化し、その後授業料の廃止が決定された。なお、財政上の理由もあり大学の授業

表10－5　西ドイツの新設高等教育機関（博士号授与権のあるもののみ）

大学名	設置形態	創立年	学部（学類）数（2019年）
ルール・ボーフム大学	国立	1962	21（神・法・経済・建築環境・数学・医など）
デュッセルドルフ大学	国立	1965	5（哲学・経・法・理・医）
コンスタンツ大学	国立	1966	3（数理・人文・法経）
マンハイム大学	国立	1967	5（経営・哲学・法経・社会科学・経済情報―数理経済）
ウルム大学	国立	1967	4（理・数学―経済・医・工―情報―心理）
ドルトムント工科大学	国立	1968	16（数・物理・化・情報・建築・教育・文化科学など）
ビーレフェルト大学	国立	1969	8（教育・歴史―哲学―神学・数・経済・社会学・言語文学・化・工など）
アウクスブルク大学	国立	1970	8（神・経済・史・社会科学・理工・情報・医）
カイザースラウテルン工科大学	国立	1970	12（建築・建設・生物・化・電子・情報・社会科学・経済経営など）
ブレーメン大学	国立	1971	12（物理・生物・経済経営・社会科学・言語文学・教育など）

料は二〇〇五年ころから各州で復活しはじめたが、現在はふたたびかなりの州で廃止されている。

社会格差と教育

一九六〇年代末に発足した社会民主＝自由主義連立政権はヴィリー・ブラント首相（社会民主党）が、学生運動との「和解」をめざし、「もっと民主主義を！」のスローガンのもと、社会における不平等の是正に乗り出した。この流れの中で多くの学校に関わる改革が実施されそこから生まれてきたのが中等教育における「総合制学校」と大学の授業料無償化、そして前述した連邦による奨学金の充実化である。総合制学校の設置は、学校種別の格差が社会での格差に結びついているという考えを前提とし、学校の分岐をなくすことで格差の解消を目指す試みである。この考えは一九五〇年代末ころにはすでに議論され、ドイツ教員連盟が検討をしてきたものである。一九七〇年に「統合型総合学校」が三七校設置され、その数は二〇一六年で約二〇〇〇校にまで増加はしてきている。だが、この新しい学校形態が成功したのかどうか、生徒の進路に大きな影響力を持ってきたのかどうかについては議論がわかれるところであろう。

職業教育

戦後、商業や実業関係の教育機関は強化されたが、一九六〇年代に職業教育法の制定に向けた様々な動きがあったことが、この教育分野における大きな転換点である。そして一九七一年に常設文部大臣会議で、職業専門学校の教授内容について決定がなされた。それによれば、これらの学校は職業訓練教育を施すと同時に、普通教育も行う、というものであった。また、これらの学校には、基幹学校修了者が進学できる、とされた。職業教育を受ける生徒は義務教育終了後この職業専門学校に代表される学校に通学することで、職業に従事する際に中間的ポジションを得たり、高等職業学校へ進学することも可能になった。これら「中級」職業学校を卒業したものには、さらに高等教育を受ける道も開かれている。

グローバル化とドイツの学校

一九六〇年代から本格化した西ドイツの外国人労働者導入は、学校現場にも大きな影響を与えた。外国人労働者は「ゲスト」、あくまでも一時滞在者として扱われたため、一九七〇年代になっても、西ドイツは「ドイツは移民国ではない」というスタンスを変えなかった。だが、オイルショック以後、帰国を忌避する移民がドイツに定住するようになり（第六章参照）、その子弟に対するどういう教育を施すのかが西ドイツ社会の大きな課題となりはじめた。様々な社会学者の見解からあきらかなように、移民子弟がドイツ社会で成功するためには、ドイツ語の習得が重要な要素である。そこで、移民子弟の母語教育はどう扱うべきか、ドイツ語力をつけさせるための方策はなにか、各州で様々な取り組みがなされた。一九七一年には常設各州文部大臣会議が「外国人労働者の子弟に対する授業に関する勧告」を出し、同様の勧告が一九七六・七九年と出され、外国にその出自をもつ子どもにはドイツ語の習得が要請された。さらに、移民政策において「空白の八〇年代」と呼ばれる時代ののち、各自治体を中心に移民をドイツ社会に統合しようとする様々な方策が実施されはじめており、学校教育（特に初等教育）でも、移民の子弟に対応した新しいプログラムが開発されている。

また一九八〇年代後半以後、ドイツの教育機関は欧州統合やグローバル化の影響を強くうけることになった。欧州統合を人的交流の面から推進するために、一九八七年よりヨーロッパ内で大学生の交流促進事業「エラスムス・プログラム」（交換留学制度）が実施されており、いまではＥＣＴＳ（欧州単位互換評価制度）と呼ばれる単位互換の制度も整備されている。エラスムス・プログラムは現在、世界中にパートナー大学を拡大した「エラスムス・ムンドゥス」を付設し、日本の大学でもこのプログラムに参加する大学がふえている。また、ヨーロッパの各大学で欧州統合への理解を進めるために、一九八九年より「ジャン・モネ・プログラム」が実施され、二〇一一年まで「ジャン・モネ・チェア」が欧州の各大学に設置された。その講座設置は現在では欧州外にも拡大している。

ドイツの大学は基本的には州立（国立）大学であり、日本のような明確な大学間格差はないものとされてきた。その横並び意識に一石を投じたのは一九九〇年に『シュピーゲル』誌が史上初めて発表した大学ランキングだった。その後、グローバル化の進行とともに、世界大学ランキングが注目されることとなり、ドイツの各大学の格差はさらに大きくなった感がある。

また、二〇〇〇年に実施された経済協力開発機構（ＯＥＣＤ）の学力テスト（「ＯＥＣＤ生徒の学習到達度調査」、いわゆる「ＰＩＳＡテスト」）で、ドイツ人生徒の成績不振が、「学問の国」を自負していたドイツ人の自尊心を激しく傷つけ、学力低下論争が繰り広げられることとなる。また、この学力低下を、増加する「移民の背景を有する」家庭の子弟の存在と結びつけようとする過激な意見も提出されるようになり、これが移民の「統合政策」に一石を投じることとなった。

欧州連合は一九九九年に「ボローニャ協定」を締結し、ここに教育の「欧州統合」がはじまった。これによりドイツの大学にかつて存在しなかった「学士」の学位が新設され、ドイツの大学は歴史的な変化を経験しつつある。

このように、学校という装置を通じて社会を見てみると、政治や経済からとは異なった視点が得られる。歴史研究において教育史は周辺領域ととらえられがちではあるが、社会のあらたな一面を照射する手法として評価してもよいのではないだろうか。学校とは、あらゆる人々が必ず関わりあいをもつものであり、社会史に取り組む際に何人にとっても親しみやすく、理解をしやすい存在であることは紛れもない事実であろう。

（進藤修一）

参考文献

橋本伸也他『エリート教育』ミネルヴァ書房、二〇〇一年。
望田幸男『ドイツ・エリート養成の社会史』ミネルヴァ書房、一九九八年。
ペーター・ルントグレーン『ドイツ学校社会史概観』（望田幸男監訳）晃洋書房、一九九五年。

第11章

ツーリズムからみたドイツ史——「旅行の世界王者」への道

1　近代以前の旅

ドイツ人を「旅行の世界王者 Reiseweltmeister」と呼ぶことがある。これは、ドイツ人旅行者の多さを表現した言葉である。統一後のドイツでは、例年国民の七割以上が休暇を外国で過ごしているとされ、その行き先は地中海のリゾート地を筆頭に、ヨーロッパにとどまらず世界各地に広がっている。それもあってか、統一後のドイツの国際観光収支は一貫して大幅な赤字が続いてきた。たとえば、二〇一七年の国際観光収入が三九八億ドルであったのに対し、同支出は八九一億ドルであり、四九三億ドルの赤字であった（観光庁『観光白書』令和元年版）。すなわち、ドイツ滞在中に外国人旅行者が支出した金額よりも、ドイツ人旅行者が外国で支出した金額が倍以上にのぼるのである。かくも「旅好き」とされるドイツ人はどのようにして生まれたのだろうか。

いうまでもなく、近代以前より人々は様々な理由で旅をしている。それは、古代ローマの街道網が破壊されて道路事情の悪かった、中世から近世初期にかけてのヨーロッパでも同様である。皇帝や国王、領邦君主は統治の必要性から領内各地を巡幸していたし、西欧世界で最も行政機構の発達したローマ教会からは、聖職者が各地の教区へと派遣された。民衆レベルでも、遠隔地商業に携わる商人や遍歴する職人、大学間を移動する学生、そしてキリスト教の聖地へ向かう巡礼者のように、旅自体は広く実践されていた。近代的な旅券制度が確立する以前であれば、国境を越える移動は比較的容易であった。さらに、「楽しみのための旅行」、いわゆるツーリズムが存在しなかったわけではなく、温泉地への旅もあったし、巡礼の動機も宗教的なものに限られなかった。しかし、移動手段は馬や徒歩が中心であり、道路も未舗装のため快適な旅路とはいえず、道中に盗賊から襲われる可能性も低くなかった。多くの場合、人々は移動する必要に迫られて旅に出たのである。

近世に入ると、ドイツでは道路事情が改善される。きっかけは、フランツ・タクシスのはじめた郵便事業であった。タクシスはハプスブルク家と契約を結び、宿駅や郵便局の間を郵便配達夫がリレー方式で行き交うシステムを整備した。一四九〇年にインスブルック－ブリュッセル間ではじまったこの事業は、その後ハプスブルク家領を超えて、ドイツなどヨーロッパ各地へと路線網を拡大した。一七世紀半ば以降になると、郵便や荷物輸送だけでなく、旅客部門にも事業を拡大し、鉄道が出現するまで郵便馬車がヨーロッパ最大の陸上輸送手段として発達することになる。郵便路線の道路には、各地の領主によって舗装や標識が整備された。領主による道路整備の可能な地域が経済的に発展し、その路線網は一九世紀の鉄道路線網に引き継がれることになる。郵便路線図、宿駅・郵便局のサービス内容、それに名所案内などを記載した旅行案内書も刊行された。

このように、近世の段階で旅行環境は徐々に快適になりつつあったが、多くの人々が旅そのものを目的とするツーリズムへ参加するのは近代の現象である。次節からはドイツ人が「世界王者」になるまでの歩みを追ってみよう。

2　近代ツーリズムの展開

近代ツーリズムの確立

ドイツでツーリズムが広く普及するのは、一九世紀半ば以降、とくに国民国家として統一された第二帝政期の頃であったとされるが、当時の様相を見る前に、近代ツーリズムが成立した背景にふれておきたい。

第一に、旅行ガイドブックの普及である。これにより、人々は事前に行き先の情報を容易に入手できるようになった。ドイツでは、コブレンツの出版業者カール・ベデカーの刊行した旅行案内書（『ベデカー』）が好評を博した。ライン川旅行のガイドブック刊行（一八三九年）につづいて、ヨーロッパにとどまらず北米やロシアへ対象地域を拡大したほか、英語版やフランス語版も刊行された。『ベデカー』の特徴は、旅行ルートだけでなく交通手段や宿泊施設、それに旅行の際の注意事項などの情報を詳細かつ正確に提供したことである。世界的に知られた『ベデカー』は、出版元の変わった現在も同じ名称で刊行されている。

第二に、交通インフラの整備である。鉄道や蒸気船といった新たな交通手段は移動時間を短縮し、大量の人々を観光地へいざなった。ドイツでは、一八三五年にニュルンベルク―フュルト間で最初の鉄道が開業した。中小の邦国が分立していたドイツでは、経済学者フリードリヒ・リストが主張した全ドイツ規模での鉄道網構築は軽視され、四〇年代以降、分邦主義に基づいて邦国レベルで発達していく。それでも他国と同様に、鉄道は旅行の裾野を大きく広げ、様々な階層に属する大人数の旅行者を馬車よりも速く各地へ送ることができた（第三章参照）。

第三に、組織化された旅行業の誕生である。旅行業者は、印刷メディアと交通インフラの特性を効果的に結びつけてツーリズムを組織した。イギリスでは、トーマス・クックによる鉄道を利用した禁酒運動家の団体旅行

（一八四一年）が近代ツーリズムの幕開けを示す象徴的事件として有名だが、ドイツでも「カール・シュタンゲン」をはじめとする旅行業者が誕生した。一八六九年に同社は、スエズ運河開通を機としてクック社に先駆けてエジプト旅行を主催し、一八七八年には八カ月間にわたる世界一周旅行を組織したほか、一九〇〇年のパリ万博ではワインから入場券まですべて込みとなったパッケージ・ツアーを約八〇〇〇件販売した（図11－1）。もっとも、シュタンゲン社の事業はクック社と比較して高額であり、エリート層でなければ参加は困難であったが、逆にそうした人々の間では団体旅行を忌避する風潮が強かった。旅行業者による「パッケージ・ツーリズム」は、当時のツーリズム全体において必ずしも大きな役割を演じたわけではなかったのである。

温泉と海水浴

一九世紀後半に発展した観光地としては、万博の開催された欧米の大都市にくわえ、温泉保養地、海浜リゾート、そしてアルプスに代表される山岳リゾートがあげられる。

図11－1　シュタンゲン社の旅行プログラム（1899年）

出典：Alina Dittmann, *Carl Stangen - Tourismuspionier und Schriftsteller: Der deutsche Thomas Cook,* Frankfurt a.M. 2017, S. 375.

古代ローマの人々の入浴習慣については広く知られるところだが、南ドイツのバーデン・バーデンやスイス北部のバーデンといった温泉も当時より存在していた。これらの地名はいずれもドイツ語で「入浴」を意味するBadenに由来する。古代以来の温泉は中世に衰退するが、一四世紀になるとバーデン・

バーデンやドイツ南西部のヴィースバーデンなどが湯治場として再興し、ドイツ語圏の温泉案内書も出版された。しかし、ツーリズムと温泉が結びついて発展するのは一八世紀のことである。温泉地は湯治場としての性格が相対的に薄くなり、劇場や賭博場が併設されるようになると、ドイツ内外の王侯貴族を引き寄せた。その先駆けの一つがドイツ北西部のバート・ピルモントであったが、一九世紀になると他の温泉地もリゾート地へと変貌していく。中でも、西部のバート・エムスは外国人客の名声を博した温泉保養地であり、歴代プロイセン国王も滞在していたが、普仏戦争の端緒となるエムス電報事件（一八七〇年）の舞台としても知られている。しかし、一九世紀末から二〇世紀初めにかけて、市民層全体へと客層が拡大すると、貴族層は離れていった。また、ドイツ帝国皇帝ヴィルヘルム二世は、祖父たちの温泉保養の習慣を受け継ぐことなくヨットでの北欧旅行を楽しんだ。このことは、富裕なドイツ人のあいだに、豪華客船による北欧旅行ブームが生まれるきっかけとなった。

海浜リゾートの始まりは、一八世紀のイギリスに由来し、当初は海水の飲用や海水浴による治療効果が注目された。ドイツでは、一八世紀末から一九世紀半ばにかけて、おもに北海とバルト海沿岸に海水浴場が整備され、王侯貴族の長期滞在にも利用された。一九世紀後半になると、現地への鉄道網も整備されるが、イギリスと比較すれば、海浜リゾートを訪れる階層は貴族や市民層が中心であり、大衆化の進行は緩やかであった。代表的リゾート地としては、デンマークとの国境にある北海上のズュルト島や、バルト海に面したウーゼドム島などがある。

これらの観光地では、ホテルや飲食店の経営者、それに交通機関の経営者などが提携して観光協会を組織し、現地のツーリズム産業の利益代表の役割を担わせた。一九〇二年には全国組織として「ドイツ観光協会連盟」が設立され、国内外への宣伝を推進した。

観光地化するアルプス

次に、ドイツ語圏の山岳リゾートのうち、スイス・アルプスの観光地化に注目してみよう。スイスは、フランスやイタリアでの見聞を目的としたイギリス人貴族子弟によるグランド・ツアーの通過地点にすぎなかったが、一八世紀末から一九世紀初頭にかけて、その目的地の一つとなった。とくにレマン湖畔が人気の観光地であり、著名な知識人が集った「文芸共和国」ジュネーヴは、国際都市として多くの来訪者を迎えていた。

しかし、スイスへの旅行者が増えたきっかけは、山への関心の高まりであった。アルプスは元来悪魔の棲む土地とされており、人々の恐怖の対象でこそあれ、訪れるべき場所ではなかった。状況が変化するのは、一八世紀に入ってからのことである。スイスの詩人ハラーやジュネーヴ出身の思想家ルソーらの文学作品がアルプスの自然を「発見」・称揚し、恐怖の対象だった山を「文明」や「都市」に対置される憧憬の地へと転換させた。また、博物学の隆盛を背景に、地質学、気候学、生物学、氷河学に絶好の資料を提供したアルプスが注目された。ドイツの作家ゲーテは、科学への強い関心から一八世紀末にスイスを三回訪れ、アルプスでの自然体験に基づく研究を発表している。その描写は、一九世紀に氷河観光ブームが起こる契機となった。

一九世紀初頭にはじまる近代スポーツとしての登山、すなわちアルピニズムは、一八五四年から六五年にかけて最盛期を迎えた。五四年時点では、たいていのアルプスの高峰は未登頂であったが、六五年にはその九〇％以上が征服されていた。この年に、イギリス人登山家ウィンパーがマッターホルン登頂に成功している。登山家の活躍は、登山の拠点であったツェルマットやインターラーケンに、登山家以外の人々をひきつけた。英語やフランス語のガイドブックも同時期に刊行され、ドイツ語圏以外からやってくる登山家の需要に対応した。

登山家を支援する団体も結成された。まず一八五七年にイギリスで、国レベルでは世界最初の登山家団体である「アルパインクラブ」が設立された。六二年には大陸ヨーロッパ初の団体として「オーストリア・アルペン協会」が設立され、翌年には「スイス・アルペン協会」と「イタリア・アルペン協会」が、さらに六九年には「ドイツ・アルペン協会」が結成されるなど、短期間のうちにヨーロッパ各地で団体の設立が相次いだ。このうち、ドイツとオーストリアのアルペン協会は合併して、七三年に「ドイツ・オーストリア・アルペン協会」となった。会員資格と活動内容の双方で大衆的基盤を欠いたイギリスのアルパインクラブとは異なり、ドイツ・オーストリア・アルペン協会は、会員の属する社会層が市民層も含めて幅広く、一九〇八年には八万二〇〇〇人ものメンバーを擁した。その活動は、スポーツを越えた余暇活動としての登山を重視し、旅行者用の山小屋の整備を進めた結果、一九一〇年頃にはその数が二三〇に達した。

一八七三年の大不況以降、オーストリアでは登山をめぐる状況が変化する。当時、大衆政治運動が高まりを見せる中で、七八年には国粋主義的傾向をもつ「オーストリア・アルペンクラブ」が新たに設立され、反ユダヤ的姿勢を鮮明にした。また、九五年には、従来の市民層中心の活動とは距離を置くかたちで、ウィーンでオーストリア社会民主党員によって「自然の友」が設立されている。この団体は、遠足活動を通じて労働者層の余暇活動を組織化したものであり、一九〇五年にはスイスやドイツにも支部を開設した。

スイスの作家ヨハンナ・シュピーリが小説『ハイジ』を執筆した時期（一八八〇～八一年）には、国内外からアルプスの高峰を訪れる手段が整えられつつあった。すなわち、一八七〇年代以降建設の進んだ山岳鉄道である。これにより、従来はアクセスの容易でなかった高地も観光地へと変貌する。マッターホルンを眺望するゴルナーグラート鉄道（一八九八年開業）や、海抜三四五四メートルのヨーロッパで最も高い駅まで運ぶユングフラウ鉄道（一九一二年全線開業）がその代表例である。さらに、リフトやロープウェーの導入など、山をめぐる交通手段の充実によって、登山を趣味・目的としない人々へもツーリズムの裾野は広がった。

交通網の充実と並行して、スイス・アルプスの各地では宿泊施設が整備された。中でも、裕福な上層市民層を主たる対象にした「宮廷風ホテル」が多数建設された。「宮廷風」とあるように、上層市民層にのぼりつめた人々が、王侯貴族の旅行・生活様式を模倣、顕示する舞台として、豪華な設備を備えたホテルを好んで利用したのである。

一九世紀末までは、夏季がスイス・アルプスのおもな旅行シーズンであった。一八八〇年ごろには、イギリス人によってスキーをはじめとするウインタースポーツが普及しつつあったが、冬は多くの地域でホテルが営業を休止しており、その規模はまだ大きくなかった。冬季が本格的に第二のシーズンとして発展するのは二〇世紀初頭のことである（図11－2）。ツーリズムの拠点としては、ベルナーオーバーラント山群の谷間に位置するグリンデルヴァルトやラウターブルンネン、マッターホルン登攀の拠点として著名なツェルマットなどがあげられる。さらに、一九世紀末から二〇世紀初頭にかけては、おもに結核の療養を目的とする保養地が形成された。たとえば、のちにトーマス・マンの小説『魔の山』（一九二四年）の舞台となるダヴォスやサン・モリッツ、レザンなどが観光地として整備された。

図11－2　ダヴォスの観光ポスター（1900年頃）

出典：Michael Lütscher, *Schnee, Sonne und Stars: Wie der Wintertourismus von St. Moritz aus die Alpen erobert hat,* Zürich 2014, S. 144.

ドイツ帝国成立以降、スイス・アルプスではドイツ人の存在感が高まっていく。スイスの外国人旅行者全体にしめるドイツ人の割合は、一八九〇年代から第一次世界大戦の開戦までの時期に四分の一から三分の一程度で推移し、第一次世界大戦後のヴァイマル共和国期においても、依然として二〇%を越えていた。スイスのツーリズム産業にとって、隣国ドイツは無視できない存在になったのである。

スイスと同様に、一九世紀末にはティロールやフォアアールベルクといったオーストリア・アルプスでも鉄道会社など民間主導による観光地開発が推進され、貴族や市民層向けのホテルが整備された。地域レベルでは、一八九〇年に観光協会の全国組織が設立されている。一九世紀末にかけては、ナショナリズムの喚起や国民経済振興の観点から開発を試みる動きも存在した。オーストリア政府もスイスを競争相手と認識しており、一九〇八年には労働省に観光局を設置した。しかし、現地社会のツーリズム産業への依存度が高かったわけではなく、国民経済の観点からのツーリズム振興への関心も低調であった。

ツーリズムの広がり

ドイツ第二帝政期は、ツーリズムの大衆化の萌芽が見られた時代であった。ドイツの工業化はイギリスをしのぐ勢いで進展し、国内人口が流動化した結果、都市化が促進された（第四章・第九章参照）。同時に社会での市民層の厚みが増し、ツーリズムへも進出した。その背景には休暇の普及があげられる。まず、一八七三年に一部の公務員を対象とする病気療養のための有給休暇制度が導入されたが、その適用範囲は次第に拡大していき、第一次世界大戦前夜には職員層を中心とする新中間層の大部分も有給休暇の取得が可能になっていた。ツーリズムは、もはや貴族や上層市民層の独占物ではなくなりつつあったのである。しかし、労働者層については一部の熟練労働者を除いて、ツーリズムの機会は限られていた。

一九世紀末には、ツーリズム産業と一線を画した旅行形態も生まれた。ドイツ語で「渡り鳥」という意味を持つワンダーフォーゲル運動である。これは、ベルリン大学の学生ヘルマン・ホフマンが、ベルリン郊外シュテークリッツのギムナジウムで速記術を教えていた際に生徒らと始めたハイキングに由来し、徒歩旅行を通じて市民層の鉄道旅行からは得られない自然とのふれあいや旅の喜びを見出そうとした。二〇世紀に入るとワンダーフォーゲルは組織化され、ドイツのみならずオーストリアやスイスへも広がりを見せた（第四章参照）。

ワンダーフォーゲル運動と関連して、新たな宿泊施設も生まれた。二〇世紀初頭に、東プロイセン出身の小学校教師だったリヒャルト・シルマンは、郷土保護運動の指導者たちと協力して、青少年向けの宿泊施設整備をめざすユースホステル運動を展開した。第一号のユースホステルがドイツ中西部のアルテナ城に設置されたのち、ドイツ各地に運動は広がり、一九一四年時点では五三五カ所に開設されるまでになった。さらに第一次世界大戦をはさんで、運動は国際的に展開していくことになる。

3　ヴァイマル期のツーリズム

外客誘致の模索と労働者層のツーリズム

第一次世界大戦後のヴァイマル共和国は、危機的な財政状況の中で、国内のツーリズム産業振興による外貨獲得を経済復興の手段の一つとした（第五章参照）。すでにドイツ各地に観光協会や観光局は約九〇〇存在したが、国家レベルでもドイツ国営鉄道と協力して、とくにアメリカ合衆国をはじめとする外国からの旅客誘致のために、一九二〇年に「ドイツ観光宣伝局」が設立された。この時代に旅行会社の数は約四〇〇にまで増えていたが、中でも半官半民の「中欧旅行社」は代理店の数が一〇〇〇を超え、その大部分を外国に設置していた（図11‐3）。

他のドイツ語圏諸国のツーリズム産業においても、外客誘致は切実な課題であった。スイスは大戦中の一九一七年に観光局を設置し、戦後はアメリカや周辺国からの客数回復に腐心した。しかし、スイスのツーリズム産業界はあくまでも高級観光地としての復活を模索したため、ツーリズムの大衆化が進む中で、戦前の勢いを取り戻

図11－3　ベルリン，ポツダム駅の中欧旅行社の窓口（1926年）

出典：Christine Keitz, *Reisen als Leitbild: die Entstehung des modernen Massentourismus in Deutschland,* München 1997, S. 58.

すまでには至らなかった。他方、敗戦に伴う二重君主国の崩壊により成立したオーストリア共和国は、産業基盤が乏しかったため、「アルペン共和国」としてティロールや高峰グロースグロックナーを擁するケルンテンなどのツーリズム産業を振興し、二〇年代半ば以降、スイスをしのぐ勢いでドイツ人をはじめとする外国人の集客に成功した。

ヴァイマル期にも、労働者層の余暇環境の改善は漸進的にしか進まなかった。確かに、労使間で賃金協約が結ばれ、有給休暇制度の導入が拡大したものの、権利や制度の適用において不十分な点が多かったのである。他方で、労働組合や協同組合による、低所得者対象の休暇や旅行の普及を目的とした「ソーシャル・ツーリズム」や「民衆ツーリズム」の事業が生まれたのもこの時代であった。一九三〇年頃にそうした保養施設は約三〇〇にのぼった。とくに戦前から活動していた先述の「自然の友」は、大都市でのハイキング案内所や、近代的な保養施設を整備するなど、ヴァイマル期ドイツで事業を拡大させ、三三年の時点で会員数は約六万人で二二〇の施設を擁した。また、「全ドイツ労働総同盟」（ＡＤＧＢ）は三二年時点で約一〇〇の保養施設を所有していたほか、支部レベルでは安価な旅行事業も行っていた。しかし、二九年の世界恐慌に伴う大量失業の発生や、ドイツ社会民主党とドイツ共産党との路線闘争の激化などの影響により、こうした動きは弱体化したうえ、第三帝国期に入ると活動を禁止されることになる。

ツーリズム研究のはじまり

第二帝政期におけるツーリズムの規模拡大や質的変容、第一次世界大戦によるツーリズム産業の危機的状況と戦後復興の模索を背景に、二〇世紀初頭から一九二〇年代にかけて、ドイツ語圏では学術的にツーリズムを研究する機運が高まりつつあった。代表例として、二九年に経済学者ロベルト・グリュックスマンがベルリン商科大学に設立したツーリズム研究所があげられる。二〇世紀初頭より経済学や地理学といった分野からのツーリズムへのアプローチは存在していたが、グリュックスマンの試みは、より多様な分野の研究者を集めて学術専門誌を発刊し、ツーリズムの学際的研究を目指した点で「観光学」の体系化を先取りしていた。しかし、この研究所は世界恐慌の影響やグリュックスマンがユダヤ系であったことが災いし、ナチ政権により三五年に閉鎖された。

この間にドイツ語圏では、一九三四年にウィーン貿易大学に研究所が設立されたほか、四一年にはスイスでヴァルター・フンツィカーらの尽力により、グリュックスマンの研究成果を引き継ぐかたちで、ベルン大学とザンクト・ガレン商科大学にツーリズムの研究・教育組織が発足している。中立国スイスでは、第二次世界大戦中も研究活動が継続され、戦後にはツーリズム研究の国際ネットワーク形成において中心的役割を担うことになる。

4　第三帝国期のツーリズム

歓喜力行団の衝撃

一九三三年にヒトラー政権が発足し、ナチ党による独裁体制が構築されていく過程で、ツーリズムにも大きな変化が訪れた（第五章参照）。自動車専用道路の建設に代表されるヒトラー政権の雇用創出・景気浮揚策は、当時喧伝されたほど経済状況を改善したわけではなかったが、景気回復と生活水準向上に対する国民の期待感を高めた。さらにナチ政権は国民の消費願望に応えることで、大衆の支持を調達しようとしたのである。ナチ党は政権獲得後に労働組合を強制的に解体・再編し、ロベルト・ライを指導者とする「ドイツ労働戦線」を設立していたが、その一部局として設置されたのが、余暇組織「歓喜力行団（Kraft durch Freude：喜びを通じて力を）」である。この団体は、ファシズム体制下のイタリアで一九二五年に設立された余暇組織「ドーポラヴォーロ（Dopolavoro：労働の後）」を参考にして生まれたものであり、大衆消費社会の到来が意識されつつある状況下で、国民に対する文化統制の実践に大きな役割を果たした。

歓喜力行団は、ツーリズムの分野にも参画した。その目玉事業は安価なパッケージ・ツアーの提供であり、その中でも特に豪華客船による地中海やノルウェーへのクルージングが注目された。これは、特権階級に独占されていたクルーズ船旅行を広く国民に解放するという、いわば「民族共同体」のシンボルとして喧伝された。また、歓喜力行団は一九三六年からバルト海のリューゲン島に、「二万人の海水浴場」という大規模な保養所の建設を開始した。ここは、宿泊施設のみならず映画館や大ホール、さらには展望喫茶のあるタワーまで備えた大規模複合施設であった。ライは、同様の巨大施設をドイツ各地に建設しようと計画したが、第二次世界大戦の開戦で実現しなかった。現在でも「二万人の海水浴場」の遺構は残されており、一部が新たなレジャー施設へと転用されつつある。

こうした歓喜力行団の事業は、国際的にも注目された。一九三六年のベルリン・オリンピック開幕直前にハンブルクで開催された第二回世界厚生会議は、余暇形成の運動におけるドイツの指導的役割をアピールして大きな反響を呼び、同時代の日本の厚生事業にも影響を与えた。また、世界恐慌後の不況から脱却できていなかった隣国スイスのツーリズム産業界も、歓喜力行団の旅行事業の規模や大幅な価格割引の手法に衝撃を受けて、大衆化に問題意識を抱くようになり、先述のフンツィカーを中心に「スイス旅行公庫協同組合」を構想した。三九年に設立されたこの団体は、職員層や労働者層を対象に、ツーリズムに関わる諸施設の割引手段として旅行切手を発行する事業を展開し、第二次世界大戦後にソーシャル・ツーリズムのモデルの一つとみなされるようになる。

新聞・雑誌やラジオなどのメディアによる宣伝効果もあいまって、歓喜力行団が国内外に与えたインパクトは大きかった。しかし、派手な宣伝の反面で、ツーリズムの大衆化にもたらした効果は限られていた。そもそも目玉事業として喧伝された船旅への参加者数は一九三四年から三九年にかけて約七〇万人にのぼったが、これは同時期の歓喜力行団が主催した旅行参加者数のおよそ二％弱にすぎなかった。歓喜力行団の旅行者の多くは、日帰りや一泊の短期旅行に参加するのが関の山だったのである。

このように成果は限定的であったが、歓喜力行団が人々に大衆消費社会へ向かう将来像を夢想させたことも否定できない。労働者層を中心とする民衆は、失業者の多い不安定な社会がナチ政権下の景気回復の中で安定していくのを実感した。歓喜力行団の事業は、自分たちもツーリズムに参加できるという消費の可能性を意識させた。のちには、行ってもいない海外旅行に参加できた「いい時代」だったと回想させるほどの夢を提供したのである（図11－4）。

図11－4　ドイツ労働戦線フランケン大管区の歓喜力行団パンフレット（1938年）

出典：Christine Keitz, *Reisen als Leitbild: die Entstehung des modernen Massentourismus in Deutschland*, München 1997, S. 237.

一九～二〇世紀転換期に誕生したワンダーフォーゲルに代表される青年運動やユースホステルといった青少年のツーリズムも、ナチスによる「強制的同一化」を免れなかった。多様な思想傾向の存在した青年運動団体は、「ヒトラーユーゲント」などナチ系団体に吸収された。ユースホステル協会の会長にはヒトラーユーゲントの指導者が就任し、ナチスによる宣伝強化の道具となった。

政治的危機とツーリズム

ナチ・ドイツは、民族共同体を構築するためにツーリズムを利用したが、ドイツ人の外国旅行にも政治的に介入した。その代表例として、ドイツ政府が一九三三年三月に隣国オーストリアを訪れるドイツ人旅行者に対して、一〇〇〇マルクの通行税を課したことがあげられる（一〇〇〇マルク条項）。ベルギーのようにオーストリア以外の諸国を訪れたドイツ人に対しても現地での滞在期間に応じた税金が課されたが、オーストリアに対するほど高額ではなかった。一〇〇〇マルク条項は、ファシズム体制をとった当時のドルフス政権が、オーストリア・ナチ党の活動を禁止したことに対する制裁措置の意味合いをもっていた。この措置は、オーストリアのツーリズム産業の主要顧客であったドイツ人の激減をもたらし、同国経済の大きな痛手となった。ナチ・ドイツは、こうした経済的圧力や非合法化されたオーストリア・ナチ党への支援を梃子にしてオーストリアの「合邦」につなげたい考えだったが、オーストリアの友好国イタリアの存在もあり、すぐには成功しなかった。しかし、ドルフス暗殺後のシュシュニク政権期に独伊は接近し、オーストリア国内でもナチズムへの支持が高まり、三八年三月の合邦へと至る。皮肉なことに、この合邦は「同胞」となったドイツ人観光客の増加につながり、第三帝国の一地域「オストマルク」にツーリズム産業の復活をもたらしたのである。

一九三九年九月に第二次世界大戦が勃発すると、歓喜力行団は所有する船舶などを戦争のために徴用され、ツーリズム事業の規模縮小を強いられたが、国防軍の慰問活動に進出し、前線の兵士に音楽や演劇、詩の朗読などの娯楽の機会を提供することで引き続き存在感を示した。この間に、歓喜力行団の事業によって逼塞を余儀なくされていた商業ツーリズムが息を吹き返し、四一年と四二年にツーリズム産業は再び好調になった。しかし、ドイツ軍の戦況悪化に伴い、人々がツーリズムにおもむく余裕は失われていった。四四年に入ると連合軍の空襲によるインフラの破壊が進み、旅行どころではなくなった。歓喜力行団のシンボルであった豪華客船「ヴィルヘルム・グストロフ」号は病院船に転用され、その後は兵営となっていたが、四五年一月に東プロイセンからの避難民や傷病兵を満載した状態で、ソ連軍潜水艦の魚雷攻撃を受けて数千人の乗客とともに沈没するという最期を迎えた。翌二月には、ツーリズム目的の旅行禁止が命令され、そのおよそ三カ月後にドイツは降伏した。

5　戦後ドイツにおけるツーリズムの「民主化」

第二次世界大戦後、復興に伴って人々の所得が上昇していくにしたがい、休暇はもはや特権的なものではなくなり、戦前から萌芽の見られたツーリズムの「民主化」が現実のものとなった。もっとも、東西に国家が分断されたドイツでは、この「民主化」はそれぞれ異なる展開をたどり、ドイツ連邦共和国（以下、西ドイツ）では、民間主導で進められた一方、ドイツ民主共和国（以下、東ドイツ）では国家により準備されることとなる（第六章参照）。

東ドイツのツーリズム

社会主義国家の東ドイツには民間の旅行会社が存在せず、国内旅行は社会政策の一環として推進された。その担い手の一つが、「自由ドイツ労働組合総同盟」が東ドイツ成立前の一九四七年に内部組織として設立した「休暇サービス」である。この組織は労働組合の旅行部門であり、組合員向けの旅行斡旋を目的として、まず既存の保養施設の運営から事業を開始し、その規模を急速に拡大させた。「休暇サービス」以外では、企業が独自に営む保養所や、「東ドイツ国営旅行公社」、それに青少年を対象とする「ツーリズムならびにハイキング国家委員会」が国内旅行向けの宿泊施設やキャンプ場を斡旋していた。

「休暇サービス」による宿泊施設の提供は個人経営のホテルやペンションとの契約に依存していた。その後、ドイツ社会主義統一党（ＳＥＤ）によって強制的に国有化されたホテルやペンションを譲渡され、直営施設を増やしていったが、その数は低水準にとどまり、企業保養所や個人との契約でベッド数を確保する状況が続いた。一九六〇年代に至るまで、政府は人々の生活よりも経済建設を優先し、余暇の観点からの休暇旅行の需要を軽視していた。「休暇サービス」もすべての労働者が平等に利用できる状態ではなかったのである。

一九六〇年代半ば以降、労働者の余暇時間が増加すると、ＳＥＤは社会政策を重視する方向へ転換し、「保養政策」を実行した。その結果、休暇旅行が東ドイツに普及するようになるが、それに伴って「休暇サービス」は旅行の斡旋に苦慮するようになる。保養施設を所有する企業に勤める人々は、自社の保養所と「休暇サービス」の保養所の両方を利用できたが、保養所を持たない中小企業に勤める人々は「休暇サービス」にしか休暇旅行の斡旋を申請できないという不平等な状況が生まれた。企業保養所は自らの運営を優先したため「休暇サービス」との契約を渋り、両者は対立するようになった。一九七〇年代末にかけて、ＳＥＤは「休暇サービス」による保養施設の一元的運営をめざして改革を試みるが失敗に終わった。この背景には、企業側の抵抗にくわえ、保養旅行の個人化が進行したことがある。

東ドイツで唯一の海岸保養地を擁し、旅行者に人気のあったロストック県の例をあげると、県政府は「休暇サービス」や旅行公社を利用した組織的な休暇旅行を奨励していたが、現地の民宿によるそれらの組織を介さないかたちでの部屋やベッドの闇貸しが横行した。県政府はこうした動きに規制を繰り返したが、個人相互による無料での宿の貸し借りまでには介入できなかった。体制側が構想した旅行の組織化は徹底されなかったのである。

東ドイツでは、一九六〇年代以降、東欧諸国を目的地とする外国旅行も一定の増加を見た。行き先がソ連やルーマニアなどの遠方であれば旅行公社に斡旋されたが、チェコスロヴァキアやポーランドなどの近隣諸国の場合、個人ないしは家族単位で旅行申請を行ったうえで、週末に自動車で出かけることができた。東ドイツの人々は、外国旅行の機会を享受したと同時に、東欧諸国からの旅行者の受け入れ側でもあった。政府やSEDとしては、旅行の往来を介して東側諸国との連帯意識を醸成させることを望んだが、実際には、旅行先の東欧諸国で見せつけられた西ドイツの旅行者との待遇の差や、国内へ大量買い出しにやってくるポーランド人などへの嫌悪感により、東側諸国に対する東ドイツの人々の印象をかえって悪化させたのである。

西ドイツのツーリズム

西ドイツでは、一九五〇年代半ばに半数近くの労働者が最低三日間の休暇旅行を行っていたとされている。労働者層への休暇旅行の普及で一定の役割を果たしたのが、ヴァイマル期に萌芽の見られたソーシャル・ツーリズムである。このうち、五〇年に「ドイツ職員労働組合」などが参加してつくられた「ソーシャル・ツーリズムならびに旅行貯蓄共同体」と、翌年に「ドイツ労働総同盟」（ＤＧＢ）が設立した「ドイツ余暇共同体」は、加入者に休暇切手を額面の五％の割引で販売する事業を展開した。休暇切手を購入した加入者は、旅行の際にこれらの機関に加盟している交通機関やホテル等で、この切手を額面価格で通貨の代わりに使用できた。こうした仕組みは、先述のスイス旅行公庫協同組合が大戦前から構想しており、すでに事業として定着しつつあった。同様に、戦前から戦後にかけて、フランスや北欧諸国でも労働組合により設立された余暇団体が、ツーリズムの大衆化を促進していた。

しかし、労働組合主導のソーシャル・ツーリズムが繁栄したのは一九五〇年代のあいだにすぎなかった。西ドイツでは、「経済の奇跡」に伴い、労働者の賃金水準が向上して労働時間も短縮されたことで、おもに低所得層の余暇を支援するソーシャル・ツーリズムの存立根拠が失われ、目的地や内容面で選択肢の多い商業ツーリズムに取って代わられていく。もちろん、ソーシャル・ツーリズムの恩恵を受けた人々は少なからず存在していた。例えば、戦前からの青少年向けユースホステルの事業や、福祉団体と教会、それに「自然の友」のような協会による活動を無視することはできない。しかし、これらの保養施設での滞在は青年層や社会的弱者に限られた余暇形態という性格が強く、その存在感はヴァイマル期と比較して小さなものにとどまらざるをえなかった。

ソーシャル・ツーリズムの意義が低下したのに対して、商業ツーリズムの市場は戦後に急拡大していく。それを準備したのは旅行業者であった。一九四八年に「ドイツ旅行社」（四六年に中欧旅行社より改称）、「バイエルン旅行公社」、それに海運会社「ハパク」と「ロイド」の二社で運営していた旅行代理店組織は、あらゆる階層の人々に余暇旅行を提供することを目的に、共同出資による「ドイツ団体旅行連盟」（五一年から「トゥーロパ」）を設立した。また、「ドクター・ティゲス」、「シャーノウ」、「フンメル」といった戦前から存在した旅行業者も事業を再開した。これらの業者は、国内各地を目的地とするパッケージ・ツアーを組織したほか、トゥーロパのように専用の特別列車を用意して好評を博したところもあった。

当時の人気観光地の一つは、オーストリアに隣接するバイエルン・アルプスのルーポルディングである。ここは、歓喜力行団と協調して成功をおさめた旅行業者で第三帝国期の旅行政策にも関与したカール・デゲナーによって、戦前からすでに開発されていた。戦後に事業を再開したデゲナーは、先述のドイツ団体旅行連盟の設立も主導し、ルーポルディングを戦後マス・ツーリズムの最初のシンボルとすることに成功した。

鉄道に代わる新たな移動手段も登場した。一九五〇年代の終わりから、西ドイツではモータリゼーションの波が高まりつつあり、同時期にはすでに休暇旅行の三分の一で自動車が利用されていたといわれる。これに伴い流行したのがキャンプである。人々によっては、新たに登場したキャンピングカーも利用して、北海やバルト海へ、シュヴァルツヴァルトやバイエリッシャーヴァルトへと出かけた。

一九五五年に西ドイツの主権が回復し、五八年には西ドイツマルクとドルが全面的に交換可能になった。マルクの通貨価値が高まる中で、西ドイツのマスメディアはアルプス地域やイタリアにスペイン、さらにはハワイなど外国へのあこがれを喚起した。「経済の奇跡」をへて、国内旅行だけでなく外国旅行が西ドイツの人々にとって非現実的なものではなくなっていくのである。ただし、五〇年代末の段階では、ツーリズム全体にしめる外国旅行の割合は二割強にすぎず、行先もオーストリアなど近隣諸国が多かった（表11－1）。

所得拡大により生活水準が向上した人々のニーズをつかんだのが、一九六〇年代に異業種から参入した旅行会社である。たとえば、「クヴェレ」（一九六二年）や「ネッカーマン」（六三年）は、低価格のパッケージ・ツアーや飛行機のチャーター便を利用したツアーなど多様な旅行商品を提供した。対照的に、先述のソーシャル・ツーリズム二団体は同時期に業績を悪化させ、六〇年代に両者の統合をへて解散した。さらに、こうした新興企業の台頭や新しい旅行様式への対応に迫られて、トゥーロパ、シャーノウ、ドクター・ティゲス、それにフンメルの四社は六八年に合併し、ドイツ最大の旅行会社「国際観光連合（トゥイ）」が誕生した。七〇年代に入ると、格安航空会社の出現やジャンボジェット機の導入などによる技術革新に伴い、外国旅行においても大衆化が進んだ。

「一九六八年」は、ドイツ人の旅行様式にとっても転機であったといえる。かつて歓喜力行団の提起した、特権階級によるツーリズム独占の打破がようやく現実味を帯びてきた。外国旅行の割合が国内旅行よりも多くなると同時に、目的地の傾向も変化

表11－1　西ドイツ国民の旅行全体に占める外国旅行の割合（1958～98年）（単位：%）

1958	1968	1978	1988	1998*
23.0	51.0	59.4	68.9	70.4

注：*東西ドイツ統一後の新連邦州を含む。
出典：Rüdiger Hachtmann, *Tourismus-Geschichte*, Göttingen 2007, S. 168, Tabelle 8をもとに作成。

表 11 - 2　西ドイツ国民の外国旅行先（1958〜98 年）（単位：%）

	1958	1968	1978	1988	1998*
オーストリア	43.5	23.5	21.4	11.9	9.8
イタリア	26.1	21.6	17.0	16.4	13.2
スペイン	4.3	5.9	17.7	17.0	20.1
その他のヨーロッパ諸国	26.1**	49**	39.5	40.9	56.9**
ヨーロッパ以外の諸国***	—	—	4.4	13.8	—

注：*東西ドイツ統一後の新連邦州を含む。
**「その他のヨーロッパ諸国」と「ヨーロッパ以外の諸国」の合計。
***トルコを含む。
出典：Rüdiger Hachtmann, *Tourismus-Geschichte*, Göttingen 2007, S. 168, Tabelle 8 をもとに作成。

しつつあり、とくに地中海地域が学生などの若者世代に人気となった。彼らはそれまでの旅行者とは異なり、旅行先の文化よりも「三つのS」（Sonne：太陽、Sand：砂、Sex：セックス）への関心から、大手旅行会社が提供するスペイン領マヨルカ島への安価なツアーに飛びついたのである。その後現在まで、地中海地域はドイツ人の夏季休暇の主要目的地となっている（表11 - 2）。

ドイツ人とツーリズム

第二次世界大戦後の東西の分断状況において、ドイツのツーリズムを取り巻く環境は、それぞれの国家で大きく異なった。しかし、東西両ドイツの人々にとって、ツーリズムは日々の暮らしの中で強い関心の対象であり続け、国家や業界は全ドイツ人が旅行に出られるように腐心した。工業化の進んだ第二帝政期から現在まで、ツーリズムの規模は数的に拡大しただけでなく、それに参加する人々の階層も拡大し、それに伴って目的地や旅行様式が多様化してきたのである。

ドイツの近代ツーリズムの歴史は、他の西洋諸国のそれと重なる部分も多く、ドイツの「特殊な道」をことさらに強調するべきではないだろう。しかし、歓喜力行団により「上から」の大衆化が試みられたことや、戦後の東西ドイツそれぞれで異なったツーリズムが展開したことなど、固有の歴史的経験を重ねたうえで、ドイツ人が毎年休暇旅行に出かける「世界王者」になっていることは否定できない。グローバル化がいっそう深まる中で、彼らは新たな目的地と経験を求めて、世界各地にそのまなざしを向け続けることだろう。

（森本慶太）

参考文献

大津留厚他編『ハプスブルク史研究入門――歴史のラビリンスへの招待』昭和堂、二〇一三年（とくにコラム七、古川高子「オーストリアのツーリズム」）。

河合信晴『政治がつむぎだす日常――東ドイツの余暇と「ふつうの人々」』現代書館、二〇一五年。

河村英和『観光大国スイスの誕生――「辺境」から「崇高なる美の国」へ』平凡社、二〇一三年。

田野大輔『魅惑する帝国――政治の美学化とナチズム』名古屋大学出版会、二〇〇七年。

伸井太一編著、齋藤正樹著『第二帝国 上巻 政治・衣食住・日常・余暇』パブリブ、二〇一七年。

細田典明編著『旅と交流――旅からみる世界と歴史』北海道大学出版会、二〇一五年（とくに第四章、山本文彦「郵便と旅行――近世ドイツにおけるコミュニケーション革命」）。

山本秀行『ナチズムの記憶――日常生活からみた第三帝国』山川出版社、一九九五年。

ヴィンフリート・レシュブルク『旅行の進化論』（林龍代・林健生訳）青弓社、一九九九年。

Rüdiger Hachtmann, *Tourismus-Geschichte*, Göttingen 2007.

Hasso Spode, *Wie die Deutschen „Reiseweltmeister" wurde: eine Einführung in die Tourismusgeschichte*, Erfurt 2003.

第12章

「海」からみたドイツ史
——造船・海軍・ハンザ

本章では、「海」という視点からドイツ史を考えてみたい。叙述の重点は、本書第三章および第四章で扱われる一九世紀初頭から第一次世界大戦までの時期に置いている。その時期における造船技術の発展や海軍の発展、そして中世以来続くハンザとドイツ帝国との関わりにもとくに着目して、概観してみたい。

「ドイツ」と聞いて、海との関連を真っ先に思い浮かべる人は、ドイツのことをはじめて学ぶ人の中にはそれほど多くないかもしれない。たしかに現在のドイツ連邦共和国は、隣接する他のヨーロッパ諸国と比べてみると、国土面積に対して海岸線は長いとは言えない。北部はデンマーク、北西部はオランダ、西はフランス、東はポーランドに囲まれており、南は地中海に面していない。

しかし、一九世紀初頭においては、プロイセン王国がバルト海に海岸線を有していたし、そのプロイセンを中心として一八七一年に創建されたドイツ帝国は、一九一八年に第一次世界大戦に敗北するまで、ヨーロッパ大陸においてメーメルからエムデン南西部に至るまで、東西にわたって長尺な海岸

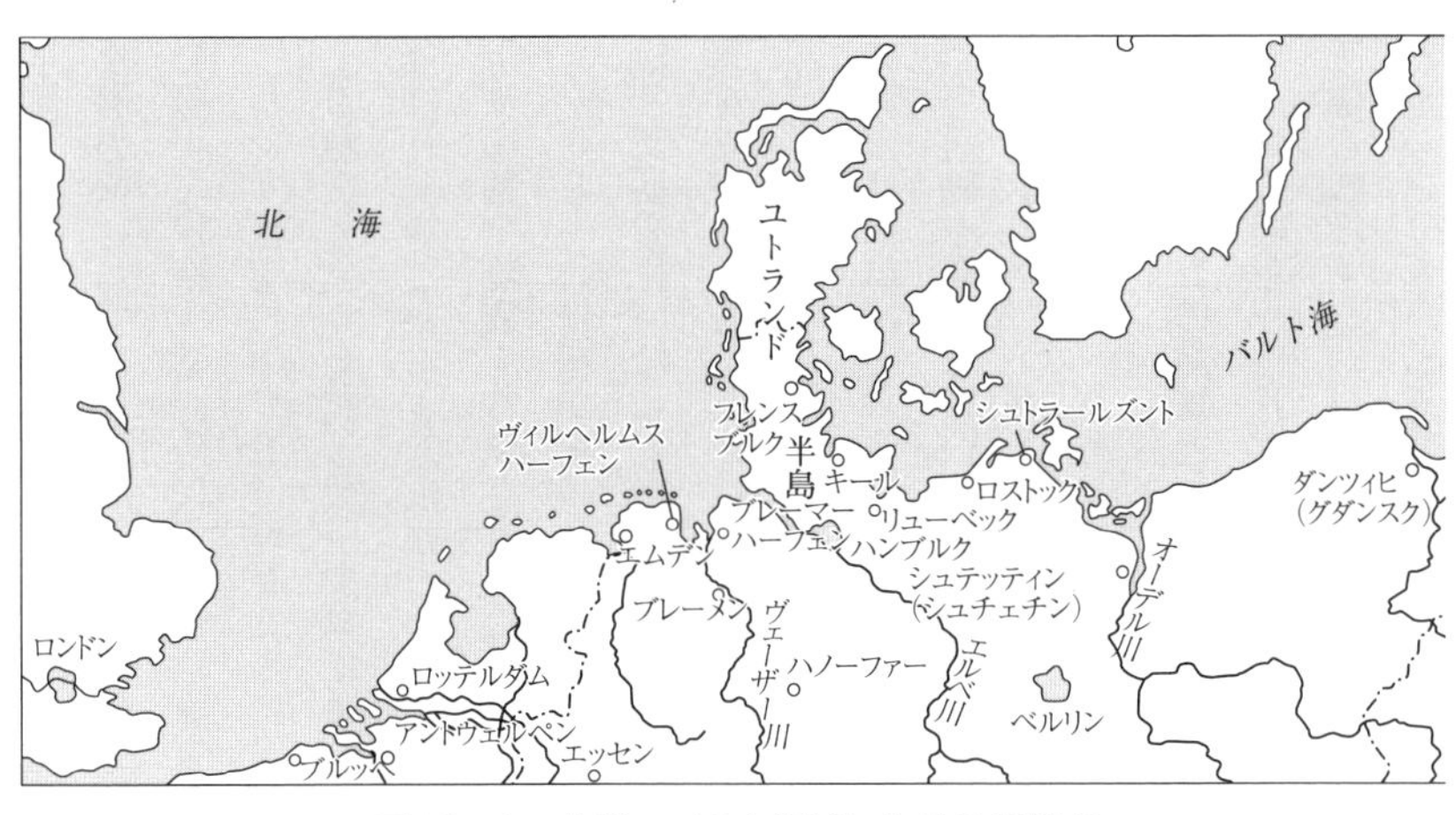

図12－1　北海，バルト海域における諸都市

注：カッコ内は現在の名称。点線はドイツ帝国（1871～1918年）の境界線。

出典：『プッツガー歴史地図　日本語版』帝国書院，2013年，176-177頁をもとに筆者作成。

線を有することになった（図12－1）。この海岸線沿いには、中世以来、海洋交易や造船業が盛んな湾港都市が多く位置しており、ドイツ帝国創建以降も商業や軍事、工業といった様々な側面からドイツを支えた。そして時には国家の行く末を左右する要因をも作り出したのである。

1　一九世紀以前の北海とバルト海

ハンザ「同盟」

近世までの北海とバルト海は、ハンザのものといっても過言ではない。一二世紀までにケルンの商人が、ブルッヘやロンドンに進出、定住した。そこで羊毛や毛織物などを調達し、同郷の商人の事業をとりもつようになる（商人ハンザ）。一四世紀半ばごろまでその事業は主に商人の遍歴によって行われていたが、各地に定住する商人が次第に増えたことで、都市を単位とし、都市間で商業が行われるようになる（都市ハンザ）。このように自然発生的に生じたハンザは、「ハンザ同盟」と称されることが多い。しかし、文字通りの同盟ととらえるには注意が必要である。ハンザは当事者間の条約などを必要とする同盟ではないし、共通の政治目的や信念の下に組織された同盟でもない。さらに言えば北ヨーロッパを勢力圏としていた国々と取引関係を結んでいたわけでもなかった。ハンザはあくまでも、経済的な利益を共同で獲得し保持するために、連帯意識をもった商人や諸都市の「集団」であった。

ハンザ都市の中でも一一五九年に建設されたリューベックは、北海とバルト海を中継する位置にあり、積み換えの拠点として発展した。まず北海から海路でハンブルクに荷が運び入れられる。それが陸路でリューベックに運ばれ、そこからまた海路でバルト海域に輸送される。ユトランド半島（ユラン半島）を迂回せずに北海とバルト海の間で物資を往来させるためには、リューベックは重要な拠点であった。

しかし一六世紀からオランダ商人が台頭し、ハンブルクやリューベックを経由せずに直接バルト海のハンザ都市と交易を行いはじめた。とくにダンツィヒと穀物や造船素材の取引を行い、それによりハンザ諸都市の間に利害対立が生じることとなった。この溝は埋まることなく、一六六九年に開催されたハンザ総会を最後に、ハンザ「同盟」は終焉を迎えたとされる。しかしハンザは消滅したわけではない。リューベック、ハンブルク、ブレーメンの三都市は一六三〇年の時点で強力な同盟を締結している。この同盟に則って三都市は一八〜一九世紀を通じて活動を展開している。そして現在でもなおリューベックはハンザ都市を、ハンブルク、ブレーメンは自由ハンザ都市を名乗っている。

プロイセンの海軍と「艦隊」

一六八四年一〇月、ブランデンブルク選帝侯（プロイセン公）のフリードリヒ・ヴィルヘルム（大選帝侯）は、軍隊を整備する一環として、公式にブランデンブルク・プロイセン海軍を設立した。そして息子のフリードリヒ三世（プロイセン王としては、フリードリヒ一世）はベルリン、エムデン、ピラウに拠点を設置した（第二章参照）。

しかしこの海軍は資金繰りに失敗したり、船舶が海賊に拿捕されたりしたため、一七〇一年にプロイセンが公国から王国に昇格したと同時に、解体された。

フリードリヒ二世は、国家機構としての海軍を設置することに関心をあまりしめさなかったが、戦闘能力の高い部隊を海上に配備することには尽力した。七年戦争（一七五四～六三年）でも、シュテッティンを防衛するために、船隊（Flottile）を配備し、それに成功している。ただし、その船隊を構成する「軍艦」は漁船や木造商船に武装を施したものを手配したにすぎず、船隊は艦隊と呼べる規模ではなかった。

一八〇七年の初頭からプロイセン王国では、前年から続くフランスとの戦闘のために、暫定的な海洋戦力の設置が試みられた。しかしこれも漁船や商船に武装を施して組織された、よせ集めの「艦隊」であった。プロイセンは敗北し、一八〇七年七月に「屈辱的な」ティルジット条約を締結させられた。

一八一一年以降、プロイセン王国では海洋戦闘力を国家主導で組織することが検討され、シュテッティンやダンツィヒで戦闘用の船舶を建造すること、そしてそれらの船舶で艦隊を組織することが計画として持ち上がることとなった。しかし艦隊編成が実現するのはまだ先の話であった。

2　一九世紀前半の北東ドイツにおける海洋造船技術の発展

シュレスヴィヒ・ホルシュタイン戦争

一九世紀後半から、軍事的にも経済的にもドイツにおける海事の重要性がよりいっそう増していく。造船業の発展や大規模艦隊の編成が重視されることとなる契機の一つは、二度のシュレスヴィヒ・ホルシュタイン戦争（一八四八～五二年、一八六四年、二度目は対デンマーク戦争とも呼ばれる。ここでは一度目の戦争の方を対象とする）

である。一八四八年革命の影響でユトランド半島南部の帰属問題が激化する中、シュレスヴィヒ公国内のドイツ系住民保護を目的に、プロイセン軍中心のドイツ連邦軍が派遣され、デンマークと戦闘状態に入った（第三章、第四章参照）。陸軍中心のプロイセン軍は、当初から陸上の戦闘ではデンマーク軍に対して優勢を保っていた。

しかし海上では、両戦争ともデンマーク海軍が展開した北海沿岸の封鎖や商船航行の妨害にプロイセン軍は対応できなかった。これはオーストリア海軍の協力を得られなかったことが一因である。オーストリア海軍はナポレオン戦争の結果、イタリア王国海軍とヴェネツィア海軍を継承しており、イタリア人将校が艦隊の中核を担っていた。その将校らが同時期に発生したヴェネツィアでの革命に呼応して軍を離反したため、オーストリア艦隊は機能していなかった。

プロイセンは海洋戦闘力の低さに艦隊を組織して対処しようとした。しかしこの艦隊も漁船に武装を施すなどして改造した、急ごしらえの「軍艦」で編成されたものであり、結局はデンマーク海軍に太刀打ちできなかった。これを機にドイツでは艦隊の編成と拡大に、より積極的な姿勢が見られるようになる。しかしそのためには同時に造船技術の向上を急ぐ必要もあった。

この時代における造船技術の発展といった場合、次の二点を指す。一つには船体の素材として鉄を用いること、今一つには、鉄で建造され重量の増した船体をより高速に動かすために、動力に蒸気機関とスクリューを用いることである。しかしながら当時のドイツの海洋造船技術はそれに程遠いものであった。というのも造船所では、船舶の修理が主な業務であり、船舶建造自体はイギリスの造船所にその多くを依頼していたからである。

一方で河川、水運航行用の造船技術の発展は、海洋のそれよりも早い。一八一〇年代では畜力や人力を用いた曳船が主流であり、蒸気機関の利用はまだ試験段階であった。しかし一八二〇年代には外輪やスクリューを搭載した蒸気船がベルリン近郊の造船所やグローン（現在はブレーメンの一都市区）にある造船所で建造される。ライン川沿いでも、ケルンの汽船会社が携わる貨客船の運行に、蒸気船が用いられている。

一八三〇～四〇年代には、ベルリンやドレスデン、ライン川下流域のオーバーハウゼンでも、牽引用船舶や貨物船に蒸気機関が搭載された。それに伴って、船体がより大型になり、積載量も増加した。よりいっそう丈夫な船体が必要とされ、貨物船にも鉄製の船体が導入された。これらの技術導入によって、一隻あたりの輸送距離が大幅に伸び、ライン川流域の汽船会社間で一八二八年から結ばれていた航路協定が一八四一年に撤廃された。これにより会社間の相互競争が促進されることになった。

河川航行用の造船技術が発展した要因の一つに、北海およびバルト海沿岸の港湾都市と後背地との密接な連絡をあげることもできる。後背地は都市にとって、出入貨物の需要と供給を満たす重要な地点であった。たとえばハンブルクは、内陸部の後背地とより密接に連絡をとり、一八世紀以降ハンザ都市の中で最大規模にまで発展した。このような河川の交通網が発展していたこともあり、河川航行用船舶に鉄や蒸気機関を用いることは、比較的早くから実施されていた。

一方で河川航行用船舶の技術状況と比較すると、海洋船舶については、一九世紀初頭のドイツは「新興国」であった。そして他国の造船業の依存から脱却するために様々な手段が講じられていくのである。

官民の造船所における技術導入の試み

鉄を素材にして海洋船舶建造を最初に試みたのは、国立の造船所であった。この造船所はプロイセン海軍の倉庫を改造し、一八四四年にダンツィヒ、一八六九年にキールとヴィルヘルムスハーフェンに設置された。これらの国立の造船所では、海洋船舶の中でもとくに軍艦の建造にあたって、鉄を用いることが試みられた。しかしこの時期におけるドイツの「海軍」では伝統的な設計、すなわち長期の航海に対しても木製船体と帆の利用を重視

図12－２　ヴェーザー川の支流ゲーステ川に残る1860年代のドック（2019年，ブレーマーハーフェンにて筆者撮影）

する意見がまだ根強く残っていた。

一方で民間の造船所や企業による技術導入は、国立の造船所に比べると、より積極的に実施された。バルト海沿岸では、たとえばエルビンク（シヒャウ造船所）、ダンツィヒ（クラヴィッター社）、シュテッティン・ブレドヴ（ヴルカン造船所）、ロストック（ツェルツ&ティッシュバイン社）、キール（ホヴァルト造船所）などの都市で、一八五〇年代以降鉄製船体の建造や蒸気機関の導入が試みられている。

北海側では、ハンブルク（シュテルケン造船所）もあるが、一九世紀以降の造船技術の導入が顕著であるのはヴェーザー川流域である。一八三〇年に開かれたブレーマーハーフェン（ドイツ語で「ブレーメンの港」の意）は、より大型の船舶が停泊できるようにするために、ブレーメンがハノーファー王国から用地を購入して建設した港湾都市であり、現在でも至る所にドックの跡地がある（図12－2）。

この時代におけるブレーマーハーフェンでは、個別に鉄を製錬、加工する造船所もあった。たとえば、テクレンボルク造船所やリックマーズ造船所がそれにあたる。さらにグローンのJ・ランゲ造船所やブレーメンのC・ヴァルティエン社では、蒸気機関を搭載した牽引船を一八四七年に建造することに成功している。また、C・ヴァルティエン社は、同じくブレーメンで一八五七年に設立された北ドイツ・ロイド社（NDL）に、蒸気機関を搭載した海洋船舶を提供しようと試みている。NDLは、ハンブルクのハンブルク・アメリカ小包輸送株式会社（HAPAG、一八四七年創立）と並んで、一九世紀後半のドイツを代表する海運、旅客会社の一つであった。N

DLとHAPAGは、一九世紀初頭から増加した海外移住希望者のアメリカへの輸送にも携わり（第三章参照）、ハンブルクとブレーマーハーフェンの発展にも貢献した。なお現在は、NDLとHAPAGは合併し、HAPAG－Lloyd社となっている。

ここまでドイツの造船所における技術導入の試みを見てきたが、イギリスで一八二一年に、世界初の鉄製汽船アーロン・マンビー号がすでに進水していたことを踏まえると、ドイツは造船では、いまだイギリスの後塵を拝していた。NDLもHPAGも、イギリスの造船会社であるケアード社やジョン・エルダー社が建造した船舶を購入しており、同時代におけるドイツ造船技術に対する信用の低さがここにも見られる。

一八五〇年代～一八六〇年代でも、ドイツがイギリスに造船で「勝てない」状況は大きくは変化しない。一八五〇年代には、海事や造船の重要性がより強調され、国家における重工業技術の発展度合いと海事の優位性を直接結びつける意見が散見されるようになる。確かにこの時期までにドイツでは、工業技術が発展し、それと並んで海上輸送の需要が増加していた。しかしドイツの造船技術は、イギリスやフランスのそれと肩を並べるようになったわけではなく、相変わらずイギリスやフランスに鉄製の船体建造を依頼していた。

しかし一八六〇年代にはいると、動力や素材についての認識の変化はドイツでも起き始める。石炭を用いた蒸気機関や鉄の導入を検討する造船所が増え始める。そうした造船業の状況の中で、とくに突出していた都市が、シュテッティン（ヴルカン造船所）とダンツィヒ（シヒャウ系列の造船所）である。一八六〇年代においては、この二都市の造船所で製造された船殻（船体の骨格と外郭を指す）が実用の水準に達していた。しかしこれらの都市に対してもドイツの主要な海運会社からの発注がそれほどなかったことに鑑みると、完成した船舶に対する評価は、イギリスのものよりも依然低かったのであろう。

造船業と鉄鋼業

造船業の発展に不可欠であったのが、建造素材を確保するための、鉄鋼業との関係である。ドイツの西側に位置するルール地方の製鉄所や作業所は、一八三〇年代から始まって一八四〇年代にブームの様相を呈した鉄道の敷設に便乗し、ドイツの主に内陸部に製品を供給していた。鉄加工にとって重要な圧延作業所は、北海やバルト海の沿岸部にある造船所に製品を供給するために、船殻用の鉄板を製造していたが、造船所が必要とする板を質、量ともに製造できていなかった。そのせいもあってか北東ドイツの造船所はイギリスの製鉄所や企業との事業関係にいまなお依存していた。さらに、輸送コストの問題もある。ライン＝ヴェストファーレン地域と北海、バルト海沿岸部とはかなり離れており、輸送には相当の費用がかかった。そのためドイツの鉄鋼業と造船業の利害は一致していなかった。これに対してたとえばイギリスでは、造船所と石炭鉱山、圧延作業所が近距離にあり、かつ国外に市場や原材料調達地を多く獲得できていたこともあって、造船の素材調達や建造コストをより安価に抑えることに成功していた。

造船の専門教育の端緒

造船技術者の育成についてはどうであろうか。ドイツの造船教育の制度設計は比較的早くからあり、一八世紀後半から一九世紀初頭にまでさかのぼることができる。一八一〇／一一年にはすでにプロイセンでは、造船マイスターの国家試験に関する規定と条例が制定されていた。さらに海洋造船業者だけでなく、操舵手や水先案内人にも試験が義務づけられていた。

シュテッティンでは、一七五〇年に造船の学校を設立することがすでに検討されており、一八三四年に王立シュテッティン造船学校が設立された。工科大学の先駆け的な存在であるこの学校では、航海術だけでなく船舶設計や数学などの実学に重点をおいた教育カリキュラムが組まれていた。

人材育成にはプロイセン商工局長C・P・W・ボイトが役割を果たした。ボイトは、ダンツィヒのクラヴィッター社からグスタフ・D・クラヴィッターを招聘し、シュテッティン造船学校の講師に就かせた。彼はマイスターの試験に合格し、ベルリン産業インスティテュート（一八二一年設立）で数学と機械工学の教育を受けており、講師としては最適な者の一人であった。さらにボイトは、クラヴィッターをデンマークやイギリス、オランダに国費の奨学金で派遣して研鑽を積ませ、プロイセンの造船教育の水準を上げようとした。しかしクラヴィッターは一八三四年に逝去してしまい、後任としてカール・A・エルバーツハーゲンが派遣された。彼は帰国後、プロイセン海軍の艦艇設計に携わっている。

またこの造船学校は、後にヴルカン造船所の取締役会の一員となるR・ハックや、現在も世界的に有名なドイツ造船会社であるマイヤー造船所（現在はマイヤー・ネプチューン社の傘下）を設立するヨーゼフ・L・マイヤーらを輩出した。しかしこの造船学校は、冬期にしか教育課程が実施されないなどの問題があり、一八七一年に閉校となった。

3 ドイツ帝国における海軍・造船（教育）・ハンザ

シュトシュの改革

一八七一年にドイツ帝国が成立したことを契機として、ドイツの海事は転機をむかえた。帝国創建以降、国家レベルで海事の振興がいっそう進められるようになる。初代皇帝ヴィルヘルム一世は、シュレスヴィヒ・ホルシュタイン戦争以来の艦隊をより大規模なものにし、海洋戦闘力を確保するために、海軍機関の改革に乗り出した。

図12－3　帝国海軍本部長時代のシュトシュ（1875年）

出典：Sieg, Dirk, *Die Ära Stosch: Die Marine im Spannungsfeld der deutschen Politik 1872 bis 1883*, Bochum, 2005, Titelbild.

ヴィルヘルム一世は、一八七二年に陸軍大臣と海軍大臣の兼任を廃止し、海軍を固有の機関とした。そして北ドイツ連邦時代から軍令を担当してきた海軍総司令部と軍内部の行政を担当する海軍省を統合し、帝国海軍本部を設置した。そして初代本部長にA・フォン・シュトシュ（一八一八～九六年）を任命した。シュトシュは海軍機関の独立に加え、①海外における海軍拠点の獲得、②ドイツ造船業と艦隊の他国依存からの脱却、③あらゆる海域での海洋商業の保護、沿岸防衛、固有の攻撃力の発展、以上の三点をめざした。そしてこれらを目的とする「艦隊建設計画」を掲げ、ドイツ固有の大規模な艦隊を組織することをめざした。なお①については紙幅の都合上割愛し、ここでは②、③を中心に見ていこう。

この計画には、独仏戦争（普仏戦争）の賠償金という資金源をドイツ帝国が有していたことに加え、工業振興の意義もあって、帝国議会も難色をしめすことはなかった。しかしこの「計画」は、早速行きづまる。ドイツ帝国では賠償金を元手に多くの株式会社が濫立し、ブームの様相を呈した。しかしその後一八七三年にウィーンの証券取引所における株価の大暴落により、「大不況」が発生した（第四章参照）。不況による資本不足のために、新技術の導入は「重要ではない」とされた。民間、海軍双方の造船所においても、その「リスク」は冒せない状況となってしまった。

さらに当時のドイツの造船所には、鉄製の巨大な船舶を建造できるキャパシティや設計ができる専門家、そして素材の供給者が恒常的に存在したわけでもなかった。そのため、造船所のキャパシティよりも大きい艦艇が損傷した場合は、従来と同様に、イギリスやフランスの造船所に依頼してスペースを借り、そこで修復作業を行っていた。

こうした状況をみたシュトシュは、他国の造船所やドックへの依存はドイツ造船業の危機であるとして、依存脱却のために、国内での艦艇建造、修理を奨励した。しかしただちに大型の艦艇をドイツ帝国内で建造することは不可能であったため、大型の艦艇については他国で建造、修理されるのはやむを得ないとし、小型の砲艦の建造と修理を国内で行うことを奨励した。そのために、コストパフォーマンスが高く、品質も良い造船の部品を供給できると海軍内で判断された場合、その造船所や企業には優先的に発注するなど、一定程度の優遇措置を施すことを政策に加えた。これは民間の造船所がより積極的に「艦隊建設計画」に関与できるようにすることが目的であった。その効果もあり、一八七〇年代末～一八八〇年代初頭には、キールのゲルマニア造船所やブレーメンのＡＧ・ヴェーザーなどが、企業の規模を拡大し、より大型の船舶を建造、修理できるドックを導入することに成功した。さらにＮＤＬとＨＡＰＡＧも保有する技術を向上させ、ドックや船台の数を増やすことにも成功している。

造船業を振興しようとする動きは、帝国議会内にも見られた。「大不況」対策として関税を導入し、自由貿易から保護貿易へと転換する一方で、造船の原材料輸入に対しては、関税をかけないことが一八七九年に決定された。この決定により造船業界は、イギリスなどから原材料をより安価に輸入することができるようになった。これには不況対策に加えて、同時代における鉄鋼業界との関係や供給される鉄鋼製品の質の問題が背景にあった。同時代の鉄鋼企業は、造船所が求めるような品質水準の造船部品を、いまだ製造することができなかったのである。

シュトシュが本部長を辞任した二年後の一八八五年に、さらに帝国助成金法が施行された。これは、東アジアおよびオーストラリアへの郵便汽船ラインに用いられる船舶を建造する企業や造船所に、助成金を交付する法律であった。この法案を可決するにあたって、ビスマルクは「適切なドイツの企業に、より密な助成を」という構想のもと、助成を受けるにはドイツの造船所で、かつドイツ製の部品を用いて船舶を建造することを条件とした。この法律が施行されて以降、NDLやHAPAGからもドイツの民間造船所に多数の注文が寄せられた。一八九〇年代に入り、ビスマルクの後任の宰相であるカプリーヴィが国外の市場拡大をめざして輸出重視の政策に転換した。ドイツが好景気になり始めた一八九三年に、帝国助成金法は停止された。この法律によってドイツの造船業が国際的な水準まで引き上げられたとする見解もあり、実際一九～二〇世紀転換期には、世界における造船のシェアの一〇%を、ドイツが占めるまでになった。

こうしてシュトシュらの政策によって、増強のための基盤が形成されたドイツ帝国海軍は、F・フォン・ホルマン、そしてアルフレート・フォン・ティルピッツらによって機構がいっそう整備された。さらに一八九八年に制定された艦隊法（これ以降四度改訂される）によって、ドイツ海軍の艦隊である「大洋艦隊」はイギリスに次ぐ世界第二位の規模にまで拡大された。

ドイツ帝国における造船企業と鉄鋼企業

シュトシュの「艦隊建設計画」や、ティルピッツとヴィルヘルム二世の艦隊拡張政策によって、ドイツの鉄鋼業界が製造する造船部品は、国内の造船所や企業からも一目置かれるようになった。ドイツの鉄鋼企業は造船の部品を国内企業に供給することを優先し、他国の製品、とくにイギリス製のものと競争できる質の製品をめざすようになる。たとえばヴルカン造船所やゲルマニア造船所（一八九六年からクルップ社が所有）、ブローム・ウント・フォス社などが、装甲板や艤装システムをドイツの鉄鋼企業や機械工業企業に発注するようになる。

一八八〇年代の後半に、ドイツ造船業の現状と今後の発展に必要とされる社会的条件について、帝国海軍局から提言がなされた。その中には鉄鋼業、金属加工業界も造船用の素材を製造できるよう手配すること、機械工業における造船機器専門部門の設置、そして輸送手段の整備などがあげられている。

こうした条件に対して、ディリンゲン・アン・デア・ザールに拠点を置くディリンガー精錬所や、オーバーハウゼンのグーテホフヌングスヒュッテ、エッセンに本社を構えるクルップ社などの名だたる鉄鋼企業が応じた。そして試行錯誤を重ね、造船の中でも軍艦建造にとって重要な素材となるジーメンス・マルティン鋼やニッケル・クローム、そしてそれらを用いた装甲板を製造して海軍に供給していくこととなる。

実際にドイツの造船企業と鉄鋼企業との事業関係が確立され、本格的に製品を供給するようになるのは、一八九〇年代に入ってからであった。ドイツ企業における技術発展により、装甲板や船殻など金属加工に関わる造船部品は、一九一四年までにドイツ西部から全体の七五%が供給されることになった。しかしその一方で、イギリスの製品や素材のシェアは依然としてドイツで衰えることはなかった。実際のところ造船部品全体で見ると、ドイツ鉄鋼企業によるシェアは五%ほどであり、ドイツの鉄鋼業界と造船業界の関係は、限定的なものであった。

ドイツ西部からの製品供給が増えたことは、輸送の問題が克服されたことにもよる。一八九八年二月には鉄道、造船、鉄鋼の各工業界間で、造船素材の輸送にかかる運賃軽減の合意がなされ、ドイツ西部〜北ドイツ間の輸送コストが緩和された。この合意はドイツ製の素材や製品にとって有利に働いた。いまだイギリスの造船部品が多くを占めるドイツ造船市場の中で、ドイツ製の造船部品の売上、供給数を共に上昇させることにつながったのである。

造船専門教育の発展――シャルロッテンブルク工科大学の誕生

ベルリン産業インスティテュートでは一八六一年に、機械技師の学部の管轄下に造船の学科が設置された。このインスティテュートは一八六六年にベルリン王立産業アカデミーへと改称され、一八七九年にベルリン建築アカデミーと合併し、ここに王立ベルリン・シャルロッテンブルク工科大学が誕生した。

シャルロッテンブルク工科大学では、一八八二年に造船学に関するカリキュラムが三年から四年に拡大され、一八九四年には造船および船舶機械建造のための学部が、単独で設置された。教授には海軍技師や海軍管轄局（マリーネフェアヴァルトゥンク）の出身者が着任した。さらに一八九九年に工学博士を授与する権利を同大学が獲得し、研究機関として総合大学と同等の扱いとなった（第一〇章参照）。この時期には、民間の造船所の技師も、教授として同工科大学に招聘された。W・ラーズもその一人である。彼は同工科大学を一八九四年に修了した後、NDLやゲルマニア造船所など、様々な海運、造船会社で技師として働いており、一九〇四年に造船学の教授として、シャルロッテンブルク工科大学に着任している。

シャルロッテンブルク工科大学の他にもハノーファー工科大学、ダンツィヒ工科大学やハンブルク、キール、ブレーメンの造船に関する教育機関でも一八九〇年代末～一九〇〇年初頭にかけて、技術者や設計者、建造者を養成するための学部が設置された。そしてそこにシャルロッテンブルク工科大学の修了生が教授として着任するようになった。こうして高等教育修了者が造船教育にも定着した。

一九〇〇年には造船業界の職員の中で、高等教育修了者が二七〇人を数え、一九〇六年には四二〇人へと倍加した。この時期のドイツ帝国は、電機や化学など「新工業」の分野での台頭がよく知られている（第四章参照）。その一方で造船業や鉄鋼業など従来の分野でも、学問的、科学的な教育と研究の場が確立されていった。ドイツ帝国創建以降、強国を目指す政策を実施する過程で、科学技術や海事に関する研究もしだいに重要性を増していった。工科大学の誕生と発展は、その象徴であった。こうした研究や教育の進展を基礎に、カプリーヴィが積極的に国外への進出を推奨する方針を打ち立てたことも追い風となり（「新航路」政策）、ドイツの工業企業は輸出事業をこれまで以上に拡大し、好景気の時代を迎えることとなった。

「伝統」の形成――ハンザとの協力

これまでに見てきた、造船技術の振興、発展と艦隊の整備に道筋をつけていくドイツ帝国が同時に求めたのは、「海（軍）のドイツ帝国」としての伝統を「補う」ことであった。ドイツ帝国時代には、海軍の発展や艦隊拡張の正統性を主張する政策も実施されたのである。

一八四八／四九年に艦隊がはじめて編成されたドイツは、イギリスやフランスなど、ながらく海軍を保有していた国家と比べると、海での伝統がより短いと言わざるをえない。ドイツは鉄道や陸軍に代表されるように、「陸のドイツ」としての印象がやはり強く、ドイツ帝国創建につながる一連の「統一戦争」を勝利に導いたのも総じて陸軍であった。そこで、一九世紀以前における海の伝統の「欠落」を補うために注目されたのが、海運および艦隊について一二世紀以来の伝統をもつ、北ドイツにおける都市ハンザの伝統であった。ハンザは時代を経る中でリューベック、ハンブルク、ブレーメンと主要拠点を変えつつ、一九世紀においてもなおその伝統を保持していた（本章第1節）。このハンザの伝統をドイツ帝国の中で「再発見」し、利用しようとし

図12－4　ミュールヴィクの海軍アカデミーの校舎
出典：Zeitschrift für Bauwesen, Jahrgang. 62, 1912, Bild 30, https://digital.zlb.de/viewer/readingmode/15244658_1912/29/.（2019年9月26日閲覧）

HANSISCHE
GESCHICHTSBLÄTTER.
HERAUSGEGEBEN
VOM
VEREIN FÜR HANSISCHE GESCHICHTE.
JAHRGANG 1871.
LEIPZIG
VERLAG VON DUNCKER & HUMBLOT
1872.

図12－5　『ハンザ史誌』創刊号の表紙

たのである。

ここではとくに一八八〇年代以降、ドイツ帝国がいかにして海での伝統を手に入れようとしたのかについて見てみよう。一八八八年にヴィルヘルム二世が即位してからは、「現在」とハンザ史とを積極的に結び付けようとする動きがより活発になった。海事にとどまらずハンザを想起させる様々な試みが実施された。その動きは、建築様式やアカデミー、学術結社の活動の中に、顕著に見られた。たとえば一八九七年に開かれたハンブルクの新市庁舎（完成は一八九八年、旧市庁舎は一八四二年に焼失）やフレンスブルクの都市区画であるミュールヴィクに一九一二年に完成した海軍アカデミーの校舎（図12－4、一九一二年完成）は、中世的でかつハンザ的な特徴を強く意識して建てられた。

アカデミーや学術結社については、ドイツ帝国の「現在」とハンザの過去の関連をより強く「再叙述」することに重要な役割を担った団体をあげておきたい。一八七一年に活動を開始した、ハンザ史協会である。協会の構成員は、歴史家やアーキビスト、ギムナジウムの教師、大学教授、商人、政治家や官僚などであり、その主な活動は、ハンザに関する文書の編集や、論説、専門書の公刊、学術集会や講義の開催であった。中でも協会設立と同時に刊行された『ハンザ史誌』は、ハンザの過去をめぐって学問的に議論する場のプラットフォームの一つとなった（図12－5）。さらに一九〇八年に二番目の定期刊行物である『流通と海洋の歴史に関する論集』が刊行された際に、その序文の中でハンザ史協会の目的は、「ハンザの本質と内実こそが、海洋におけるドイツを表す」ということを明らかにすることである、と表明した。

しかし、ハンザをドイツ帝国、とくに海洋におけるドイツ帝国の使命の起源であるとする主張は、歴史的な事実を強く歪曲したものであった。商人、都市の集団でしかないハンザは、ヴィルヘルム二世や同時代人が、ドイツ帝国の起源とみなす神聖ローマ帝国の一部では決してなかったし、ハンザ成立以降の中世、近世における君主とも相互につながりはなかった。さらにハンザが衰退した主な要因は、すでに見たように、一六世紀以降に近隣の国々が経済的に発展したこと、ハンザ「同盟」内に利害対立が生じたことであった。小ドイツ的な統一によって創られたドイツ帝国とハンザとの歴史的なつながりは、その連続性を主張するには決定的に弱かった。

にもかかわらず、ドイツ帝国時代におけるハンザに関する叙述では、ドイツ国民の歴史がハンザまでさかのぼって記述された。T・リントナーやD・シェーファーといった、大学で歴史学を担当していた教授らも「再叙述」に関与した。ハンザ史協会のメンバーでもあった彼らは、ハンザがドイツ「民族」の集団であって都市を基盤にした貿易商人の集団ではなかったと主張した。

ハンザの海洋におけるアイデンティティをとくに欲したのが、ドイツ帝国の海軍であった。ヴィルヘルム一世とシュトシュの改革以降、ドイツ帝国の一機関として発展してきた海軍であったが、いまだ陸軍の「付属物」としてのイメージを払拭できてはいなかった。そのため、長くかつ強力な海の伝統をもつハンザとの歴史的なつながりを、ことさらに強調しようとした。ハンザ、および主要なハンザ都市の名前を冠した巡洋艦が次々に建造され、進水したのもプロパガンダの一環である。「ハンザ」(一八九八年進水)、「ハンブルク」、「ブレーメン」(いずれも一九〇三年進水)、「リューベック」(一九〇四年進水)が代表的な巡洋艦としてあげられる。

こうしたドイツ帝国やドイツ海軍側の動きに、ハンザの諸都市も協力的な姿勢を見せていた。リューベック、ハンブルク、ブレーメンの三都市と帝国海軍局との間では、晩餐会や公式訪問、パレードが頻繁に執り行われた。

ティルピッツは先の巡洋艦が進水した際に、三都市の市長に「新たな船舶が、ドイツ艦隊とハンザ都市との間の親密な関係を体現する、栄光ある名を冠していることを、海軍は誇りに思う」との電報を送っている。ブレーメンではこの電報は議会で読み上げられ、当時の市長がティルピッツに、「ハンザの名がドイツ帝国の華々しい艦隊の中に生き続けていることを喜ばしく思う」と返信した。その内容にあたかもハンザとドイツ艦隊がながらく密接な協力関係にあったかのような意味を含ませたのである。

ヴィルヘルム二世治世下のハンザは、海の伝統というアイデンティティと利害関係のもとで「再発見」された。ドイツ海軍はハンザ三都市と協力関係を結び、ハンザの中からその存在の伝統的かつ歴史的な「正統性」を獲得し、それをドイツ艦隊に付与したのである。また同時期には、ハンザの衰退は、強力なドイツ皇帝の不在が原因であったとの主張もなされた。それに対して、一九～二〇世紀転換期の「現在」では「艦隊皇帝」ヴィルヘルム二世のもと、ドイツ帝国は、成長しつつあるドイツ海軍と艦隊を有する華々しい時代を迎えているとされた。皇帝への権力集中の根拠としてもハンザ史が利用されたのである。

4　国際市場の中のドイツ造船

諸外国におけるドイツ船舶の供給

本節では、ドイツの重工業が国外進出を展開していく一例として、ドイツ製の船舶や造船技術が東アジアへと伝えられていく様相を見ていきたい。

一九世紀後半以降、ヨーロッパ域外における軍事的、工業的な発展にイギリスやフランス、そしてドイツが関わるようになった。その傾向が顕著に見られるのは、中南米諸国やオスマン帝国、そして日本や中国であった。

軍需品の輸出については、総じて海軍関係ではイギリス、陸軍関係ではドイツが優勢とみなされることが多いが、ドイツの造船企業や鉄鋼企業も、積極的に艦船や造船部品を諸外国に供給している。たとえばヴルカン社はギリシアやロシア、ブラジル、そして中国や日本にも艦船を供給している。

ドイツ造船企業と東アジア

一九世紀の半ば清朝中国は、アヘン戦争（一八三九～四二年）とアロー戦争（一八五六～六〇年）でイギリスに敗北した。これらの敗北に直面したことで、近代化と軍事化を進める「洋務運動」が展開され、その一環として、北洋、南洋、福建、広東の四艦隊が新たに創設された。中でも威海衛を拠点とする北洋艦隊では、一八八〇年に李鴻章の主導によって、駐ベルリンの公使を通じてヴルカン社に装甲巡洋艦が発注された。これはヴルカン社にとって、国際競争の舞台に立つ好機であった。同社はクルップ社から艦艇建造の部品や素材を仕入れ、後に東アジアにおいて注目される性能をもつ装甲巡洋艦「定遠」と「鎮遠」および防護巡洋艦「済遠」を建造、供給した。設計図や建造報告書の利用といったシュトシュの支援も追い風となり、ヴルカン社は東アジア市場への一歩を踏み出すことに成功した。

この一連の「定遠」級巡洋艦は、日本海軍からも着目される存在となった。一八八三年から艦隊を整備する計画であった日本海軍は、日清戦争（一八九四～九五年）中に「鎮遠」を鹵獲した。その性能に鑑みて、一八九八年にヴルカン社に装甲巡洋艦「八雲」を発注し、同艦は一九〇〇年に領収された。この「八雲」建造中には、日本海軍の技師が造船技術習得を目的にシュテッティンに派遣され、その建造過程を視察している。

人材を派遣したのは日本海軍だけではなかった。当時東京帝国大学は工部大学校を統合し、数学や物理学、蒸気機関学の修得や海洋砲術、実地演習を組み込んだカリキュラムを設置していた。そしてその学生や研究生を、である。「八雲」の建造中にドイツに派遣した。帰国後に彼らは、海軍鎮守府の造船支部で艦艇建造を主導していったのである。

5　第一次世界大戦以後のドイツ海軍と艦隊

一九一四年に勃発した第一次世界大戦により、ドイツの重工業界はドイツ国内への軍需品供給に集中するようになる。ドイツ東西の両戦線ともに陸軍が戦局を主導する一方で、ドイツ艦隊は、スカーゲラーク海戦（一九一六年、ユトランド沖海戦とも呼ばれる）を除き、ほぼ機能しなかった。むしろ艦隊は大戦末期にキールとヴィルヘルムスハーフェンでの水兵叛乱をまねき、ドイツ革命（一一月革命）勃発と第一次世界大戦の敗戦の一因となった（第五章参照）。

ヴァイマル共和国にドイツ帝国の艦隊は継承されなかった。共和国期のドイツ海軍には一九一九年のヴェルサイユ条約によって厳しい軍備制限が課され、わずかな排水量の少数の艦艇を保有することしか許されなかった。しかし共和国海軍はヴェルサイユ条約の網の目をかいくぐり、ドイツ艦隊の新たな出発を目論んでいた。一九二〇年代末から条約に抵触しないよう艦艇の重量や耐久力、速度を検討し、その試行錯誤をへて一九三一年五月一九日に、装甲艦〈A〉を、キールで進水させることに成功している（図12‐6）。この艦艇は大統領ヒンデンブルクによって「ドイチュラント」と命名された。

一九三五年三月にヒトラーにより再軍備宣言がなされ、その三カ月後に英独海軍協定が結ばれた（一九三九年四月に解消）。ドイツ海軍はヴェルサイユ条約の軍備制限から解放されることになり、艦隊を再び拡張し始めた。しかし第二次世界大戦が勃発した一九三九年には艦隊の整備は完了しておらず、戦闘での勝利は見込めなかった。

そのため、陸上部隊の揚陸に艦隊が関わった戦局もあるが、海軍の主な任務は大西洋における敵国の物資輸送の妨害であった。大戦末期には可能な限り多くの者をドイツ本国へ撤退させるためにバルト海へと出向き、これが第二次世界大戦における海軍の最後の役割となった。

戦後ドイツは東西に分裂したが、一九九五年における西ドイツの北大西洋条約機構（NATO）加盟、東ドイツのワルシャワ条約機構加盟を契機に、両ドイツともに再び海軍を所有することとなった（第六章参照）。しかしいずれの海軍も、それぞれが加盟する機構の一部分にしかすぎず、両海軍は一九九〇年秋に連邦軍の海軍として統合された。

図12－6　「ドイチュラント」進水式
出典：Bundesarchiv-Bilddatenbank, Bild 102-11704.

一九九〇年の再統一以降ドイツ海軍は、国際的、多国籍的な脅威への対抗装置、安全保障の装置としても機能している。同海軍は、ヨーロッパだけでなく大西洋における危機や衝突を現地でせき止めるという目的のもとで、ドイツ連邦共和国とその同盟国を海上で保護する役割を担っている。ドイツ海軍は、近代国家を象徴するものから、国際的な安全保障のための装置へと変化していったのである。

以上、海に関わる側面からドイツの近代史を概観してきた。近代において海軍と艦隊、造船はそれぞれ単独で発展したわけではなく、相互に影響をおよぼし合いながら発展した。

ドイツと「海」との歴史的な関係は、政治や軍事、社会経済が複雑に折り重なっており、近現代ドイツ史を見るうえでの重要な観点である。それはグローバル、トランスナショナルなアプローチが求められる現在においても変わることはないであろう。

（前田充洋）

参考文献

大井知範『世界とつながるハプスブルク帝国――海軍・科学・植民地主義の連動』彩流社、二〇一六年。

川分圭子・玉木俊明編『商業と文化の接触――中世後期から近代におけるヨーロッパ国際商業の生成と展開』吉田書店、二〇一七年。

高橋理『ハンザ「同盟」の歴史――中世ヨーロッパの都市と商業』創元社、二〇一三年。

日独交流史編集委員会編『日独交流一五〇年の軌跡』雄松堂書店、二〇一三年。

三宅立『ドイツ海軍の熱い夏――水兵たちと海軍将校団一九一七年』山川出版社、二〇〇一年。

Rahn, Werner (Hg.), *Deutsche Marinen im Wandel: Vom Symbol nationaler Einheit zum Instrument internationaler Sicherheit*, Oldenbourg, München, 2005.

Rüger, Jan, *The Great Naval Game: Britain and Germany in the Age of Empire*, Cambridge University Press, New York, 2007.

第13章

大統領たちからみたドイツの政治文化——国家元首をめぐる一〇〇年史

1 ドイツ国家の国家元首の歴史

一八七一年一月一八日、ヴェルサイユ宮殿の鏡の間において、プロイセン国王ヴィルヘルム一世のドイツ皇帝即位を布告する式典が行われた。この時、バイエルン国王でも、ザクセン国王でもなく、プロイセン国王がドイツ皇帝として即位したことで、ドイツ帝国はプロイセン王国中心の連邦国家であることを示した。そのドイツ皇帝は、ドイツ帝国憲法でプロイセン国王がドイツ皇帝の名を称し、国際法上帝国を代表すると記され、その権限は宣戦の布告、条約などの締結、法律の制定、官僚の任免などとされた。ただし、これらの権限を行使するには連邦参議院の同意や帝国宰相の副署が必要であるために、法的に絶対的な権限を持っているとは言いがたい。とくに、連邦参議院では各邦国に票数が割り当てられ、プロイセンは全票数五八票のうち一七票を占めているにすぎない。さらに、帝国議会の解散権は皇帝にはなく、連邦参議院にあるなど、ドイツ皇帝の権限は一定の制約を受けており、連邦国家であることが足枷となって、絶対的な権限を持った統一国家の君主とはなりきれなかった。

ただし、ドイツ皇帝は陸海軍の最高司令官であり、軍事的には大きな権限を備えていた。とくに、第三代ドイツ皇帝ヴィルヘルム二世は、ドイツ帝国の一体性を推し進め、統一国家の君主としてカリスマ的権威の強化をめざしつつ、軍の最高司令官として第一次世界大戦への道へと突き進んだ。

このドイツ皇帝ヴィルヘルム二世が亡命し、ドイツ帝国が消滅した後、ヴァイマル共和国では新しい国家元首が求められた。権威を持つ皇帝はもう存在せず、共和政になったことを示すために、ヴァイマル共和国では大きな権限を有するが、君主ではなく民間人である政治家が大統領となった。さらに、第二次世界大戦の敗戦後に建国されるドイツ連邦共和国（以下、西ドイツ）では、ヴァイマル共和国の大統領制度の反省を踏まえ、政治的な権限をほとんど持たず、なおかつ民間人である政治家などが連邦大統領となる。ドイツの国制の転換と並行して生じる国家元首のあり様の変遷の中で、求められる職務の内容も、国民が彼らに求めるものも大きく様変わりする。とくに、政治的な権限がほぼない戦後の連邦大統領たちは存在意義そのものが問題となる。彼らは世論に何を訴え、そして、世論は彼らに何を求めたか。この点に主眼を置きながら、ドイツ社会において大統領たちが紡ぎ出してきた政治文化を考えてみたい。

2　ヴァイマル共和国大統領

ヴァイマル共和国大統領の権限

第一次世界大戦敗戦後のドイツ革命の混乱の中でヴァイマル共和国憲法が制定されるが、国家元首となる大統領の権限については、議会の解散（第二五条）、外交権限（第四五条）、公務員や将校の任免や罷免（第四六条）、軍隊指令権（第四七条）、非常権限（第四八条）、恩赦権（第四九条）、首相・大臣の任免（第五三条）とある。これらから大統領の権限が政治・外交・軍事など広範囲に及んでおり、大きな権限が与えられていたことがわかる。ちなみに、大統領は議会の解散権を持つが、議会も大統領の罷免権を持つために、大統領と議会は対等の立場と位置づけられる。

大統領は憲法上、国民投票によって国民に直接選ばれることが定められており、任期は七年とされた。大統領が直接選挙により選出されることについては、大衆民主主義の時代に即して国民から直接選ばれ、なおかつ、国民の大きな支持に支えられた国家元首の誕生が期待されたためであった。とくに、世襲皇帝が去った後、国家元首が民間人出身となる場合、否応なく王族という権威やカリスマ性の欠如が生じて、国家元首の権威の低下を招く恐れがあると懸念された。このために、皇帝のような権威に替わるほどの国民の大きな支持を得て、その盤石な立場を維持できるように、国民投票で選ばれた国家元首であることが肝要とされた。つまり、ヴァイマル共和国大統領が「代替皇帝」と位置づけられる所以である。

ただし、初代大統領であるフリードリヒ・エーベルトについては、この憲法上の規則に則って選出されてはいない。一九一九年二月一一日、彼は国民議会で大統領に選ばれており、直接選挙で選出された大統領ではないために、後にこの点を揶揄されることもあった。他方で、彼はハイデルベルクの仕立て職人の息子という典型的な労働者階級の出身であり、小学校しか卒業しておらず、自らも馬具職人として働き始め、その後に労働運動に関心を示し、社会民主党に入党した人物であった。このために、帝政から共和政への転換の象徴的な存在とされ、国民からの大きな支持を得た。

エーベルトは在職中に死去し、それに伴い、ヴァイマル共和国建国後に初めて大統領選挙が実施された（一九二五年三月に第一回投票、同年四月に第二回投票）。その結果、パウル・フォン・ヒンデンブルクが第二代大統領に選ばれた。ちなみに、彼は軍人であり、第一次世界大戦におけるタンネンベルクの戦いを勝利に導いた英雄とされ、ナショナリズムの高まりの中で絶大な人気を得ていた人物である。そして、一九三二年の二度目の大統領選挙において再び立候補したヒンデンブルクが、同年四月一〇日の第二回投票で五三・一%の支持を得て再選を果たしている。ちなみに、この選挙で第二位となったのは、三六・八%の支持を得たアドルフ・ヒトラーである。ヒンデンブルクが死去して、大統領職が首相ヒトラーのもとに統合されるまで、ヴァイマル共和国大統領はエーベルトとヒンデンブルクの二名のみであった。

ヴァイマル共和国大統領と緊急権

この二名の大統領による職務の中で、とりわけ後世で問題視されるのは、ヴァイマル共和国憲法第四八条にある非常権限、つまり緊急権である。この権限がナチスに悪用されたことで、ナチス台頭のきっかけを与えたとみなされている。以下は第四八条第二項の条文である。

> ドイツ国内において、公共の安全および秩序に著しい障害が生じ、またはその虞れがあるときには、ライヒ大統領は、公共の安全および秩序を回復させるために必要な措置をとることができ、必要な場合には、武装兵力を用いて介入することができる。この目的のために、ライヒ大統領は、一時的に第一一四条（＝人身の自由）、第一一五条（＝住居の不可侵）、第一一七条（＝信書・郵便・電信電話の秘密）、第一一八条（＝意見表明等の自由）、第一二三条（＝集会の権利）、第一二四条（＝結社の権利）、および第一五三条（＝所有権の保障）に定められている基本権の全部または一部を停止することができる（高田・初宿編訳『ドイツ憲法集　第七版』信山社、二〇一六年、一二四頁より抜粋、傍線筆者）。

大統領は緊急事態の収拾のためにこの緊急権に基づき大統領緊急令を発動すれば、兵力の使用が認められ、さらには基本権を停止することが可能になる。同時にきわめて重要なのは、この大統領緊急令の発動が大統領の判断にゆだねられている点であり、その権限の大きさを示す象徴的なものとなっている。憲法制定時はドイツ革命の混乱の最中であったという状況から緊急権の必要性が考慮され、大統領にこのような権限が付与された。実際に、エーベルト大統領は大統領緊急令を一三五回にわたって発動している。ストライキ、カップ一揆、共産党の蜂起などに対処するために発動したケースもあったが、そのうちの四四回は経済レベルでの緊急事態（一九二三年のインフレなど）に対するものであった。また、その後、ヒンデンブルクが大統領に就任した一九二五～三〇年までは大統領緊急令は一度も発動されてはいない。

これに対して、ヒンデンブルク大統領と緊急権の関係性について回避できない問題は、ヴァイマル共和国の崩壊に大統領緊急令の発動が「寄与した」という点である。そもそも世界恐慌による経済や政治の混乱の中で、ブリューニングがヒンデンブルク大統領に組閣を委任された際に、その要請に応じる条件を大統領が緊急権を行使することとした。このために、ブリューニング内閣が発足した一九三〇年以降、大統領緊急令の発動回数は増加した。さらに、ヒンデンブルク大統領がヒトラーを首相に任命した後には、緊急権はヴァイマル共和国そのものを大きく揺り動かす要素となった。まず、一九三三年二月四日には、「ドイツ国民を防衛するための大統領緊急令」が出され、集会・出版の自由が制限された。そして、同年二月二七日の国会議事堂放火事件を受けて、翌二八日には、ヒトラーはヒンデンブルク大統領を動かし、「国民と国家を防衛するための大統領緊急令」を出させたことで、基本権が停止された。これこそがナチスの台頭に決定的な一助となったとされ、ヴァイマル共和国大統領の緊急権が後に問題視される原因にもなった。最終的に、ヴァイマル共和国が崩壊し、ヒンデンブルク大統領が死去した後に、「総統」として大統領と首相双方の役割を担ったのは、全権を掌握し、カリスマ性さえも兼ね備えた総統ヒトラーであった。国民はこの人物に熱狂し、第二次世界大戦へと向かっていった。

3　ドイツ連邦共和国大統領

ドイツ連邦共和国大統領の権限

第二次世界大戦の敗戦後、四年余りの占領期間を経て、一九四九年五月二三日、基本法の公布をもって西ドイツが国家として誕生した時、国家元首である連邦大統領のあり方はドイツ帝国皇帝やヴァイマル共和国大統領とは大きく異なっていた。とくに、ヴァイマル共和国の崩壊へとつながった欠点を克服することこそが肝要とされ、この度こそは大統領が議会制民主主義を擁護する存在であることが求められた。基本法で定められた連邦大統領に関する条項は、それらを大きく反映している。その権限は、国際法上の代表権・条約の締結・使節の信任や接受（第五九条）、裁判官や公務員の任免権・恩赦権（第六〇条）にすぎない。すなわち、ヴァイマル共和国大統領と比較すると、連邦大統領の権限はきわめて限られたものとなっていた。であるが、これこそが、連邦大統領の特徴そのものでもあった。

連邦大統領は政治的には中立を保つ

連邦大統領は職務上においては非両立性（第五五条）が求められるとされ、政府や立法機関に所属することは一切許されず、政治の現場から一定の距離を置き、政治的中立性を保つことが重んじられる。このために、連邦大統領が政治的な発言をすることも敬遠される傾向にある。ただし、連邦大統領が政治へ介入することはヴァイマル共和国の反省も踏まえて回避されたものの、政治の現場から完全に排除されているわけではない。初代連邦大統領テオドーア・ホイスは閣議に参加できず、首相アデナウアーに対して懸念を示した。この結果、連邦大統領府長官が閣議に参加し、長官を通じて情報が連邦大統領に伝達されていた。また、ホイスとアデナウアーのあいだでは二六〇〇通以上の書簡がやり取りされ、ホイスは現場の情報をアデナウアー自らより提供されていた。

しかし、現場の情報に精通しているからといって、連邦大統領が露骨な政治的発言を許されているわけではない。実際に、第九代連邦大統領ホルスト・ケーラーは、この部分を問題視されて辞任を余儀なくされた。彼は、二〇一〇年五月二二日、アフガニスタンに駐留する連邦軍の兵士たちを慰問した帰途でのインタビューで、「対外貿易志向を持ち、対外貿易への依存度の高いドイツのような規模の国家は、その利害を守るために、判断に迷う場合にも緊急時にも軍隊の派兵は不可欠だと知らなければなりません。我々は社会の大部分においても、これを理解する方向性にあると私は判断しています」と述べた。連邦軍の海外派兵そのものに懸念がある中で、この発言は、経済的利害を維持するための派兵もありうると示唆したかのような内容であったために、野党やマスコミから大きな批判を受けた。最終的に、ケーラー自身が「私の職務に必要な敬意を失わせるものになった」と述べ、同年五月三一日に辞任を表明したのである。ケーラーは任期を全うせずに辞任した初の連邦大統領でもあったが、この折に連邦大統領の職務のあり方について、何よりも連邦大統領の政治的な発言に世論は厳しいまなざしを向けていることが明らかになった。

また、連邦大統領には法案が基本法に即しているかを吟味したうえで承認する審査権（第八二条）が付与されている。このために、もし連邦大統領が認証を求められた法案について、基本法に即したものではないと判断した場合には、その法案への署名を拒否することも可能である。実際に、歴代連邦大統領が法案署名を拒否する場合があり、この行為によって連邦大統領が「憲法の番人」として機能しているとも言われる。ただし、国法学者でもあった第五代連邦大統領カール・カーステンスは、自著『政治指導』（一九七一年）の中で「私の見解によればこれらの判断は間違っている」と述べ、著書が出版される前までの四度の法案署名拒否を批判している。つまり、法案の合憲性をめぐる連邦大統領の判断が、適切に行われているかどうかについて疑問視される場合もある。

連邦大統領と連邦議会の解散

連邦大統領には連邦議会の解散について一定の役割が担わされている。それは、連邦議会において信任案が否決された場合に、連邦議会を解散できる（第六八条）というものである。一九七二年九月にブラント政権が信任案を否決させた際に、第三代連邦大統領グスタフ・ハイネマンが連邦議会を解散し、一年余りの前倒し選挙が同年一一月に実施され、ブラント首相が率いるドイツ社会民主党（ＳＰＤ）は戦後最高の四五・八％の支持を獲得した。また、一九八二年九月に戦後初めて建設的不信任案が成立し、シュミット政権からコール政権へと交代したが、同年一二月にはコール政権は信任案を否決させ、カーステンス大統領が連邦議会を解散した。翌年三月に実施された連邦議会選挙ではキリスト教民主・社会同盟（ＣＤＵ／ＣＳＵ）は支持を伸ばし、ドイツ自由民主党（ＦＤＰ）とともに安定した連立政権を結成した。さらに、二〇〇五年七月にはシュレーダー政権が信任案を否決させ、ケーラー大統領が連邦議会を解散し、一年余りの前倒し選挙が同年九月に実施された。ただし、この結果、ＳＰＤは大きく支持を喪失し、ＣＤＵ／ＣＳＵとの大連立政権の発足を余儀なくされている。このように連邦議会の解散権が連邦大統領に与えられることで、議会の運営に影響を与える存在となっている（以上の連邦議会解散や建設的不信任案については第六章参照）。

そして、近年、大きく話題となったのが基本法第六三条に明記されている権限であり、「政治危機における予備機能」と言われるものである。連邦首相が連邦議会において過半数の同意を得ることができなかった場合、連邦大統領が七日以内にその人物、すなわち、少数与党首相を任命するか、あるいは、連邦議会を解散することができる。これは、少数与党による不安定な政権か、あるいは、再び連邦議会選挙を実施するかという政治的な決断を連邦大統領に迫るというものである。実際に、二〇一七年九月に実施された連邦議会選挙によって六政党が連邦議会入りを果たし、大連立政権か、あるいは、CDU／CSU・FDP・緑の党による連立政権かの二つの選択肢が模索されたが、連立交渉は難航を極めた。この際に、メディアを中心に連邦大統領が持つこの第六三条の権限が大きく取り沙汰され、第一二代連邦大統領フランク・ヴァルター・シュタインマイヤーは大連立政権の発足に向けて各政党党首を連邦大統領府に呼び込み、説得工作を行ったのである。再び連邦議会選挙を実施する選択肢はあったが、ポピュリズム政党「ドイツのための選択肢（AfD）」への支持拡大が懸念されたため、再選挙を回避すべく連邦大統領による仲介が行われた。この結果、半年以上の政治的空白を経て、二〇一八年三月にようやく大連立政権が発足したが、議会政治の危機的な状況において連邦大統領がこのような重要な権限を持っていると世論は認識を新たにする機会となった。つまり、政治的な権限はないとされる連邦大統領ではあるが、実際のところは「そうでもない」ことも明確になったのである。

連邦大統領の選出方法

連邦大統領の選出方法であるが、基本法が制定された議会評議会において議論は紛糾した。直接選挙による選出か、それ以外の方法かで議論が展開されたが、ヴァイマルの反省をふまえて、直接選挙を回避することになった。議会評議会にも参加し、初代大統領でもあったホイスは、ヴァイマル共和国の大統領選挙について「デマゴーグを生み出すための非常に簡単なきっかけ」と批判し、直接選挙の危険性を指摘している。このために、連邦大統領は連邦議会の全議員とそれと同数の各州の代表者たちによる「連邦会議」において選出する方式が採られた。連邦会議では、第一回投票で過半数以上を得ることができなければ第二回投票が実施され、その場で過半数を得ることができなければ第三回投票で最多数を得たものが連邦大統領となる。

実際に、一九六九年三月に選出されたハイネマン、一九九四年五月に選出されたローマン・ヘルツォーク、二〇一〇年六月に選出されたクリスティアン・ヴルフは第三回投票までもつれこんでいる。これに対して、第一回投票のみで連邦大統領となったものは、ホイス（二期目のみ）、ハインリヒ・リュプケ、ヴァルター・シェール、カーステンス、リヒャルト・フォン・ヴァイツゼッカー（一・二期目とも）、ケーラー（一・二期目とも）、ヨアヒム・ガウク、シュタインマイヤーとなっている。とくに、国民に絶大な支持を得ていたホイスとヴァイツゼッカーの二期目の選挙では、ホイスは九八七票のうち八七一票、ヴァイツゼッカーは一〇二二票のうち八八一票を獲得しており、彼らの人気の高さが証明された。

また、その任期は五年間で、再選は一回のみ可能とされたため、任期は最大一〇年間とされた。任期一〇年間を全うしたのは、ホイス、リュプケ、ヴァイツゼッカーの三名のみであった。とくにホイスは、基本法を改正して任期延長することを世論から望まれたが、本人は基本法を改正することを好まず、規定通り一〇年間で退任した。実際この議論の中でホイスは首相アデナウアーに対して、「偶然その場に都合がいい人物がいるからといって、基本法は改正されてはいけません――つまり、こんないい加減なやり方は多くの人にとって言うまでもなく受け入れられないでしょう」と述べた書簡を送っている。ちなみに、任期半ばで職を辞したのは、すでに言及したケーラーと利益供与にまつわるスキャンダルで辞任したヴルフであった。この二名の辞任が立て続けに起こったため、この時期に世論では大統領不要論まで噴出することにもなった。

また、連邦大統領選挙は連邦議会選挙における政権交代の前哨戦と位置づけられることもある。たとえば、一九六九年三月の連邦大統領選挙でＳＰＤ所属のハイネマンが大統領に選出されるが、同年九月の連邦議会選挙でのＳＰＤの勝利を経て、ブラントが首相に選ばれた。また、一九七九年にＣＤＵ所属のカーステンスが連邦大統領と就任した後の一九八二年にＣＤＵのコール首相の下で政権が発足し、二〇〇四年にＣＤＵ所属のケーラーが連邦大統領に就任した後の二〇〇五年にはＣＤＵのメルケルを首班とした政権が発足した。つまり、連邦大統領選挙には世論の動向が反映されると言われる。

4　歴代連邦大統領たちのプロフィールを読み解く

歴代連邦大統領はどのような人物たちであるのか。その社会的背景を垣間見るために、表13-1を参照しながら考えてみたい。

①生年、および、ナチスとの関係性

帝政期から一九三〇年までに生まれたのが、ホイス、リュプケ、ハイネマン、シェール、カーステンス、ヴァイツゼッカーであり、一九三一年以降に生まれたのが、ヘルツォーク、ラウ、ケーラー、ヴルフ、ガウク、シュタインマイヤーである。とくに前者のグループはナチ党への入党の是非が問われ、従軍経験などによるナチスとの関係性が問題視される。その中でも、リュプケはナチス期に勤務していた建築事務所が強制収容所の建設に関与していたことから、任期中に大きな批判の対象になった。

②就任時の年齢

歴代連邦大統領の就任時の年齢はおおむね六〇歳代であり、平均すると六二・八歳となっている。歴代連邦大統領の中でもとりわけ就任時の年齢が若いことで注目されたのが五一歳であったヴルフであり、連邦大統領の職務のあり方からこの若さについては世論から不安視された部分もあった。これに対して、七〇歳を超えて就任し

歴代連邦大統領

父親の職業	最終学歴	経歴	ナチス期	宗派	ファーストレディー	備考
技師	博士（国民経済学）	帝国議会議員（DDP），ジャーナリスト	文筆業	プロテスタント	エリー・ホイス＝クナップ	「初代」大統領として職務の基盤を形成
靴職人，兼業農家	農業大学卒業	食糧・農業・林業担当大臣	1933-34年（20ヵ月）収監，その後建築事務所勤務	カトリック	ヴィルヘルミーネ・リュプケ	開発途上国への支援，飢餓との戦い
クルップ社勤務，エッセン市会議員	博士（法学）	法務大臣	告白教会に所属	プロテスタント	ヒルダ・オルデマン	市民大統領
車大工	アビトゥーア取得	経済協力大臣，外務大臣	1940年から空軍，フランス，ソ連で従軍	プロテスタント	ミルドレート・シェール	テロと戦う大統領
教師	司法試験合格，博士（法学），教授資格	国防省事務次官	1938年まで学生，その後従軍	プロテスタント	ヴェロニカ・カーステンス	散策での市民対話
外交官，外務省次官	司法試験合格，博士（法学）	西ベルリン市長	1938-1945年軍務	プロテスタント	マリアンネ・フォン・ヴァイツゼッカー	過去と向き合う大統領
文書館職員	司法試験合格，博士（法学），教授資格	シュパイヤー行政大学院教授，連邦憲法裁判所長官		プロテスタント	クリスティアーネ・クラウス	統一達成後の大統領
自営業	ギムナジウム（卒業資格なし）	ノルトライン＝ヴェストファーレン州首相		プロテスタント	クリスティーナ・ラウ	演説の名手，移民問題への対応
農家	修士（経済学），博士（政治学）	国際通貨基金（IMF）専務理事		プロテスタント	エーファ・ルイーゼ・ケーラー	政治的発言で初めて自ら辞任した大統領
自営業	司法試験合格	ニーダーザクセン州首相		カトリック	ベッティーナ・ヴルフ	スキャンダルで追い込まれた大統領
商船長	アビトゥーア取得	牧師，国家保安省特別調査委員会委員長		プロテスタント	ダニエラ・シャット	旧東ドイツ出身の大統領
家具職人	博士（法学）	外務大臣		プロテスタント	エルケ・ビューデンベンダー	大連立政権を作り上げた大統領

表 13－1　ドイツ連邦共和国

	歴代連邦大統領	在職期間	政権	政党	生没年	就任年齢	出身地
1	テオドーア・ホイス	1949 年 9 月 12 日～1959 年 9 月 12 日	アデナウアー政権（CDU/CSU, FDP, DP）⇒アデナウアー政権（CDU/CSU, FDP）⇒アデナウアー政権（CDU/CSU, DP）	FDP	1884 年 1 月 31 日～1963 年 12 月 12 日	65	ブラッケンハイム（バーデン・ヴュルテンベルク州）
2	ハインリヒ・リュプケ	1959 年 9 月 13 日～1969 年 6 月 30 日	アデナウアー政権（CDU/CSU, DP）⇒アデナウアー政権（CDU/CSU, FDP）⇒エアハルト政権（CDU/CSU, FDP）⇒キージンガー政権（CDU/CSU, SPD）	CDU	1894 年 10 月 14 日～1972 年 4 月 6 日	64	エンクハウゼン（ノルトライン＝ヴェストファーレン州）
3	グスタフ・ハイネマン	1969 年 7 月 1 日～1974 年 6 月 30 日	キージンガー政権（CDU/CSU, SPD）⇒ブラント政権（SPD, FDP）⇒シュミット政権（SPD, FDP）	SPD	1899 年 7 月 23 日～1976 年 7 月 7 日	69	シュヴェルム（ノルトライン＝ヴェストファーレン州）
4	ヴァルター・シェール	1974 年 7 月 1 日～1979 年 6 月 30 日	シュミット政権（SPD, FDP）	FDP	1919 年 7 月 8 日～2016 年 8 月 24 日	54	ゾーリンゲン（ノルトライン＝ヴェストファーレン州）
5	カール・カーステンス	1979 年 7 月 1 日～1984 年 6 月 30 日	シュミット政権（SPD, FDP）⇒コール政権（CDU/CSU, FDP）	CDU	1914 年 12 月 14 日～1992 年 5 月 30 日	64	ブレーメン
6	リヒャルト・フォン・ヴァイツゼッカー	1984 年 7 月 1 日～1994 年 6 月 30 日	コール政権（CDU/CSU, FDP）	CDU	1920 年 4 月 15 日～2015 年 1 月 31 日	64	シュトゥットガルト（バーデン・ヴュルテンベルク州）
7	ローマン・ヘルツォーク	1994 年 7 月 1 日～1999 年 6 月 30 日	コール政権（CDU/CSU, FDP）⇒シュレーダー政権（SPD, Die Grünen）	CDU	1934 年 4 月 5 日～2017 年 1 月 10 日	60	ランツフート（バイエルン州）
8	ヨハネス・ラウ	1999 年 7 月 1 日～2004 年 6 月 30 日	シュレーダー政権（SPD, Die Grünen）	SPD	1931 年 1 月 16 日～2006 年 1 月 27 日	68	ヴッパタール（ノルトライン＝ヴェストファーレン州）
9	ホルスト・ケーラー	2004 年 7 月 1 日～2010 年 5 月 31 日	シュレーダー政権（SPD, Die Grünen）⇒メルケル政権（CDU/CSU, SPD）⇒メルケル政権（CDU/CSU, FDP）	CDU	1943 年 2 月 22 日～	61	スキエルビエシェフ（ポーランド）
10	クリスティアン・ヴルフ	2010 年 6 月 30 日～2012 年 2 月 17 日	メルケル政権（CDU/CSU, FDP）	CDU	1959 年 6 月 19 日～	51	オスナブリュック（ニーダーザクセン州）
11	ヨアヒム・ガウク	2012 年 3 月 18 日～2017 年 3 月 18 日	メルケル政権（CDU/CSU, FDP）⇒メルケル政権（CDU/CSU, SPD）	無所属	1940 年 1 月 24 日～	72	ロストック（メクレンブルク・フォアポメルン州）
12	フランク・ヴァルター・シュタインマイヤー	2017 年 3 月 19 日～在職中	メルケル政権（CDU/CSU, SPD）	SPD	1956 年 1 月 5 日～	61	デトモルト（ノルトライン＝ヴェストファーレン州）

たガウクは、高齢を理由に二期目の立候補を固辞し、一期のみの在職となった。

③出身地

出身地については、ノルトライン＝ヴェストファーレン州出身の連邦大統領が五名いるが、これは偶然である。第二次世界大戦後に被追放民となったケーラー、そして、統一後の連邦大統領として象徴的な存在ともなる旧東ドイツ出身のガウクの出身地は、戦後ドイツの歴史を物語っていると言えよう。

④父親の職業

父親の職業から考えると、ドイツの伝統的な教養市民層出身と言えるのはヴァイツゼッカーのみである。また、父親が外務省次官であったヴァイツゼッカーや地方自治体の政治家であったハイネマンを除けば、歴代連邦大統領は社会的な出自に関係なく、自らの力でキャリア形成をしている。

⑤学　歴

法学を学んでいるものが多くいるのが特徴と言えるが、学歴がキャリアに大きく影響しているとは言い難い。シェールはアビトゥーアを取得したのみで、戦後しばらくは企業で活動しており、ラウはギムナジウムに通ったのみであるが、その学歴と関係なく政治活動を活発に行った。

⑥所属政党

ガウク以外は就任時に政党に所属しており、そして、ハイネマンやラウ以外は戦後の所属政党は一貫している。ハイネマンは当初ＣＤＵに所属していたが、再軍備反対を訴えて全ドイツ人民党（ＧＶＰ）を結党し、この政党が解散した後は、ＳＰＤの所属となった。また、ハイネマンの孫娘クリスティーナの婿であったラウは、ハイネマンとともに行動した。

⑦経　歴

ケーラーやガウク以外は、政治や法職の現場で活躍していたキャリアを持ち、このようなキャリア形成が連邦大統領候補となることに影響しているのは間違いない。とくに、ホイス、リュプケ、ハイネマン、シェール、カーステンス、ヴァイツゼッカー、シュタインマイヤーは連邦議会議員として、ヘルツォーク、ラウ、ヴルフは州議会議員としてのキャリアを持っており、政治現場での経験を有している。また、カーステンスやヘルツォークは公法学教授として教鞭をとっており、後者は連邦憲法裁判所長官としても法務に携わっている。これに対して、ケーラーは国際通貨基金理事であり、彼が連邦大統領に就任した際には十分な政治経験がないことが不安視された。また、ガウクは、連邦大統領の辞任が続いた後での就任であったことから、牧師であり、国家保安省特別調査委員会委員長といった彼の異色のキャリアにかえって注目が集まった。

⑧宗　派

歴代連邦大統領一二名のうち一〇名がプロテスタントで、リュプケとヴルフのみがカトリックとなっており、プロテスタントが多くを占めている。

⑨男女比率

現在に至るまで連邦大統領は男性のみであり、アンゲラ・メルケルが初の女性首相となったのに対して、女性大統領はいまだに選出されていない。ただし、連邦会議では一九七九年の選挙以降、七名の女性が立候補しており、時代の要請を反映した結果であると言える。とくに、二〇〇四年の選挙では、ケーラーの六〇四票に対してゲジーネ・シュヴァン（ＳＰＤ推薦、当時はヨーロッパ大学教授）が五八九票と僅差まで迫り、初の女性大統領の誕生を期待させた。

⑩ファーストレディー

ファーストレディーについては、表では歴代連邦大統領在職時に同伴していたパートナーを挙げている。ちなみに、ガウクのパートナーは事実婚であり、また、在職後に離婚したパートナーもいる。彼女たちは連邦大統領夫人として独自の活動を行うことで、連邦大統領の活動の幅を広げている。たとえば、その活動として著名なのはホイスの妻エリーが設立した母親支援団体であり、この団体は以降、歴代連邦大統領夫人によって後援され続けている。

5　歴代連邦大統領たちの活動

連邦大統領たちは自らの独自性を打ち出しながらどのように職務をこなしてきたのか、ここではその問題について概観したい。連邦大統領はまずはドイツ連邦共和国の「代表」であり、式典や国家訪問などを通じてドイツのイメージを形成する一翼を担っている。そして、国家のシンボルとしての存在を常に期待されており、様々な活動を通じてその役目を全うしている。それは、たとえば時代の流れの中で国家が抱える様々な問題に対応するために、「対話」を通じて世論に耳を傾けることもあれば、時には厳しい「批判」をもって社会の過ちを正すことも求められる。また、ドイツ社会の変化に機敏に反応して、社会が抱える課題に対峙しながら「統合」をうながす存在でもある。様々な側面で連邦大統領が担う役割によって、彼らの活動がどのような影響をもたらしてきたのかを検証する。

「代表」としての連邦大統領

連邦大統領府のホームページには、次のような記述がある。「国内外に向けてドイツ連邦共和国を代表する（国家・社会・文化行事への公式参加、演説、各州や地域への訪問、外国への公式訪問、国賓の接遇によって行う）」。連邦大統領は国家元首であるからこそ、「代表である」ための活動は職務の大きな柱である。このために、歴代連邦大統領は厳しいスケジュールをこなしており、近年はその活動内容はホームページを通じて随時公開されている。ここではとりわけ、国家の代表として歴代大統領がどのような独自性ある活動を行ってきたかを紹介する。

まず挙げるべきは、「初代」連邦大統領としてのホイスの大きな役割である。参考にすべき前例はなく、しかも基本法において職務の具体的な内容は明示されていない中で、ホイスは職務の基盤とそれに取り組む姿勢を作り出す必要があった。このために、就任演説では次のように述べている。「ドイツ連邦共和国の大統領の職務とはいったいどのようなものでしょう？　それは今までは文言上での存在にすぎませんでした。これからは生身の人間が職務を遂行します。そして、我々すべてが一緒にこの職務から何か伝統のようなもの、つまり、節度や重みがあり、政治的な動きの中でそれ自身が現れる何か力のようなものをどのように作り上げるか、ということが課題なのです」と。このように、ホイスは就任時に「初代」として連邦大統領の職務を作り上げる意志を示した。そして、退任直前には次のような言葉で彼の任期を振り返っている。「私はそもそもスタイルなどを作り上げてきたのでしょうか？　私はそんなことを意識していませんでした。日常生活や決まりきった職務の遂行という一定の「儀礼的な」慣習には最低限の譲歩をしながら、不朽で、私がそれを体現する「スタイル」を尊重してきたのです。それ以上でもそれ以下でもありません」と述べている。このような彼の慎重で揺るぎない姿勢は、後の後継者たちに「代表」である連邦大統領としてのモデルを提示した。

彼はその任期の中で、初代大統領として国歌・勲章・軍服の制定などに深く関わり、西ドイツ各地を訪問して行事などへ参加した。また、知識人でもあった彼はその豊富な人脈を活用して文化活動の後援も行い、演説を通じてバーデン訛りで国民に語りかけ、国民からは「パパ・ホイス」と親しまれた。他方で国際社会に対しては、ようやく公式訪問が可能となった一九五五年五月の主権回復以降、ギリシアを皮切りに、イタリア、ヴァチカン市国、トルコ、カナダ、アメリカ、ベルギー、そして、イギリスを訪問した。とくに第二次世界大戦の禍根が残るイギリスへの訪問は、イギリス国民が持つドイツ人への強い不信感を払拭する必要があった。訪問前には、ホイスが行ったベルゲン・ベルゼン強制収容所での演説（「我々は何も知らなかった」という世間の風潮に対して、「我々は知っていた」と告白した）をイギリスのマスメディアに配布するなどで、最大限の注意が払われた。西ドイツ側は、イギリスへの公式訪問によって、これまでのドイツの国家元首と異なる連邦大統領の新しい姿勢を示すことをめざしたのである。ロンドン到着後、ホイスはバッキンガム宮殿における晩餐会の席で、イギリスによるドイツへの支援に対する感謝、そして、民主主義という共通の価値観を持つ両国の将来的な関係の促進について述べ、両国の和解をうながした。ちなみに、ホイス以前にドイツの国家元首がイギリスを訪問したのは、一九〇七年のヴィルヘルム二世が最後であった。これに対して、イギリス外務省は、ホイスの自由で市民的な政治スタイルを評価しており、彼の在任中に是非とも公式訪問を実現したいと考えていた。つまり、過去と一線を画して、両国の協力のもとでこれまでとは異なる西ドイツ、そして、連邦大統領とイギリスとの新しい関係性が演出されたのである。同時に、ホイスのイギリス訪問は、連邦大統領が西ドイツ国家の代表としてその役割を果たした証でもあった。

　ホイス以降、連邦大統領たちは公式訪問で、西ドイツが国際社会に関与する方向性やその姿勢を打ち出してきた。たとえば、西側諸国の一員としてその地位が安定し、経済的にも繁栄する中で、第二代連邦大統領リュプケは実に三七カ国を公式訪問した。西ドイツは開発途上国への経済支援によってこれら諸国との外交関係を強化するために、またリュプケ自身は農業の専門家として飢餓や貧困の問題に関心を持ってこれらの訪問を重視した。ちなみに、リュプケは一九六三年にはじめて日本を訪問した連邦大統領でもある。また、シェールは外相として、ブラント首相の東方外交を支え、一九七〇年八月にはソ連とのモスクワ条約の調印に漕ぎつけた経験を持つ。その彼は連邦大統領就任後の一九七五年に連邦大統領として初めてソ連を公式訪問し、西ドイツと東側との外交関係の重要性を打ち出したのである。このように、歴代連邦大統領の公式訪問などは国家そのものを代表するだけではなく、西ドイツの国際社会における姿勢と立場を明確に示す要素となった。

「対話」する連邦大統領

歴代連邦大統領たちは、市民たちとの「対話」を通じて彼らの声に耳を傾け、市民たちとの距離を縮めることで交流を深めてきた。その代表的な存在が、「市民大統領」と呼ばれたハイネマンである。一九六八年の学生運動という社会変革の最中で連邦大統領に就任したハイネマンは、前任者であるホイスやリュプケとは異なり、新たな時代に即した国家元首のあり方を体現した人物であった。彼は儀礼の場などでは権威的なスタイルを嫌って、燕尾服を着用せずにスーツで臨んだ。また、彼は対話によって政治や社会にその影響を与えることができると考えていた。学生運動の若者たちと対話する中で、非現実的な体制転換と現実的な改革をはっきりと区別し、市民としての権利だけではなく国民としての義務があることを説いた。さらに、ハイネマンは社会のあらゆる人々と対話を持つ姿勢を示し、毎年恒例となっている連邦大統領主催の新年会には様々な現場で活躍する人たちを招待した。例年であれば招待客は政治家、官僚、将校たちなどが中心となるが、一九七一年の新年会には建設労働者七名（うち外国人が二名）、看護師五名、発展途上国支援活動家四名、薬剤師なども含まれた。

また、独特なスタイルで市民たちとの交流を求めた連邦大統領も存在した。カーステンスは、ドイツの伝統的な習慣である「散策」を通じて市民たちとの交流を深めた。この活動は同時に、西ドイツ各地の自然や郷土への関心を高めるきっかけともなった。彼は実に西ドイツ国内一一二四キロメートルを夫人とともに歩き、その際に出会う市民たちと気軽に対話に応じたのである。彼は、その際の対話や交流を非常に重視しており、「それにしても素晴らしい心深く刻まれた体験は、私たち夫婦にとって道中での心温まる出会いそのものでした」と任期中の散策を振り返っている。

また、以上のような歴代連邦大統領による独自の活動だけではなく、連邦大統領府によって公式的に対話の機会が設けられている場合もある。たとえば、東西ドイツ統一後に連邦大統領府がおかれたベルリン・ヴェレビュー宮殿に一般市民が招待される「市民の集い」などは、連邦大統領と国民が直接対話する大きな機会となっている。二〇一九年八月末に行われた市民の集いには四〇〇〇人の一般市民が招待され、「未来への願い」と題したテーマについて、デジタル化、環境保護、人口変動、教育などの側面から活発な議論が交わされた。このような対話の場を設けることで、連邦大統領が国民から孤立する存在とならないような努力がなされているとも言えよう。

「批判」する連邦大統領

歴代連邦大統領の中には、ドイツ社会への厳しい「批判」を通じて社会の過ちを正し、正しい方向性をうながす姿も見られた。たとえば、シェールは、西ドイツ社会をテロの恐怖が襲う中で、テロに屈することのない姿勢を明らかにした。彼は、ドイツ赤軍派によって誘拐され、最終的に一九七七年一〇月一八日に射殺されたハンス・マルティン・シュライヤー（第六章参照）の葬儀において、「この若くして道を踏み外した人間たち（筆者注：テロリストを指す）は、単に民主主義の自由を脅かしているだけではありません。彼らはあらゆる文明社会の敵なのです」と厳しい言葉を述べた。また、彼は演説の中で民主主義を擁護したうえで、テロリストだけでなく、テロリストを支援する人やテロを批判の手段とする行為も含めて非難することで、徹底的にテロリズムを批判したのである。

そして、とりわけ世界的にも有名となった連邦大統領が、ヴァイツゼッカーである。従来、連邦大統領は首相の陰に隠れ、大きく取り上げられる機会は多くない。ともすれば目立たない存在でもあるが、彼に限って言えば、首相コールよりも人気を博し、世界で最も注目された連邦大統領であった。その彼を有名にしたのが、ドイツ敗戦四〇周年にあたる一九八五年五月八日に行われた演説「荒れ野の四〇年」である。これまでの歴代連邦大統領たちもナチスの犯罪性について数多くの演説を残しているが、ヴァイツゼッカーのこの演説はとりわけ大きな反響を得た。六〇〇万人のユダヤ人を殺害したとされるホロコーストという犯罪について、「目を閉ざさず、耳を塞がずにいた人びと、調べる気のある人なら、（ユダヤ人を強制的に）移送する列車に気づかないはずはありませんでした。人びとの想像力は、ユダヤ人絶滅の方法と規模には思い及ばなかったかもしれません。しかし、犯罪そのものに加え、あまりにも多くの人たちが実際に起こっていたことを知らないでおこうと努めていたのが現実であります。当時まだ幼く、ことの計画・実施に加わっていなかった私の世代も例外ではありません」（永井清彦編訳『言葉の力　ヴァイツゼッカー演説集』岩波現代文庫、二〇〇九年より引用）と述べ、「私たちは知らなかった」として事実に向き合おうとしない姿勢を批判し、さらには加害の当事者であるかを問わず、個々人それぞれがその過去に向き合うべきであると指摘した。また、「罪の有無、老幼いずれを問わず、われわれ全員が過去を引き受けねばなりません。だれもが過去からの帰結に関わっており、過去に対する責任を負わされております。（中略）しかし過去に目を閉ざすものは結局のところ現在にも盲目となります」（永井訳、同掲書より引用）と、西ドイツ国民一人ひとりがナチスによる過去の犯罪を直視し続けることの重要性を啓発したのである。この演説はナチスの過去の記憶が薄れゆく時期に差し掛かっている戦後四〇年の時期に、国民に将来においてもナチスの過去を反省する姿勢をうながしたことで、内外に大きく取り上げられ、演説文は一八カ国語に翻訳されている。批判を通じて、民主主義を擁護する、または、過去を反省するというような国家の一貫した姿勢を堅持する連邦大統領の姿もまた、重要な一側面である。

「統合」をうながす連邦大統領

連邦大統領たちはドイツ社会を統合するシンボルであり、統合とは彼らが担う責務の一つである。たとえば、現在のドイツ社会が抱える重要課題の中に「移民・難民」問題があるが、この新たな課題に対して、早い段階から歴代連邦大統領たちが言及を重ね、移民・難民問題による国民の分断を克服するために、国民を統合する存在であり続けている。

まずはラウであるが、二〇〇〇年五月一二日、前任者ヘルツォークが手掛けた「ベルリン演説」（世界の著名人や連邦大統領が世界やドイツを話題に講演を行う行事）において『不安も幻想もなく、共にドイツで暮らすということ』と題した演説を行った。彼は、ドイツ社会における移民の実態と共生の必要性を説き、他方で移民国家に住む人々が抱える不安に触れて、統合政策の難しさへの理解も示しながらも、ドイツ社会が取り組むべき課題を指摘している。その時に、彼は演説の中で、「我々はドイツであらゆる人が共生するための新たな努力を必要としています。不安も幻想もなく暮らすために」と呼びかけている。また、「教育は原理主義や人種主義への最大の防御なのです」と、教育の重要性についても言及し、学校におけるイスラム教の宗教教育、そして、移民向けの語学教育などの具体的な対策を提示している。この演説は、移民問題の解決に向けて非常に細やかな指摘と丁寧な説明によって市民一人ひとりに対して説得を重ねる語り口であり、「演説の名手」としての彼の手腕が発揮されている。彼は在職中、折に触れて移民問題に言及し続け、移民による国家の分断を克服し、国民を統合する方向性をうながした。

移民問題を克服し、国民を統合する役割を果たそうとしたラウの精神は、後の連邦大統領ヴルフにも引き継がれている。二〇一〇年一〇月三日、ドイツ統一二〇周年記念式典において、彼は『多様性を尊重し、結束を求めよう』といった演説を行った。イスラム教徒との軋轢が問題となっていたドイツ社会に対して、次のような内容を述べている。「キリスト教は疑いなくドイツに属しています。ユダヤ教も疑いなくドイツに属しています。これがキリスト教とユダヤ教の歴史です。もちろんですが、イスラム教も今やドイツに属しているのです」と。つまり、彼は宗教上において異なる背景を持つ人々がドイツという一つの国家の中に共生する姿勢をうながしたのである。

その後、二〇一五年のヨーロッパ難民危機において、ドイツはメルケル首相のイニシアチブによって大量の難民を受け入れたが、他方で国内では難民受け入れへの反発を訴える声が高まっているのが実情である（第六章参照）。難民の受け入れをめぐって揺れるドイツ社会に対し、ガウクは統合政策を最大の課題として認識し、世論に呼びかけた。二〇一五年一〇月三日のドイツ統一二五周年記念式典において、「不寛容に対する寛容は決して許されるものではありません。これは人道上の基本であります」として、「寛容」という民主主義の価値観のもとでの結束を呼びかけ、同時に反難民の動きに警鐘を鳴らしている。その後も、ガウクは難民政策に積極的に関与する姿勢を見せ、二〇一六年四月のシンポジウムでは、「統合とは、異なる背景のできる限り多くの同じ権利を持った個人が公共生活に参加した時に、ようやく成功するのです」と述べて、そのために、多くの苦労や努力、時には対立も乗り越えることを求めた。そして、移民・難民問題へのラウ、ヴルフ、ガウクのこのような姿勢は、今ではシュタインマイヤーへと受け継がれている。

連邦大統領に何が望まれているのか

ドイツ史における国家元首のあり方をふまえたうえで、戦後の歴代連邦大統領の人物像に触れ、「代表」し、「対話」し、「批判」し、「統合」する彼らの姿を見てきた。その際に折々に触れて引き合いに出したのが、彼らによる「演説」である。政治的な実権を持たない連邦大統領たちが、社会への影響力のみならず、時には政治的な影響力をもたらすために、彼らにとって唯一かつ不可欠な手段が「演説」であった。またそれは時には、彼ら自身のアイデンティティーを確立する手段ともなり得た。彼らは場面に応じて演説の中で言葉を駆使して、世論に訴え続けてきた。人々の前で言葉を尽くす姿こそが連邦大統領のアイデンティティーであり、ドイツが紡ぎ出してきた政治文化の一つでもある。

ドイツ帝国皇帝やヴァイマル共和国大統領ほど政治的な権限はないが、ドイツ連邦共和国大統領がもたらすその影響力は彼らと変わりなく、あるいは、それ以上に大きい場合もある。戦後に引き継がれてきた連邦大統領の職務、そして各々による活動や演説の中に、ドイツの人々は国家としてのドイツの方向性そのものを確認することができ、連邦大統領の存在はドイツそのものを体現している。だからこそ、今後も彼らの活動や演説は世論に注目され、かつ時代の挑戦に立ち向かう姿勢も必要になるであろう。その時の連邦大統領たちの行動こそが、これからもドイツの政治文化を創り出すのである。

（爲政雅代）

参考文献

石田勇治『ヒトラーとナチ・ドイツ』講談社現代新書、二〇一五年。
竹中亨『ヴィルヘルム二世』中公新書、二〇一八年。
ドイツ連邦大統領府ホームページ（英語版）http://www.bundespraesident.de/EN/Home/home_node.html
永井清彦編訳『言葉の力　ヴァイツゼッカー演説集』岩波現代文庫、二〇〇九年。

第14章

ドイツにおける貴族の歴史——特権身分の生成と消滅

1　中世の貴族

フランク王国時代

歴史上のすべての社会は格差社会である。社会の中のごく少数の人々が権力と富と文化をほぼ独占してきた。これらの人々はときには「貴族」と呼ばれる。彼らが貴族と呼ばれるのは、権力と富と文化を抱え込んでいることに加えて、同じ家族で何世代にもわたってその状態を保っている場合である。この状態が制度的に保護されていることもある。

社会の頂点にいる集団が貴族の要件を満たしていても、自ら貴族であると名乗っておらず、制度的保護も受けていないことがある。そのような場合には、後世の歴史家のあいだで彼らを貴族と呼ぶべきかどうか議論になる。貴族を自称し、制度的保護がある場合には、このような問題は起こらない。ただし権力や富を失った貴族が貴族を自称し続ける可能性があるという別の問題が生じる。

この章では、ドイツの歴史の中で、この社会の頂点に位置する集団がどのように変化したのかを見ることにしよう。古代のゲルマン人の社会は、かつては平等な「自由人」が中核を占める社会と見られていた。しかしこのような見方はすでに廃れ、現在では少数の家系の有力者が中心となる社会であったと考えられている。有力者の中の軍事的才覚をもった者が王などの称号を帯びて、戦争や略奪の際の指導者になった。これらの有力者が制度的に特別な地位を享受していたかどうか確認できないので、貴族と呼ぶべきか否か歴史家の意見は分かれる。

軍事指導者に率いられたゲルマン人の複数の集団が抗争や連携を繰り返しながら、しだいに一つにまとまり、大きな集団（「部族」）を形成するようになった。四世紀後半以降こうしたゲルマン人の大集団が次々にローマ帝国の領土内に入って王国を建てた。これらの王国の多くは短命であったが、フランク人がガリアに建てた王国だけは長く続いた。新しい王国においてもフランク人の有力者は大きな土地を獲得し、重要な官職について有力者の地位を保った。しかしローマ帝国に入ったゲルマン人の数は帝国の住民と比べるとわずかであった。フランク王国においてもフランク人の数は二〇万人程度で、ローマ系住民の数％にすぎなかったと見られている。

このためとくにガリアの南部にはローマ系住民のもとの社会がほとんど手つかずで残された。ここでは「セナトル貴族」と呼ばれる有力者が広大な土地を所有し、多くの庇護民を抱え、キリスト教会の司教職や世俗の官職について、社会を動かしていた。六世紀から七世紀にかけてこうしたローマ系の有力者とフランク人の有力者の融合が進んだ。

八世紀になるとカロリング家の勢力が強まり、彼らの出身地であるアウストラシア西部の有力者の重要性が増したが、他の地方の有力者が没落したわけではなかった。カロリング家が王位につくと、そのまわりに新しい有力者の層（いわゆる「帝国貴族層」）が形成された。彼らはフランク王国全土に所領を獲得し、王国の様々な官職についた。王の代理人として各地に配置された伯（コメス、ドイツ語ではグラーフ）やキリスト教会の司教・修道

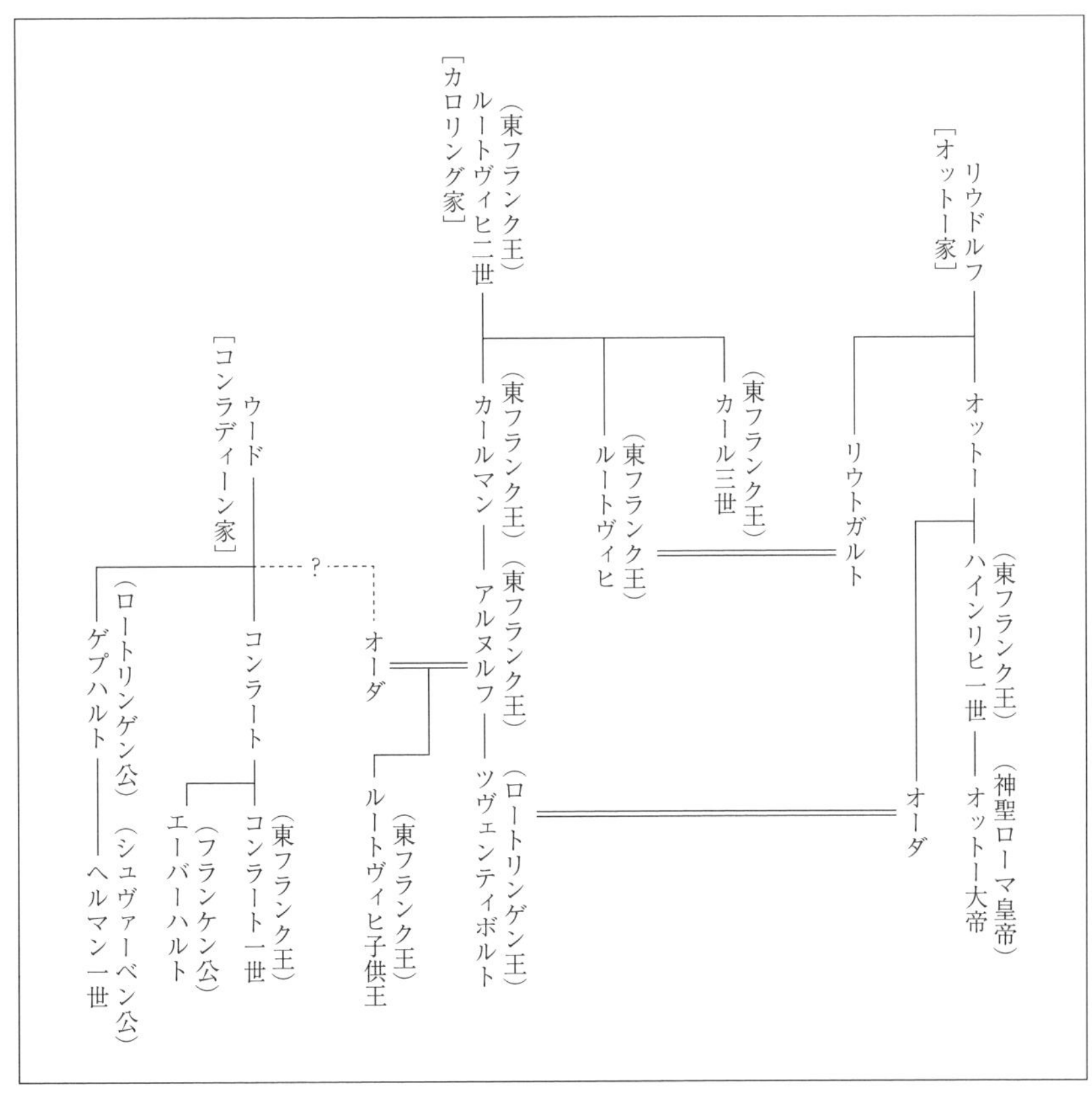

図14－1　カロリング家・コンラディーン家・オットー家系図

院長も彼らの中から任命された。伯は地方統治の要になる官職で、王の命令の布告、裁判、軍隊の編成などを行い、最盛期には伯職はおよそ五〇〇を数えた。王国の頂点を占めるこの集団は相互に通婚し、濃密な親類関係を作っていたが、地方の有力者とも通婚していたので、完全に閉鎖されてはいなかった。しかし一方で彼らと地方の有力者とのあいだには主従関係も生まれていた。

中世盛期の変化

カロリング王朝の時代に形成された「帝国貴族層」がその後のヨーロッパの貴族の基礎を作った。カロリング家が衰退すると、彼らが王国各地の政治を動かすようになった。一〇世紀に入ると西フランク王国では王の権威は失われ、彼らが各地に割拠する状態になった。一方東フランク王国では王（九六二年以後は神聖ローマ皇帝）や地方の長官である公（ドゥクス、ドイツ語ではヘルツォーク）の力が保たれ、彼らがこれらの地位をめぐって争った。その際、王や皇帝の家系と婚姻関係や女系の血縁関係をもつ者が有利な立場を占めた。

オットー大帝の先祖は曾祖父までしかたどれないが、曾祖父はザクセン地方の伯の一人、曾祖母についてはザクセン地方に基盤をもつフランク人の有力者ビルング家の出身という説がある。ビルング家はのちにザクセン公の地位を世襲した（一二世紀はじめに断絶）。曾祖父の娘は東フランク王ルートヴィヒ二世の息子ルートヴィヒと結婚し、孫娘、すなわちオットー大帝の父親ハインリヒ一世の姉妹は東フランク王アルヌルフの息子ツヴェンティボルトと結婚した（第一章参照）。

一方ハインリヒ一世の前任者、カロリング家以外の最初の東フランク王コンラート一世はコンラディーン家の出身で、ヘッセン地方の伯であった曾祖父がフランケン地方の西部にこの家系の勢力圏を築いた。コンラート一世は近親の女性（おば？）がアルヌルフと結婚してルートヴィヒ子供王を生んだため、子供王の宮廷で大きな発言力をもち、その死後王になった。王位を失ったあとも、コンラディーン家はしばしばシュヴァーベン公の地位についた（一一世紀はじめに断絶）。

オットー王朝が断絶したあと神聖ローマ皇帝の地位を引き継いだザーリアー家のコンラート二世はオットー王朝の遠い親類であった。先祖はライン川中流域の伯の一人で、その息子がオットー大帝の娘と結婚して、ロートリンゲン公になった。この夫婦の家系はその後ケルンテン公の地位を世襲した。コンラート二世はこの家系の傍流ではあったが、コンラディーン家のシュヴァーベン公の娘と結婚して勢力をもっていた。

ザーリアー王朝の遺産を受け継いだシュタウフェン家もザーリアー家と女系でつながっていた。始祖コンラー

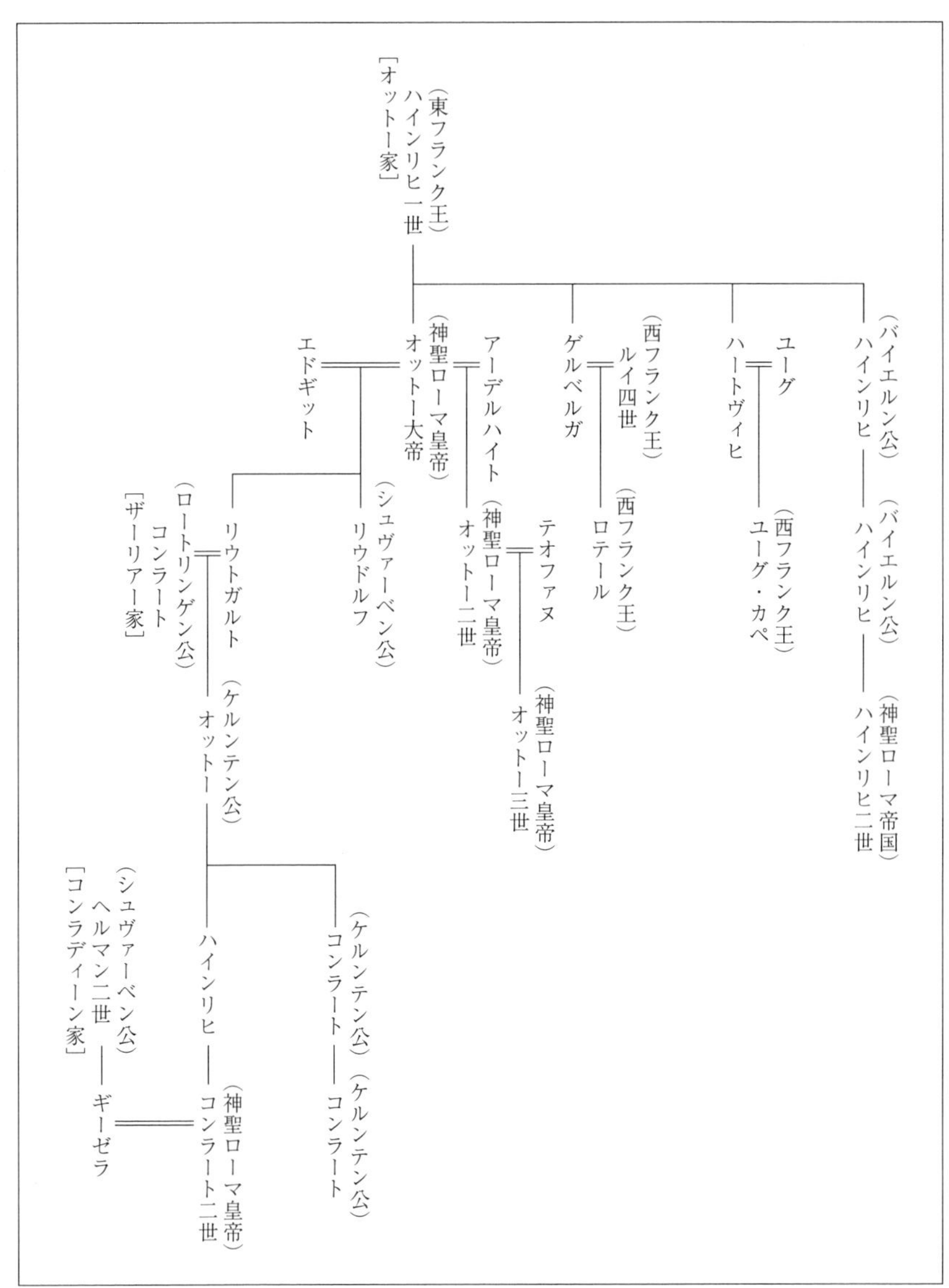

図14－2　オットー家・ザーリアー家系図

図 14－3　廃墟となったハプスブルク城（左）とハプスブルク城の復元図（右）

ト三世の父親は皇帝ハインリヒ四世によってシュヴァーベン公に取り立てられ、その娘と結婚した。ザーリアー王朝の最後の皇帝ハインリヒ五世はこの女性の弟で、コンラート三世はハインリヒ五世の女系の甥に当たる。しかしシュタウフェン王朝が断絶すると、皇帝は選挙制になり、帝位継承における血縁の重要性は低下した。

血縁関係でつながる最後の王朝シュタウフェン王朝の時代に有力者のあり方に変化が起こった。ヨーロッパには長らく名字を用いる習慣がなく、有力者も個人名を名乗るのみであった。メロヴィング家、カロリング家、オットー家、ザーリアー家、シュタウフェン家などの家名は自称ではなく、後世につけられたものである。家名のない中、家族の記憶は先祖が設立して家族の墓所になっていた教会や修道院によって保たれていた。一一世紀半ばになってようやく「フォン何々」という表示が現れた。最初この表示は有力者の家系の本拠地となる城塞を表していたが、それがしだいに固定化して名字になった。ヨーロッパでは一一世紀から一三世紀にかけて築城ブームが起こり、各地に無数の石造りの城塞が作られていた。

名字がなかったため、一部を除いて個々の有力者の家系を一一世紀以前までさかのぼることはむずかしい。現代まで続く家系でカロリング時代までたどれるのはヴェルフェン家、レギナーレ家（ヘッセン地方伯の家系）、ヴェッティーン家（ザクセン公の家系）などに限られる。多くの家系はハプスブルク家、ヴィッテルスバッハ家などと同じように確実なのは一一世紀からである。

もちろんカロリング時代の有力者の家系とシュタウフェン王朝以降の有力者の家系のつながりを確認できないのは名字の欠如が唯一の理由というわけではない。中世のあいだに多くの有力者の家系が戦乱（外敵の侵入、内戦、フェーデ、十字軍など）、聖職者（結婚できない）への転出、男系子孫の欠如などによって実際に途切れてしまったためでもある。

また一一世紀の終わりには、地方長官である公の地位の空洞化が始まった。ある時点まで公の地位についていた有力者の家系が罷免されて公の地位を失ったあとも公を自称し続け、新たに公の地位を得た家系と争うようになったのである。これによって正規の公も自称の公もそれぞれ自分の家系の勢力圏を支配するのみで、地方全体に力を及ぼすことができなくなった。それでもなお公は公を名乗る家系が伯を上回る強い力をもつことを表示する称号として意味をもっていた。公に類似する地位とされた辺境伯、宮中伯や地方伯の一部も同じように役職から家系の実力を表す称号に変化した。

その結果、公、辺境伯、宮中伯、地方伯の称号を帯びた最上層の有力者とそれ以外の有力者のあいだにしだいに身分的隔壁が生じることになった。これらの最上層の有力者（二〇人あまり）は大司教、司教、帝国大修道院長、帝国女子大修道院長などの高位聖職者（九〇人あまり）とともに「帝国諸侯身分」（一一八〇年に最初の記録）を形成した。それと同時に彼らは帝国からの自立傾向を強めて自らの勢力圏に領域的な支配体制（領邦国家）を作るようになった。

その一方でシュタウフェン王朝の時代にこれまでの有力者の下に新しい有力者の層が形成された。この新しい有力者の層は「ミニステリアーレ」と呼ばれる不自由身分の使用人の中から生まれた。ザーリアー王朝は他の最上層の有力者に対抗するため、数多くのミニステリアーレを宮廷の役人や所領の管理者に任命し、統治の手足として使うようになった。キリスト教会や有力者も所領の支配のためにミニステリアーレを使用した。騎士として主人に奉仕するミニステリアーレもあった。支配の代行や軍事的功績によって彼らは領地を獲得し、しだいに社会的な立場を上昇させて、新たな有力者層とみなされるようになったのである。

中世末期の固定化

一三世紀半ばにシュタウフェン王朝が断絶すると、皇帝の選挙制が始まり、帝位は一五世紀末に事実上ハプスブルク家の世襲になるまで、ハプスブルク家、ナッサウ家、ヴィッテルスバッハ家、ルクセンブルク家のあいだを転々とした。ヴィッテルスバッハ家はシュタウフェン王朝の時代にバイエルン公の地位を得ていたが、ハプスブルク家、ナッサウ家、ルクセンブルク家はいずれも皇帝選挙以前には伯の家系で、選挙後に新しい称号や領地を獲得して帝国諸侯の一員になった。

しかしこうした昇格はむしろ例外で、中世末期には帝国諸侯と伯以下の有力者の家系のあいだの身分的障壁はさらに大きくなった。また有力者全体とそれ以外の者を区別する隔壁もより明瞭な形をとるようになった。このため多くの歴史家はこの時代に「貴族」が形成されたと見ている。

貴族の頂点には「帝国諸侯身分」の所属者がいた。彼らは領地に対する支配権、伯やフォークト（聖職者の法的代理人）としての裁判権、皇帝から容認された関税、通貨、流血裁判に関する権限などを梃子にして各地に領邦国家を形成し、その君主になった。ただし彼らが皇帝の臣下であることに変わりはなかった。帝国諸侯の中の七人（マインツ大司教、トリーア大司教、ケルン大司教、ボヘミア王、ライン宮中伯、ザクセン公、ブランデンブルク辺境伯）が皇帝の選挙権を獲得して「選帝侯」になった。帝国諸侯の下には、帝国諸侯の身分に入れなかった伯などの官職をもつ有力者や官職をもたない有力者（フライヘル）がいた。一四世紀末以降フライヘルの多くは伯の称号を手に入れた。さらにその下にはミニステリアーレから成り上がった下級貴族が位置していた。

帝国諸侯が領邦国家を生み出す過程で帝国諸侯の支配下に取り込まれた伯やフライヘルの一部、下級貴族の一部、最初から帝国諸侯の配下であった下級貴族が領邦貴族になり、聖職者、都市と並んで領邦議会の部会を作った。帝国諸侯の領邦国家に吸収されず、帝国直属の地位を保った下級貴族は帝国騎士になった。帝国騎士の分布は、シュタウフェン王朝の本拠地で、多数の帝国ミニステリアーレがいたライン地方、フランケン地方、シュヴァーベン地方に偏っていた。

もともとヨーロッパには貴族身分を認定するような制度は存在しなかった。有力者は有力者として勢力を張り、他の有力者によって有力者であると認められることによってその地位を保っていた。しかし中世末期には最上層の帝国諸侯の一員になるには皇帝による身分の認定が必要になった。一方、最下層の下級貴族のあいだでは、相互に身分を確認し合う仕組みが作られた。貴族身分の証明が必要になった場合、両親や祖父母がすでに貴族の家柄であったことを示す家系図などを提示し、他の貴族に誓約によってその正しさを認証してもらうのである（「先祖証明」）。

図 14－4　騎士の馬上槍試合（14 世紀前半の書物の挿絵）

中世末期には下級貴族の団体が各地に作られ、構成員のあいだの紛争の調停、帝国諸侯の裁判権の妨害、都市や農民との紛争の場合の支援などを行った。馬上槍試合も各地で盛んに行われ、下級貴族が高価な武具や馬を用意して参加した。こうした団体や会合に参加するには貴族身分が必要とされたので、先祖証明が行われた。また司教座聖堂参事会など一部のキリスト教会の組織や領邦議会に参加する際にも先祖証明が必要になった。

なお中世末期には「騎士」が下級貴族と同義の言葉になった。重装備の装甲騎馬槍兵はフランク王国の時代から存在したが、武具や馬が非常に高価で、戦闘技術も必要とされたので、装甲騎馬槍兵として出陣できる者は有力者に限られていた。中世盛期になると装甲騎馬槍兵は騎士と呼ばれるようになり、独自の騎士文化を発展させた。一二世紀から一三世紀にかけては最上層の有力者からミニステリアーレ出身の有力者までがこの文化を共有していた。しかしドイツでは中世末期に古くからの有力者の家系がミニステリアーレ出身者との同列化を嫌って騎士文化から離れたので、下級貴族のみが騎士文化の担い手になり、騎士も下級貴族を指す呼称になったのである。

これまで見たように中世末期には有力者とそれ以外の者を隔てる隔壁が強固になって貴族身分が成立したので、皇帝が功績のあった官僚などを「貴族証書」によって貴族として取り立てることが行われるようになった。現在残されている最も古い貴族証書は一三六〇年にカール四世が発行したものである。ただし貴族証書を得た者（「証書貴族」）も自前で領地を確保する必要があったし、他の貴族に貴族と認められるには時間がかかった。

貴族の経済的基盤である領地はフランク王国の時代から領主直営地と農民保有地という二種類の土地に区分されていた。保有地には領主の上級所有権と農民の保有権という二重の権利が付着していると考えられ、領主に保有権を認めてもらう代償として農民は賦役を行ったり、現物地代や貨幣地代を支払ったりしなければならなかった。また保有農は領主に人身的に隷属していて、勝手に移住したり、結婚したりできなかった。さらに保有農に対する裁判権も領主にあった。フランク王国の時代には王国の中心部では大規模な直営地が作られ、保有地に住む隷属農民の賦役を利用して耕されていた。一二世紀から一三世紀にかけて都市が発展して物資の調達が容易になると、直営地は縮小され、農民の負担は現物地代や貨幣地代が中心になった。保有農に対する領主の裁判権も中世末期には領地に対する「家産裁判権」（軽微な刑事事件と民事事件を扱う）に変化した。

一四世紀半ばから一五世紀半ばにかけてヨーロッパではペスト（「黒死病」）が大流行して人口が激減した。このため穀物に対する需要が減少して、穀物価格が低迷し、労働力も不足するようになった。これに対応して多くの領主は穀物以外の農作物への転換、牧畜の拡大などを試み、また隷属農民を保有地に引き留めておくために一部では保有地の相続権を認めるなどの対策がとられた。領地からの収入を補うため、貴族の中には領邦君主の宮廷に出入りして、領邦国家の官僚になったり、傭兵稼業に入ったりする者もあった。

2　近世の貴族

貴族の数

近世の貴族は中世末期の貴族の延長線上にあった（第二章参照）。中世末期に出来上がった貴族の三区分が近世にも維持された。貴族の最上層には選帝侯と帝国諸侯がいた。近世のはじめには選帝侯は七人であったが、三十年戦争のあと八人に増えた（一時は九人に）。帝国諸侯の数は近世のあいだに大きく変化した。聖職者の帝国諸侯（聖界諸侯）は一六世紀はじめには五〇人いたが、宗教改革の影響などで減少し、一八世紀の終わりには三三人になった。これとは逆に一六世紀はじめに二四人であった俗人の帝国諸侯は伯からの昇格などによって一八世紀末には五九人に増えた。一六世紀はじめに伯は一四四人であったが、一八世紀の終わりには九九人に減少していた。伯も近世に入ると帝国諸侯に倣って小規模な領邦国家を形成した。

図14－5　17世紀の身分的秩序（G. アルツェンバッハの銅版画）
中央にローマ教皇，左側に皇帝，枢機卿，選帝侯，司教，下級貴族，農民，右側に王，公，伯，フライヘル，市民，兵士が並ぶ。

聖職者の貴族（妻帯せず、子供なし）は世襲ではなくすべて俗人からの転入者なので除外すると、俗人の選帝侯と俗人の帝国諸侯と伯を合わせた高級貴族は一六世紀はじめには一七二人いたが、一八世紀の終わりには幾分減少して一六三人になった。下級貴族の帝国騎士は一六世紀はじめにはおよそ五〇〇家族、一八世紀末にはおよそ三五〇家族を数えた。一七〇〇年頃すべての帝国騎士にフライヘル（男爵）の称号が授与された。

この他に下級貴族を中心にかなりの数の領邦貴族がいた。バイエルン公国（のちに選帝侯国）の例を見てみよう。ここの貴族は三層に分かれていた。最上層は古くからの有力者の家系や皇帝による伯・フライヘルの証書をもった家系で、一六世紀はじめには一〇家系ほどあったが、多くはその後断絶した。中級貴族は下級貴族から上昇した家系で、一六世紀はじめには七五家系あったが、閉鎖的であったため減少し、一九世紀はじめには一八家系しか残っていなかった。残りはミニステリアーレから成り上がった家系に、貴族に取り立てられた官僚を加えた下級貴族で、一六世紀はじめにはおよそ二五〇家族を数えた。一六世紀はじめにバイエルンには全体で三三五家族ほどの貴族がいたことになる。

バイエルンの場合、新規取り立てや外国貴族の流入が多かったため（一方では断絶も）、一七世紀に貴族の数は増え、一八世紀には五三〇家族あまりになった。ただし領邦議会（一六六九年に最後の全体会議）に議席をもつ貴族（古くからの貴族を中心にした、特定の領地の所有者）の数はあまり変化せず、一七世紀後半にはおよそ二八〇家族、一八世紀後半にはおよそ二六〇家族であった。

神聖ローマ帝国全体（イタリア北中部を除く）では、妻子を含めて一八世紀の終わりには二五万人ほどの貴族がいたのではないかと推定されている。同じ時期の帝国の人口は二五〇〇万人あまりと考えられているので、人口に占める貴族の割合は一％前後ということになる。

貴族への新規取り立てや地位の昇格はもともと皇帝の権限であったが、近世には大規模な領邦国家の君主も新規取り立てを行うようになったので、多くの新しい貴族が生まれた。その一方で断絶したり没落したりする貴族の家系もあった。一七世紀には宗教紛争に絡んだ貴族の入れ替わりも起きた（ボヘミア、オーストリアなど）。全体的にどの程度の変動があったのかははっきりしないが、貴族は流動性のない集団ではなかった。

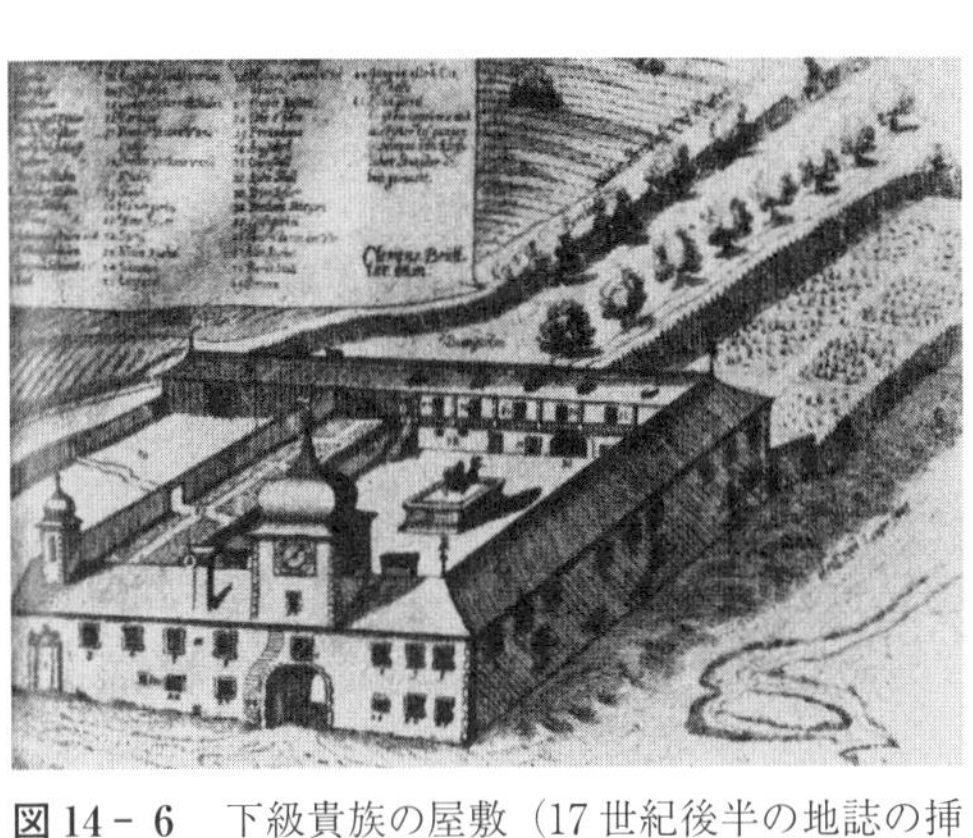

図14－6　下級貴族の屋敷（17世紀後半の地誌の挿絵）
住居と農舎が一体化している。

領地経営

近世に入っても農業が社会の富の主要な源泉であり、領地が貴族の経済的基盤であった。近世には中世末期の人口激減への対応によって領主制にいくつかの地方的な変種が生まれていた。最も特異な変種はエルベ川以東の領主制（「農場領主制」）である。農場領主制は中世末期にはじまり、一六世紀に完成した形になった。その特徴は領主直営地（領主農場）が非常に大きく、保有地に住む農民の賦役の負担が非常に重かったことである。農民は毎週何日間も自前の家畜を連れて領主の農場に働きに出なければならなかった。また農民の人身的隷属も維持されており、農民は領主の許可なく移住したり、結婚したりすることができなかった。さらに領主は領地の家産裁判権をもっていて、賦役を怠る農民などを自ら裁くことができた。エルベ川以東には都市が少なく、農民が領主のもとを離れて逃げ込む場所がなかったことが領主の支配力の強化につながっていた。

領主農場で領主は農民の労働力を利用しながら農業の自己経営を行い、輸出用の穀物を生産していた。穀物は船で西ヨーロッパの都市に運ばれて販売された。一六世紀や一八世紀にはヨーロッパで人口が増加し、穀物価格も上昇したので、こうした方法で大きな恩恵を受けることができた。利益の拡大をめざす領主は農場の拡大を試み、農民を保有地から排除して、保有地を農場に組み込むこともあった（「農民追放」）。

エルベ川以西の領主制にも地方によって差があったが、総じて農民の法的立場はもっと良好であった。近世には多くの農民はすでに人身的自由を獲得しており、人身的隷属が残っている場合にも貢納の支払いで済むことが多かった。農民の土地に対する権利ももっと強く、自らが耕している保有地の実質的な処分権や相続権をもっている場合もあった。保有地を借りていることに対する対価は通常は賦役ではなく、現物地代や貨幣地代で支払われた。ただし一部には領主が経営する直営地も残っていて、賦役を要求される農民もいた。またエルベ川以西では領主の権利が細分化されていて、何人もの領主が一つの村の中で地代を徴収する権利を行使している場合があった。このような場合には領地と家産裁判権の結びつきは失われた。

貴族は領地で農業だけを行っていたのではなかった。地方によっては牛や羊の飼育、池での養魚、森林での木材や薪の生産を行う貴族もあった。また鉱物の採掘、レンガ製造、石灰製造、ビール醸造、水車を利用した製粉・製材・製紙、ガラス製造などの鉱工業も行われていた。これらは農業と同じ土地の産物を取り扱う仕事とみなされ、貴族の体面を傷つけなかった。貴族のあいだでは商業は忌まれたが、穀物取引は例外で、自ら船舶を用意して穀物を市場に運ぶ貴族もいた。また家畜の取引も問題にはならず、北海沿岸や東ヨーロッパから多くの牛が陸路西方の消費地に運ばれた。

宮廷と官職

農業、牧畜、林業、鉱業、それらと関連のある工業以外で貴族が行える仕事は、「デロジャンス」（身分喪失）の危険があり、限られていた。貴族が問題なくつくことができたのは宮廷や政府、軍隊、教会の役職であった。王や皇帝の宮廷はフランク王国の時代から存在していた。宮廷は王や皇帝の生活の場であると同時に、政庁であり、勢力を誇示するための舞台装置でもあった。トゥルフゼスあるいはセネシャル（宮廷人員の指揮、食事の提供）、マルシャル（厩舎の管理、旅行の手配）、ムントシェンク（酒蔵の管理）、ケメラー（衣服・財宝などの管理）といった宮廷を維持するための宮廷官職もフランク王国時代に生まれた。

帝国諸侯が領邦国家を形成すると、領邦国家にもそれぞれ宮廷が作られ、こうした宮廷官職が設けられた。しかしこれらの宮廷官職はしだいに名誉職になり、一部は特定の貴族の家系によって世襲されるようになった。それに伴って宮廷官職の保有者に代わって実際に宮廷を運営するための役職が作られた。

大きい領邦国家の宮廷では宮廷のすべての人員を統括する宮廷長官のもとに侍従長、法務官、厩舎長など数人の幹部が置かれ、それぞれの部門の配下を監督した。長官や幹部には高い俸給が支払われ、君主に近侍しているため、影響力も大きかった。長官や幹部に任命されるのは貴族のみであった。長官や幹部の下には上級職員や下級職員がいた。上級職員にも貴族が多かったが、下級職員は手工業者や労働者であった。上級職員の中では君主の私室に入ることができた侍従が特別の地位を占めていた。侍従はその権限の印として「黄金のカギ」をもっていた。宮廷では君主の妻子も暮らしていたため、貴族の女性が就任する女官長、女官などの役職もあった。

宮廷の規模はおおむね領邦国家の規模に比例した。宮廷の人員は大きい領邦国家でも一六世紀には数百人程度であったが、一七世紀後半に人数が増え、一八世紀には一〇〇〇人を超えるようになった。皇帝の地位をもつハプスブルク家の宮廷は別格で、一六世紀後半には五〇〇人を超えており、一八世紀半ばには二〇〇〇人ほどの人員がいた。

領邦国家の統治機構の中心部は中世末期に領邦君主の宮廷の中で生まれた。宮廷の役職者が君主に政治的助言を与える顧問官を兼務するようになったのである。宮廷の役職と政治的官職の兼帯は一九世紀はじめの内政改革期まで続いた。一五世紀の終わりに大規模な領邦国家では顧問官が定期的に集まって「宮廷顧問会議」を開き、行政と裁判の最終決定を行う制度が生まれた。この制度は一六世紀中にはその他の領邦国家でも模倣された。その後宮廷顧問会議から行政のそれぞれの分野を担当する顧問会議が分離した。また外交や内政の機密事項は人数を限定した「枢密顧問会議」で取り扱われるようになった。多くの職務を放出した宮廷顧問会議は司法機関になった。

顧問官は最初貴族のみであったが、一五世紀以降は統治の仕事に法律的な知識が必要になり、大学の法学部で学んだ市民出身の顧問官が増えた。領邦君主の支配権の強化に抵抗する領内の貴族と縁故がない点でも市民出身者が好まれた。しかし貴族も市民出身者と競合して顧問官の一定の割合を占め続けた。そのためには貴族も大学で専門的知識を身につけるなどの努力をするようになった。市民出身者が増えたものの、雇用する領邦君主の側は貴族と非貴族を対等に扱わず、俸給、昇進などの面で貴族を優遇し続けたし、市民出身者も高い職位に到達すると貴族として取り立てられたので、多くの領邦国家では官職の世界における貴族の優位は覆らなかった。

軍　隊

中世盛期には主従関係によって動員される重装備の騎士が軍隊の攻撃力の中心を占めていた。しかし一四世紀以降歩兵の重要性が増し、一五世紀には歩兵が戦争の行方を左右するようになった。長槍を構え方陣を作って戦う歩兵や長弓で矢を射かける歩兵に騎士は対抗できなくなったのである。今や軍隊の主力となった歩兵は傭兵契約によって集められた。こうした傭兵部隊は戦争が行われているときだけ雇用され、戦争が終わると解雇された。傭兵の指揮官（連隊長や中隊長）が自ら兵隊を集めて部隊を編成し、戦争を行う皇帝や領邦君主にそれを提供した。指揮官には応分の報酬が支払われ、略奪による収入も大きかったが、兵隊を集めるために前払いする自己資金が必要であった。

騎士から傭兵への変化によって貴族の軍事的意義がまったくなくなったわけではなかった。軍隊が歩兵中心になったあとも騎兵は側面攻撃や追撃戦で重要な役割を果たした。武器や馬の取り扱いに慣れた多くの貴族が傭兵契約を結んで騎兵の部隊に加わった。一六世紀まで騎兵の大部分は貴族からなっていた。傭兵部隊の指揮官も大部分が貴族であった。貴族は所領の収入などから自己資金を用意しやすかったし、雇用主である皇帝や領邦君主からも信用を得やすかったからである。また兵隊に命令を下すのに適任ということで、部隊の将校も大部分が貴族から採用された。

一七世紀後半にヨーロッパの軍隊は大きく変化した。国家の徴税能力が高くなって軍事費を確保できるようになったので、傭兵部隊は戦争が終わっても解雇されなくなり、常備軍化した。また歩兵の主要な武器がそれまでの長槍から火打石発火式（フリントロック）の小銃に変わった。しかし小銃の命中率はまだ低かったため、兵士は隊列を組んで一斉射撃を行う方式で戦った。それを可能にするため、平時にも解雇されなくなった兵士に機械的動作と集団的行動の訓練が課されるようになった。

常備軍の時代に入って、雇用主である皇帝や領邦君主の発言力が増し、軍隊に対する管理が強化された。しかし軍隊の基本的単位は依然として連隊であり、連隊長が連隊の財務、訓練、募兵、将校の任用について大きな権限をもっていた。部隊を維持するための費用も雇用主から連隊長や中隊長に一括で支払われた。支払われた金額と実費の差額は彼らの取り分になった。こうした指揮官の地位にたどり着けなければ、高収入は望めなかったが、常備軍の時代になると将校も戦争終了後に解雇されることはなくなり、貴族のそれなりに安定した就職先になった。ただし将校の地位は前任者から買い取らなければならなかった。

キリスト教会

キリスト教会は各地に司教区（司教が管理）を置き、司教区を多数の教区（主任司祭が管理）に分けて、信者に対する宗教活動を行っていた。これとは別に修道士が祈りに専念しながら共同生活をする修道院があった。これらの組織はそれぞれ信者から寄進された土地や信者から十分の一税を徴収する権利などの財源をもっていて、そこから得られる収入を聖職者が生活したり、宗教活動を行ったりするための費用にあてていた。

もともと聖職者と世俗の身分は結びつくものではなく、聖職者の中には様々な階層の出身者が混在していた。ただし司教や大修道院長は一種の政治的役職で、中世初期から中世盛期にかけては皇帝に任命権（叙任権闘争以後は人選権）があり、皇帝の一族や有力者の家系の出身者によって占められていた。中世末期になると多くの司教区で司教の補佐機関である司教座聖堂参事会が司教の選出権をもつようになった。

また中世末期には司教座聖堂参事会の構成員も貴族によって独占される状態になった。貴族でない者の参入は先祖証明によって阻止された。聖職者は妻帯が認められておらず、親子で参事会員の地位を継承することはできなかったが、家系を継がない貴族の次三男が参事会に入り、兄弟の次三男（甥）を参事会に引き入れるという形で貴族の特定の家系が何世代にもわたって参事会員を出し続けるということも起こった。

参事会の中にはさらに独占状態が進んで、貴族の中の限られた集団によって支配されるものも現れた。ケルンとストラスブールの参事会には伯以上の高級貴族しか入れなかったし、マインツとトリーアの参事会では帝国騎士の出身者が優位を占めていた。中世末期以降は司教座聖堂参事会が司教を選出したので、マインツやトリーアでは下級貴族の帝国騎士が帝国の最上位の貴族である選帝侯にまで上り詰めるということも珍しくなかった。

司教座聖堂参事会と並んで豊かな聖職録を提供できる修道院も貴族の扶養場所として重要な意味をもっていた。修道院の中には貴族しか受け入れないものもあった。騎士修道会も貴族専用の組織で、近世になってもドイツ騎士団やマルタ騎士団が残っていた。キリスト教会は女性が聖職者になることを認めなかったが、修道女になることはでき、結婚できなかった貴族の娘の多くは女子修道院に入った。ただしたいていの場合厳格な修道院の規則に従わなくてもよい共唱祈禱修道女にとどまった。

宗教改革以後プロテスタントに変わった北ドイツでは領邦国家が近隣の司教領を併合したり、修道院を廃止したりしたので、貴族の次三男の重要な扶養場所が失われることになった。ただし女子修道院は例外で、女子教育の機関などという位置づけでプロテスタント地域においても存続が認められ、貴族の未婚女性のための収容施設という役割を果たし続けた。

結婚・相続・教育

結婚は世代の継続という点でも、親類関係の形成という点でも、貴族にとって死活的な重要性をもっていた。世代の継続がなければ、そもそも個々の貴族の家系も貴族という身分も成り立たなかった。しかし貴族にとって結婚は単に子供を残すという問題ではなく、どの家族同士が親戚になるかという問題でもあった。身分の低い家族との親類関係は身分の高い家族には普通利益をもたらさなかった。このため同じ身分の者同士の結婚が原則になった。貴族は貴族でない者とは結婚しなかったし、高級貴族は下級貴族とは結婚しなかった。高級貴族のあいだでも帝国諸侯は伯の家系との結婚を避けた。ただし貴族の男性が貴族ではないが財力のある家族の娘と結婚することはありえた。なおヨーロッパではキリスト教の影響で中世盛期以降は一夫一婦制が義務になり、貴族も後宮を作ることはなかった。

貴族の結婚は結婚する当人ではなく、どの家族と縁組をすることが得策か考えて親が決める事柄であった。決定に従わなければ遺産を減らされるなどの制裁を受けた。結婚に際しては契約書が作られ、結婚後の生活や新婦の持参金（新郎のものになる）・支度金（新婦のものになる）についての取り決めが行われた。新婦は嫁ぎ先に持参金・支度金を支払うことによって親元の相続権を放棄したものとみなされた。一方の新郎の側も持参金に見合う財源や「朝の贈り物」を用意する必要があった。持参金に対応する財源は新郎のもとにとどまったが、新婦が未亡人になった場合にはその上がりが新婦に支払われた。こうした形で新婦の身分にふさわしい生活が保障された。

結婚した貴族の夫婦はできるだけ多くの子供を生んだ。一九世紀後半までヨーロッパでも幼児の死亡率は非常に高かったので、生まれる子供が少ないと子孫が残らない可能性があったのである。しかし子供の数が多くなると別の問題が起こった。もともとヨーロッパではすべての子供が親の財産を相続する権利をもっていたので、子供が多いと財産が分散して、家系の力を弱めることになった。

この問題に対処するため、中世末期には高級貴族のあいだに、長男に財産と利権の大部分を相続させる「長子相続制」をとるものが現れた。しかし簡単には普及せず、一七世紀後半以降ようやく一般的になった。下級貴族のあいだでは、一七世紀になって「家族信託財産制」が始まった。家族信託財産に指定された土地は家族全体の共有財産になり、相続人が一人（通常は長男）指名されて、この財産を利用する権利が認められた。ただしこの財産を勝手に売却したり、抵当に入れたりすることはできなかった。長子相続制や家族信託財産制によって長男が遺産の大部分を受け取る場合にも、他の子供の取り分がまったくなくなることはなかったが、他の子供は遺産以外の財源を確保して収入を補う必要があった。

中世末期以降、貴族の男性の大部分は読み書きができるようになり、貴族の女性の多くもその能力をもつようになった。貴族の幼い子供は乳母に育てられたが、その後家庭教師が雇われて、読み書き、宗教的知識、いくらかのラテン語が教えられた。貴族特有の振る舞い（同じ貴族への接し方、使用人、農民などへの接し方）は父親や親族から学んだ。家庭教師（たいていは聖職や教育職の志望者）は使用人にすぎず、そのようなことを教えるには適さなかった。女子は母親から家事を学んだ。女子に女性家庭教師がつく場合もあった。近世に入ると教育の重要性が高まったので、中等教育機関や大学に通う貴族（男子のみ）もしだいに増えた。一六世紀後半以降、裕福な貴族の息子は数年かけて家庭教師や使用人とともにヨーロッパを回る修養旅行（いわゆる「グランド・ツアー」）を行うようになった。

3　近代の貴族

貴族の再編成

一九世紀はじめにナポレオンの大陸制覇の衝撃で神聖ローマ帝国は崩壊し、領邦国家も整理統合されて、ドイツ地域には三五の国際法上独立した国家が誕生した（第三章参照）。これらの国家は同じ時期に行われた内政改革によって近代国家に変化した。近代国家は法の前の平等を原則としていたが、貴族身分は廃止されず、貴族に対する優遇措置の一部も残された。

領邦国家の整理統合の結果、三五人の帝国諸侯（選帝侯も含む）が独立国家の君主に横滑りしたが、残りのおよそ七〇人の帝国諸侯と伯は近隣の国家に取り込まれて領邦君主の地位を失った。彼らは「シュタンデスヘル」と呼ばれる高級貴族になり、裁判権・行政権の一部を保持し（一八四八年革命のあと喪失）、下級審の免除、免税、兵役免除、議会上院の議席などの特権を享受した（ドイツ連邦規約第一四条）。彼らは取り込まれた国家において君主の一族に次ぐ高い社会的地位を認められたが、一部を除いて、もと同輩である新しい君主に近づこうとしなかった。

帝国騎士も近隣の国家に吸収されて、近隣の国家にもとからいた領邦貴族と同じ身分ということになった。また領邦国家の整理統合で吸収された側の領邦貴族も吸収した側の領邦国家の領邦貴族と同等とされ、この三者（帝国騎士、他邦の領邦貴族、もとからの領邦貴族）が新しい国家の下級貴族になった。ただし内政改革によって免税特権などは廃止され、家産裁判権も強く規制される形になったので、領邦貴族も無傷で近代国家の貴族になったわけではなかった。

一九世紀前半にはのちの統一ドイツの領域に三四人の新しい国家の君主（オーストリア皇帝を除く）、およそ七〇人のシュタンデスヘル、およそ三五〇のもとの帝国騎士の家系、およそ二万八〇〇〇の領邦貴族の家系の貴族がいた。妻子を含めた人数にするとおよそ一四万人になる。のちの統一ドイツの領域の人口は一八二五年には二七〇〇万人弱なので、貴族の比率は人口の〇・五％程度であった。

生き残る貴族

一九世紀はじめの政治的変動で貴族を取り巻く環境は激変したが、その中で貴族が頼りにした経済的基盤は相変わらず土地所有であり、官職や将校の地位であった。カトリック地域では聖界諸侯の領邦国家が消滅して、政治的利権の多くが失われたものの、教会組織はなお貴族の次三男の重要な就業先であった。

一九世紀はじめの内政改革によって農民の人身的隷属は廃止され、土地取引の自由が認められ、領主制を解消するための道筋が示された。領主も保有農も市場原理に基づいて農産物を生産する農業経営者への転換を求められたのである。ただし領主制を廃止するための条件は農民側に厳しいものであった。農民が領主の上級所有権を消滅させて保有地の所有権を得るためには、これまで領主に支払っていた地代（賦役、現物地代、貨幣地代）の二〇年分ほどのまとまった金額（償却金）を領主に支払わなければならなかった。エルベ川以東のプロイセンでは金銭の代わりに保有地の一部を領主に譲渡することを要求された。

一八二〇年代には農業不況が起きたので、エルベ川以東では農場の一部が貴族の手を離れて市民のものになった。しかし多くの貴族は農場を維持し続け、上級所有権を消滅させるため農民が譲渡した保有地を吸収して農場を拡大した。エルベ川以西でも貴族は所有地を守り、農民が支払う償却金を利用して所有地の拡大や一円化を行った。一八二〇年代の農業不況が終わると、人口増加に伴って穀物価格は上昇したので、農業経営は再び貴族に大きな利益をもたらすようになり、とくにエルベ川以東には巨大な農場が生まれた。

内政改革で領主制を廃止する道が示されたあとも、家産裁判権は領主制の最後の名残として存続していたが、多くのところで一八四八年革命の際に廃止された。その後も残っていた家産裁判権は、ドイツ統一に伴う法整備の中で一八七七年に制定された「裁判所構成法」によって廃止された。メクレンブルクの貴族はこの法律が発効するまで家産裁判権を行使していた。

一九世紀末になると交通手段の発展によって農産物の世界市場に変化が起き、ヨーロッパの農業の構造的な不振が始まった。とりわけエルベ川以東の穀物生産農場は大きな打撃を受けた。これに対処するためエルベ川以東の貴族は国家の保護関税政策や補助金を求めるようになった。またこの時期になってエルベ川以東でも家族信託財産制が広まった。農業経営の貴族は経済的に苦境に陥ったが、それでもなお貴族の大土地所有者が資本家を押さえて富裕層の頂点に立っていた。また一部の地方には農産物の加工、素材産業、鉱物の採掘などによって潤う非常に豊かな貴族もいた。

官職の世界でも一九世紀はじめの内政改革によって大きな変化が起きた。官僚はそれまでのような君主の使用人ではなく、国家の使用人ということになり、公平な採用のための方策として統一的な国家試験が導入され、業績による昇進が強調されるようになった。しかし公平な採用が謳われても、大学教育から採用後の長い見習い期間を経て固定給のある顧問官の地位にたどり着くための財力をもつ者は貴族か上層市民の子弟に限られていた。また昇進についても業績と並んでなお人格や身分が考慮されたので、貴族は官職の世界で一定の勢力を保った。

ところが一九世紀中に国家機構が膨張したのでしだいに官僚の数が増え、貴族は人数不足でポストを埋められなくなった。その結果、官僚の中の貴族の比率は下がり、一九世紀末には貴族がほぼ独占しているのは大臣などの頂点の高級官職と外交官職に限られるようになった。多言語能力、広い人脈、社交能力、自前で体面を維持できる財力などから外交官はとくに貴族にふさわしい職業と考えられていた。官職体系の中で特殊な位置を占めていたプロイセンの州知事やプロイセン東部の県知事も二〇世紀はじめまで大部分が貴族であった。

またプロイセンでは一九世紀に軍隊における貴族の優位が復活するという逆流が起きた。フリードリヒ二世は市民出身の将校を嫌い、彼らを排除したが、一八〇六年のナポレオンとの戦いでプロイセン軍は大敗し、軍制改革を行わざるをえなくなった。その結果、市民にも将校の地位が開放されて、将校団における貴族の割合は五〇%強まで低下した。しかしまもなく軍制改革は挫折し、再び貴族が将校として優先的に採用されるようになった。一八六〇年には将校団における貴族の割合は六五%になっていた。

しかし一八六〇年代以降プロイセン軍は急速に増強され、将校のポストも増えたため、官僚の世界と同じ状況が生まれた。一九世紀後半にはプロイセンの貴族は子弟の六〇～七〇％を軍隊に入れていたが、それでも将校のポストを埋める貴族の人数が足りなくなったのである。一九一四年には将校に占める貴族の割合はおよそ三〇％に低下していた。ただし将軍クラスでは貴族はおよそ六〇％の割合を保っており、軍隊における貴族の影響はなお強かった。

ただしこのような軍隊への貴族の強い関わりは他のドイツ諸国では見られない現象であった。たとえばバイエルン軍ではすでに一八世紀末に貴族の将校の割合は五〇％を割っていた。その後も比率の低下は続き、一九一四年には一五％になった。プロイセン以外では、子弟を官僚や聖職者の道に進ませ、軍隊に入れない貴族も多かったのである。

一九世紀以降も貴族は生き残ったが、権力は国家機関に集中され（ただしエルベ川以東の地域社会には貴族の権力の一部が残った）、市民層の中にも富と文化を集積する者が現れたので、貴族が権力と富と文化を独占している状態ではなくなった。ドイツ諸国の政府はこの問題に気づいていて、新規取り立てで上層市民のとくに豊かな部分を貴族の中に取り込もうとしたり、貴族と上層市民の融和を促したりした。しかし貴族と上層市民を包括するような新しいエリート層は生まれなかった。一九世紀末に工業分野で非常に裕福な市民が現れると、貴族はむしろ警戒感を強め、上層市民との交流も避けるようになった。

第一次世界大戦以後

第一次世界大戦では多くの貴族の将校が戦死したが、その見返りはなく、一九一八年の革命によって第二帝政は倒れ、貴族の世界は一挙に崩壊した。皇帝や各邦の君主とともに貴族の重要な結集点であった各邦の宮廷も姿を消した。官僚の世界における貴族の厚遇もなくなった。貴族の政治的発言の場であった各邦の議会の上院やプロイセンの三級選挙制のような貴族に有利な選挙制も廃止された。貴族の財産を保全するために重要であった家族信託財産制も廃止が決まった（実際の廃止には長い時間を要した）。オーストリアでは貴族の称号は廃止され、貴族の称号を名乗ることも禁止された。ドイツでは貴族の称号は姓の一部として容認されたが、それによって何らかの特権が認められたわけではなかった（ヴァイマル憲法第一〇九条）。

貴族が廃止されたヴァイマル時代に貴族（正確には元貴族）はどれだけ残っていたのであろうか。一九二五年には妻子を含めた貴族の人数は六万人から七万人になっていた。一九世紀にはドイツ諸国のすべての君主が貴族の創設権を手にして、実際にそれを行使したので、かなりの数の新規取り立て貴族が生まれたが、それを上回って貴族の家系が断絶し、貴族の人数は半減したのである。一方一九世紀以降人口は急増して、一九二五年にはドイツの人口はおよそ六五〇〇万人になっていた。このため貴族の比率は人口の〇・一％にまで低下した。貴族は人数のうえではすでに袋小路に入っていた。

ドイツでは一九一八年の革命の際にも貴族の大土地所有に手がつけられることはなく、貴族の経済的基盤が全面的に失われたわけではなかった。しかし重要な就職先であった軍隊は大幅に縮小された。兵力は一〇万人に限定され、将校の数は四〇〇〇人弱に制限された。新しい軍隊に採用された貴族は九〇〇人に満たなかった。これによっておよそ九三〇〇人の貴族の将校が職を失った。失業した貴族の多くは農村に戻り、農場の管理人、事務係、税理士などとして働いた。しかし土地所有とも軍隊とも官職とも縁が切れて「貴族プロレタリアート」の仲間入りをする貴族も増えた。

一八七四年にプロイセンの貴族を中心に結成された「ドイツ貴族ゲノッセンシャフト」（DAG）はヴァイマル時代には貴族の自助団体の中で最大の勢力をもっていた。この団体はこうした窮乏化した貴族を多数含んでいて、一九二九年以降ナチスに近づいていった。ただし貴族はもともと内部に非常に大きな差異のある不均質な集団であり、シュタンデスヘルやバイエルンの貴族の中にはこのような動きに同調しない者も多かった。

第二次世界大戦後、ソ連に占領された地方では貴族の所有地は接収され、多くの貴族が西ドイツに逃れた。一九五六年に西ドイツでドイツ貴族ゲノッセンシャフトの後継団体として「ドイツ貴族団体連合」（VdDA）が結成された。この団体は貴族の認定や貴族の記録の保全を行っており、認定された貴族は『ゴータ系譜要覧』（二〇一五年以前は『貴族系譜要覧』）に記載されている。現在ドイツにはおよそ八万人の貴族を名乗る人々がいる。貴族の称号はもはや政治的・法的特権と結びついてはいないが、なおいくらかの社会的声望をもたらすのであろう。

（谷口健治）

参考文献

佐藤彰一『中世世界とは何か』岩波書店、二〇〇八年。
Conze, Eckart, Hrsg. *Kleines Lexikon des Adels*, München 2005.

人名索引

ア 行

カ 行

サ 行

タ　行

ナ・ハ行

マ　行

ヤ・ラ行

事項索引

ア 行

カ　行

サ 行

タ　行

ナ　行

ハ　行

マ　行

ヤ　行

ラ・ワ行

ドイツ史年表

376	西ゴート人のローマ帝国領への移動 (「ゲルマン人大移動」のきっかけ)
5世紀後半	クロートヴィヒ（クロヴィス）フランク人統一。フランク王国建国（メロヴィング朝）
732	トゥール・ポワティエ間の戦い (カール・マルテルがイスラム勢力を撃退)
751	小ピピンがカロリング朝を創設
800	カール大帝がローマ教皇から帝冠を受ける
843	ヴェルダン条約（フランク王国3分割。ドイツの原型が成立）
911	東フランク王国のカロリング家断絶
918	ハインリヒ1世が王位に就く（オットー朝）
955	オットー1世（大帝）がレヒフェルトの戦いでマジャール人を撃退
962	オットー1世がローマ教皇より帝冠を受ける（神聖ローマ帝国の成立）
1024	コンラート2世王位に就く（ザーリアー朝）
1075-	神聖ローマ皇帝とローマ教皇との叙任権闘争（～1122）
1138	コンラート3世王位に就く（シュタウフェン朝）
1155-	フリードリヒ1世（バルバロッサ）のイタリア遠征
1228-29	フリードリヒ2世が交渉でイェルサレム回復（第5回十字軍）
1254(56)-	皇帝が実質的に不在となる（大空位時代）
1273	ハプスブルク家ルドルフ1世を皇帝選出（大空位時代終了，選挙王政開始）
1356	カール4世（ルクセンブルク家）が金印勅書制定（多数決による皇帝選出を規定）
1438	ハプスブルク家アルブレヒト2世を皇帝選出
1440	ハプスブルク家フリードリヒ3世を皇帝選出
1477	フリードリヒ3世の息子マクシミリアンとブルゴーニュ公女との結婚
1493	マクシミリアン1世が帝位を継承（ハプスブルク家の事実上の帝位世襲開始）
1496	マクシミリアン1世の息子フィリップとスペイン王（カトリック両王）の娘ファナとの結婚
1517	ルターが「95箇条の提題」を公表（宗教改革開始）
1519	カール5世が帝位を継承

1521	ローマ教皇がルターを破門，ヴォルムス帝国議会がルターを帝国追放
1524-25	ドイツ農民戦争
1525	ドイツ騎士団国家からプロイセン公国成立
1529	オスマン帝国軍によるウィーン包囲
1531	ルター派の帝国諸侯によるシュマルカルデン同盟結成
1546-47	シュマルカルデン戦争
1555	アウクスブルクの宗教和議（ルター派公認）
1556	カール5世退位，弟フェルディナント1世が帝位を継承（オーストリア・ハプスブルク家）
1618	三十年戦争開始（～48），ブランデンブルク選帝侯（ホーエンツォレルン家）がプロイセン公国を継承
1648	ウェストファリア条約
1683	オスマン帝国軍による2回目のウィーン包囲
1699	カルロヴィッツ条約
1701	プロイセン公国が王国へ昇格
1713	ハプスブルク家のカール6世が国事詔書を制定
1740	プロイセンでフリードリヒ2世が即位，マリア・テレージアがオーストリアを相続
1740-48	オーストリア継承戦争
1756-63	七年戦争
1789	フランス革命始まる
1793	ヴァルミーの戦いでオーストリア・プロイセン連合軍敗北
1801	リュネヴィルの和約
1803	帝国代表者会議主要決議
1805	アウステルリッツの戦いでオーストリア・ロシア連合軍敗北
1806	ライン連邦成立，神聖ローマ帝国消滅，イェーナ・アウエルシュテットの戦いでプロイセン軍大敗
1807	ティルジットの和約，プロイセン改革開始
1812	ナポレオンのロシア遠征失敗
1813	ライプツィヒの戦いでナポレオン敗北
1814	ドイツ諸邦軍やロシア軍などのパリ入城
1814-15	ウィーン会議
1815	ウィーン最終議定書調印，ドイツ連邦成立，ブルシェンシャフト結成
1817	ヴァルトブルク祭典
1819	カールスバード決議
1830	フランス七月革命を契機にドイツ各地で自由主義運動が活発化
1832	ハンバッハ祭
1834	ドイツ関税同盟発足
1835	ニュルンベルク・フュルト間で鉄道開設

1837	ゲッティンゲン七教授事件
1844	シュレジエンで織布工の暴動
1848	3月 ウィーンやベルリンなどドイツ各地で革命勃発，5月 フランクフルト国民議会開催，秋には革命の波は退潮へ
1849	革命運動が終焉
1862	プロイセンで憲法紛争が生じビスマルクが首相に就任
1864	デンマーク戦争
1866	普墺戦争でプロイセン勝利
1867	プロイセン主導の北ドイツ連邦成立，アウスグライヒによりオーストリア＝ハンガリー二重君主国成立
1870-71	普仏（独仏）戦争
1871	ドイツ帝国成立（ドイツ統一），文化闘争（～78）
1878	社会主義者鎮圧法制定，ビスマルクがベルリン会議を主宰
1879	保護関税法制定（保護貿易への方向転換）
1883	ビスマルクによる社会立法の開始
1888	ヴィルヘルム2世即位
1890	ビスマルクが帝国宰相辞任，後任のカプリーヴィの下で「新航路」政策開始
1898	ドイツ艦隊協会設立
1901	大学入学資格におけるギムナジウム・実科ギムナジウム・高等実科学校の同格化
1912	帝国議会選挙で社会民主党が第1党になる
1914	7月 オーストリア皇位継承者夫妻暗殺，8月 第一次世界大戦勃発，タンネンベルクの戦い，9-12月 マルヌの戦い
1916	2-12月 ヴェルダンの戦い
1916-17	「カブラの冬」
1917	2月 ドイツが無制限潜水艦戦闘宣言，3月 ロシア革命開始
1918	3月 ブレスト＝リトフスク条約，11月 キール軍港の水兵反乱，ドイツ帝政崩壊と共和国宣言，ドイツと連合国との休戦（第一次世界大戦終了）
1919	1月 スパルタクス団の反乱，2月 エーベルト大統領就任，4月 ミュンヘンでレーテ共和国宣言，6月 ヴェルサイユ条約締結，8月 ヴァイマル憲法制定
1920	3月 カップ－リュトヴィッツ一揆
1923	1月 フランス・ベルギーによるルール占領，2月 ハイパーインフレーション開始，11月 ヒトラーによるミュンヘン一揆，レンテンマルク導入（インフレーション収束）
1924	ドーズ案（ドイツの賠償負担緩和）

1925	10月 ロカルノ会議，12月 ロカルノ条約調印，2月 ナチ党再建，5月 ヒンデンブルク大統領就任
1926	国際連盟に加盟
1929	ヤング案（ドイツの賠償額削減），10月 世界大恐慌勃発
1930	大統領緊急令の乱発（議会制の空洞化），9月 共和国議会選挙でナチ党が躍進
1931	フーヴァー・モラトリアム（賠償金支払い一時停止）
1932	4月 ヒンデンブルク大統領再選，7月 首相パーペンによる「プロイセン・クーデター」，11月 ナチ党が議会の第1党になる
1933	1月 ヒトラーが首相に就任，2月 国会議事堂放火事件，3月 全権委任法成立，強制収容所設置開始，独裁体制確立へ，4月 四月ボイコット，5月 ドイツ各地で焚書，10月 国際連盟脱退
1934	6月「長いナイフの夜」，8月 ヒンデンブルク死去，ヒトラーが総統就任
1935	2月 ザールラントドイツ復帰，3月 再軍備宣言・徴兵制復活，9月 ニュルンベルク法（ユダヤ人の公民権剥奪）
1936	3月 ラインラント進駐，8月 ベルリン・オリンピック開催
1938	3月 オーストリア併合，9月 ミュンヘン会談，11月「水晶の夜」事件
1939	8月 独ソ不可侵条約，ポーランド侵攻，第二次世界大戦開始
1940	5月 ドイツ軍，デンマーク，ノルウェー，オランダ，ベルギー，フランスに侵攻・占領，6月 ヴィシー政権成立
1941	6月 独ソ戦開始，アメリカへ宣戦布告
1942	1月 ヴァンゼー会議（ユダヤ人の大量虐殺の実行へ）
1942-43	スターリングラード攻略戦でドイツ軍敗北
1943	9月 イタリアが連合軍に無条件降伏（ドイツ軍が傀儡政権樹立）
1944	6月 ノルマンディー上陸作戦，7月 ヒトラー暗殺未遂事件
1945	2月 ヤルタ会談，4月 ヒトラー自殺，5月 ソ連軍によりベルリン陥落，ドイツ無条件降伏，7～8月 ポツダム会談
1947	トルーマン・ドクトリン，マーシャル・プラン発表（冷戦の激化）
1948	西側占領地区で通貨改革，ソ連によるベルリン封鎖開始（～翌年5月）
1949	5月 ドイツ連邦共和国（西ドイツ）が成立しアデナウアー政権発足，10月 ドイツ民主共和国（東ドイツ）建国
1950年代	西ドイツの高度経済成長（「経済の奇跡」）
1952	西ドイツが欧州石炭鉄鋼共同体加盟
1953	東ドイツで反政府暴動（六月一七日事件）
1955	西ドイツがNATO加盟（翌年再軍備），東ドイツがワルシャワ条約機構加盟
1961	東ドイツがベルリンの壁建設
1966	西ドイツで大連立政権誕生（SPDとCDU/CSU）

1968	西ドイツで学生運動が高揚
1969	西ドイツでブラント政権誕生,「東方外交」を展開
1971	東ドイツでホーネッカー政権誕生（ウルブリヒト失脚）
1972	東西ドイツが基本条約で両国の関係正常化
1973	東西ドイツが国連に同時加盟，西ドイツで外国人労働者の募集停止（外国人労働者の定住化）
1977	西ドイツでテロ事件続発（赤軍派によるハイジャック事件など）
1980	西ドイツで緑の党誕生
1982	西ドイツでコール政権誕生
1989	9月 東ドイツで民主化デモが拡大，10月 ホーネッカー失脚，11月 ベルリンの壁崩壊
1990	3月 東ドイツで初めての自由選挙，7月 東ドイツでドイツ・マルク導入，10月 東西ドイツの統一
1998	シュレーダー政権誕生（SPDと緑の党の連立）
1999	コソヴォ紛争への連邦軍派兵（戦後初めての国外派兵）
2000	国籍法改正（出生地主義へ転換）
2002	ユーロの市中での流通開始
2005	メルケル政権誕生
2011	福島原発事故を契機に脱原発政策を推進
2015	中東などからの難民流入（難民危機），反移民・反難民を掲げる右翼ポピュリスト政党（AfD）の勢力拡大
2020	新型コロナウイルス（COVID-19）流行拡大

爲政　雅代（ためまさ・まさよ）**第6章・第13章**

1970年　生まれ。
2000年　同志社大学大学院文学研究科博士課程（後期課程）文化史学専攻単位取得満期退学。
2001年　博士（文化史学）（同志社大学）。
現　在　大阪教育大学・同志社大学・同志社女子大学非常勤講師。
主　著　「連邦大統領テオドーア・ホイスと国歌論争」『現代史研究』55，2010年。
「メルケル政権における連邦大統領の辞任問題について」『ドイツ研究』47，2013年。
「連邦大統領テオドーア・ホイスのギリシア訪問――戦後初の公式訪問はいかにして作り上げられたのか？」『歴史研究』（大阪教育大学）55，2018年。

福永　耕人（ふくなが・こうと）**第7章**

1989年　生まれ。
2015年　関西大学文学部総合人文学科卒業。
現　在　大阪大学大学院文学研究科（西洋史学）博士前期課程2年。
主　著　“Militäruniform und Prächtigkeit: Als Symbol der aristokratischen Mentalität der Offiziere im deutschen Kaiserreich”『パブリック・ヒストリー』15，2018年。
ミヒャエル・H・カーター『SS先史遺産研究所アーネンエルベ――ナチスのアーリア帝国構想と狂気の学術』（共訳）ヒカルランド，2020年。

森本　慶太（もりもと・けいた）**第11章**

1981年　生まれ。
2013年　大阪大学大学院文学研究科文化形態論専攻博士後期課程修了，博士（文学）（大阪大学）。
現　在　関西大学文学部総合人文学科（世界史専修）准教授。
主　著　『アニメで読む世界史2』（共著）山川出版社，2015年。
『アルプス文化史――越境・交流・生成』（共著）昭和堂，2015年。
「第二次世界大戦期スイスにおける「観光論」の形成――W・レプケとの関係性を手がかりに」『ゲシヒテ』11，2018年。

前田　充洋（まえだ・みつひろ）**第12章**

1983年　生まれ。
2016年　大阪市立大学大学院文学研究科哲学歴史学専攻西洋史学専修後期博士課程単位取得退学。
2019年　博士（文学）（大阪市立大学）。
現　在　大阪市立大学大学院文学研究科都市文化研究センター研究員，大阪市立大学文学部非常勤講師。
主　著　「ヴィルヘルム二世治世下ドイツにおける海軍とクルップ社の関係――装甲板価格の設定交渉過程の分析から」『西洋史学』248，2013年。
「ドイツ海軍への製品供給遅延をめぐるクルップ社の奔走――1898～1900年における大砲管轄部の応対から」『ゲシヒテ』10，2017年。
「駐日軍事技術代理A.シンツィンガーの活動――クルップ社の対日事業の一側面」『人文研究』71，2020年。

執筆者紹介（執筆順，＊は編著者）

＊南　直人（みなみ・なおと）**はじめに・第3章・第8章**

1957年　生まれ。
1985年　大阪大学大学院文学研究科史学専攻博士後期課程中退。
2015年　博士（文学）（大阪大学）。
現　在　立命館大学食マネジメント学部教授。
主　著　『世界の食文化⑱ドイツ』農山漁村文化協会，2003年。
『〈食〉から読み解くドイツ近代史』ミネルヴァ書房，2015年。
『食の世界史』昭和堂，2021年。

＊谷口　健治（たにぐち・けんじ）**第1章・第2章・第14章**

1947年　生まれ。
1976年　京都大学大学院文学研究科博士課程単位取得退学。
現　在　滋賀大学名誉教授。
主　著　『ドイツ手工業の構造転換——「古き手工業」から三月前期へ』昭和堂，2001年。
『バイエルン王国の誕生——ドイツにおける近代国家の形成』山川出版社，2003年。
『近代国家形成期の教育改革——バイエルンの事例にみる』昭和堂，2012年。

＊北村　昌史（きたむら・まさふみ）**第4章・第9章**

1962年　生まれ。
1992年　京都大学大学院文学研究科博士後期課程（西洋史学専攻）退学。
1995年　博士（文学）（京都大学）。
現　在　大阪市立大学大学院文学研究科教授。
主　著　『ドイツ住宅改革運動——19世紀の都市化と市民社会』京都大学学術出版会，2007年。
「近現代ヨーロッパにおける都市と住宅をめぐって」『西洋史学』253，2014年。
「ブルーノ・タウトのジードルングと大阪市立大学のモダニズム建築群」『ゲシヒテ』12，2019年。

＊進藤　修一（しんどう・しゅういち）**第5章・第10章**

1965年　生まれ。
1995年　同志社大学大学院文学研究科博士課程（後期課程）満期退学。
現　在　大阪大学大学院言語文化研究科教授。
主　著　『ヨーロッパ・ことばと文化』（共著）大阪大学出版会，2013年。
『ドイツ史研究入門』（共著）山川出版社，2014年。
『ドイツの歴史を知るための50章』（共著）明石書店，2016年。

はじめて学ぶドイツの歴史と文化

2020年11月30日　初版第1刷発行　　〈検印省略〉
2021年8月30日　初版第2刷発行

定価はカバーに
表示しています

編著者　南　　直人
　　　　谷口健治
　　　　北村昌史
　　　　進藤修一
発行者　杉田啓三
印刷者　田中雅博

発行所　株式会社　ミネルヴァ書房
607-8494　京都市山科区日ノ岡堤谷町1
電話代表　(075)581-5191
振替口座　01020-0-8076

創栄図書印刷・藤沢製本

ISBN978-4-623-09015-0

Printed in Japan